LE ROMANTISME DES CLASSIQUES

PAR

ÉMILE DESCHANEL

QUATRIÈME ÉDITION

PARIS
CALMANN LÉVY, ÉDITEUR
ANCIENNE MAISON MICHEL LÉVY FRÈRES
3, RUE AUBER, 3
—
1885
Droits de reproduction et de traduction réservés.

LE
ROMANTISME DES CLASSIQUES

DU MÊME AUTEUR

CAUSERIES DE QUINZAINE	1 vol.
CHRISTOPHE COLOMB ET VASCO DE GAMA	1 —
ÉTUDES SUR ARISTOPHANE	1 —
ESSAI DE CRITIQUE NATURELLE, OU OBSERVATIONS PHYSIOLOGIQUES SUR LES ÉCRIVAINS ET LES ARTISTES	1 —
LES COURTISANES GRECQUES	1 —
LA VIE DES COMÉDIENS	1 —
HISTOIRE DE LA CONVERSATION	1 —
A PIED ET EN WAGON	1 —
A BATONS ROMPUS	1 —
LE MAL ET LE BIEN QU'ON A DIT DES FEMMES	1 —
LE MAL ET LE BIEN QU'ON A DIT DE L'AMOUR	2 —
LE MAL ET LE BIEN QU'ON A DIT DES ENFANTS	1 —
LES CONFÉRENCES EN BELGIQUE ET EN FRANCE	1 —
LE PEUPLE ET LA BOURGEOISIE	1 —
BENJAMIN FRANKLIN	1 —
LE CENTENAIRE DE VOLTAIRE	1 br.
LA QUESTION DES FEMMES ET LA MORALE LAIQUE	1 —
LE ROMANTISME DES CLASSIQUES, 1re Série, CORNEILLE, MOLIÈRE	1 —
LE ROMANTISME DES CLASSIQUES, 2e Série, RACINE	2 —
LE ROMANTISME DES CLASSIQUES, 3e Série, PASCAL, LA ROCHEFOUCAULD, BOSSUET	1 —

Ceci n'est pas un livre : c'est un Cours ; ou plutôt ce n'est que le commencement d'un Cours, celui de Littérature française moderne, — qui a été ouvert au Collège de France le 27 avril 1881, et qui a continué depuis.

On n'a pas cru devoir changer ici le cadre de ces leçons, ni les déguiser en chapitres. Il a paru préférable de les laisser, à peu de chose près, telles qu'elles étaient venues.

Peut-être eût-il mieux valu en attendre la fin, pour en écrire le commencement. Mais alors je me fusse trouvé si loin de celui-ci, que, même à l'aide de mes notes, j'aurais eu grand'peine à le ressaisir.

Peut-être aussi eût-il mieux valu encore ne pas les écrire du tout. Cependant, à tout prendre, n'est-il pas préférable que d'un travail quelconque il reste n'importe quoi, et que la trace n'en disparaisse pas entièrement? Si l'on attendait qu'on fût en mesure de contenter les autres et soi-même, on ne ferait ou l'on ne publierait jamais rien. On passerait sa vie à préparer tout, et on mourrait sur ses préparatifs. *Plurimos, in apparatu vitæ, vita destituit.*

Corneille, ses essais, puis *le Cid*, et les débats qu'il souleva ; le changement de voie qui en fut la suite ; Rotrou, avec son *Saint Genest ;* Molière, avec son *Don Juan ;* les ascendants et descendants de celui-ci ; voilà les premiers exemples qui se sont offerts de ce que j'appelle *le Romantisme des Classiques*. Et telle est la matière de ce volume.

La démonstration continuera par Pascal et par Bossuet, voire par Racine et par Boileau ; à plus forte raison par La Fontaine, qui, avant

Rousseau, avait découvert la Nature; par Saint-Simon, qu'aucun coloriste n'a dépassé, et qui est tour à tour un Rubens, un Van Dyck et un Velasquez ; — enfin, par beaucoup d'autres encore, jusqu'à ce que nous arrivions à notre siècle et aux Romantiques proprement dits.

C'est une sorte de galerie, que nous continuerons jusqu'où nous pourrons, si Dieu nous prête vie, et si le grand public se montre aussi bienveillant à notre égard que le public particulier du Collège de France.

Envers ce sympathique auditoire, j'ai à exprimer de nouveau ma vive gratitude. Il est de moitié dans ces leçons, selon le mot de Montaigne : « La parole appartient, moitié à celuy qui parle, moitié à celuy qui écoute. »

LE
ROMANTISME DES CLASSIQUES

LEÇON D'OUVERTURE

Je remercie en premier lieu le Collège de France, en second lieu l'Académie française, qui l'un et l'autre m'ont fait l'honneur de m'élire et de me présenter à l'option de M. le ministre de l'instruction publique; en troisième lieu je remercie M. le ministre lui-même et M. le Président de la République, qui ont daigné ratifier le choix de ces deux illustres compagnies.

Me voici donc revenu vraiment dans mon pays, au pays des lettres et des sciences, et dans leur acropole, sur la montagne sainte, au milieu de cette jeunesse des écoles dont j'ai fait partie, soit comme élève, soit comme maître, et à laquelle il me semble, malgré tant d'années écoulées, que j'appartiens encore, du moins par les idées et par le cœur.

Cette chaire est intitulée : Langue et Littérature françaises modernes. Par conséquent, l'une des deux leçons de la semaine, celle du samedi, sera consacrée à la langue ; l'autre, celle du mercredi, à la littérature. C'est-à-dire que, le samedi, nous lirons et analyserons les textes, en les accompagnant d'un commentaire historique, littéraire et philologique, selon la méthode très simple et très bonne, qui était celle, par exemple, de M. Boissonade, dont nous suivions le Cours ici autrefois. La différence, c'est qu'il étudiait les textes grecs, et que nous étudierons les textes français ; mais le procédé sera le même, autant que possible. Nous nous permettrons, comme lui, les rapprochements et les excursions. Si, par ce procédé, on n'avance pas toujours très vite, on voit cependant beaucoup de pays ; et on serre de près la réalité. Or, une des qualités de notre esprit contemporain, c'est un besoin d'information exacte et complète : on veut des faits, et non des phrases. Le document, comme on dit, le document, humain ou autre, triomphe sur toute la ligne ; le document, qu'il soit naturaliste ou qu'il soit archéologique, ne tend à rien de moins qu'à remplacer, qu'à détrôner la littérature et l'art. — Mon Dieu ! je ne souhaite point male mort au document : le document a du bon. Il ne faut pas, toutefois, qu'en fuyant l'écueil de la vaine éloquence et de la banalité oratoire, on risque de s'enlizer purement et simplement dans les sables de la philologie. On peut être sérieux sans être ennuyeux ; l'érudition, ce me semble, ne doit exclure ni l'art ni l'esprit. Et « l'esprit, disait M. Bersot, est le don de pénétrer les choses, sans s'y empêtrer ». En d'autres termes, il est bon de remonter aux sources, pourvu qu'on n'aille pas s'y noyer. La philologie doit être, à mon avis, œuvre d'artiste, tout comme la littérature : il y faut aussi du goût et du choix. Henri Heine, dans son livre charmant des *Reisebilder*, jette en passant cette jolie esquisse : « Il était encore de très bonne heure quand je quittai Gœttingue, et le savant Eichhorn était certainement encore étendu dans son lit, où il faisait peut-être son rêve ordinaire : qu'il se promenait dans un beau jardin, sur les plates-bandes duquel il ne poussait que de petits papiers blancs chargés de citations, qui brillaient d'un doux éclat au soleil, et dont il cueillait plusieurs çà et là, qu'il transportait laborieusement dans une planche nouvelle, pendant que les rossignols réjouissaient son vieux cœur de leurs accents les plus doux. »

Ce jardin vous l'avez reconnu : c'est celui de la philologie. — La philologie aura donc son jour, le samedi, auquel je n'ose convier que les humanistes, ceux qui aiment à étudier les textes de près, et à se promener dans ce beau jardin tout à loisir. Il me souvient que notre cher maître M. Boissonade, dont je rappelais, il y a un instant, le très honoré souvenir, ayant pris pour sujet de son cours de langue et littérature grecques le Dialogue de Platon intitulé : *Ion*, qui commence par ces mots : « Bonjour, Ion », fit toute sa leçon de début sur ces mots seuls : « Bonjour, Ion [1] ». Je ne vous promets pas d'être aussi érudit : je craindrais de ne pas semer dans mon érudition autant d'agrément que M. Boissonade en avait dans la sienne. Il n'est permis qu'à des maîtres célèbres de prendre ainsi parfois le chemin des écoliers. — Voilà pour la philologie.

Quant à la littérature, elle aura également son jour : le mercredi. Un vaste champ lui est ouvert. Nous avons à choisir entre quatre siècles, dont chacun, y compris le nôtre, a sa beauté et sa grandeur. La turbulente fécondité du xvie, Rabelais, Calvin, d'Aubigné, Montaigne, Ronsard ; la richesse et la variété du xviie, en ses deux aspects : l'un bouillonnant des restes de la Fronde, l'autre apaisé, réglé, rangé sous le niveau du pouvoir absolu de Louis XIV et de Boileau ; le xviiie siècle, explosion de la liberté reconquise, et de la licence ; fournaise d'idées nouvelles et hardies, volcan d'où jaillit la Révolution ; le xixe, grand par la poésie, par l'histoire, par la critique, par le roman, par le théâtre : quelle éclosion, quelle forêt d'œuvres splendides ! De ces quatre siècles lequel choisir ?

---

[1]. Il est vrai qu'en grec cela fait trois mots au lieu de deux : Χαῖρε, ὦ Ἴων.

Tous quatre, à la vérité, ont été déjà étudiés, décrits, analysés, par des maîtres illustres ou par des critiques éminents ; mais, comme le faisait remarquer M. Doudan, « les hommes ont sans cesse besoin qu'on leur renouvelle les formes de la vérité : ils ne comprennent plus ce qu'ils ont entendu trop longtemps ». A ce compte, on peut trouver là une raison de reprendre un sujet déjà traité. Soit qu'on chante sur un air nouveau la vieille chanson, soit qu'on mette sur un air ancien une chanson nouvelle, cela déjà peut raviver l'intérêt. Le mieux serait, j'en conviens, que tout fût nouveau, l'air et la chanson ; mais un si heureux privilège n'est donné qu'à un petit nombre.

Une autre raison qui ne m'est point purement personnelle, qui vous regarde, vous aussi, peut nous donner quelque espoir. Il arrive que les années en s'écoulant renouvellent les points de vue, et que l'observation attentive, grâce à ce bénéfice du temps, peut encore trouver quelque chose. L'étude directe, précise, consciencieuse, l'exactitude et la sincérité, ont des ressources imprévues. Il n'est pas nécessaire que les œuvres qu'on étudie soient nouvelles, lorsque le public est nouveau. De même que, dans un portrait, la nature de l'artiste se combine avec celle du modèle, de sorte qu'on y trouve à la fois quelque chose de l'un et de l'autre, et que, plus est vigoureux le génie ou le tempérament du peintre, plus intense est cette combinaison, cette complexité, ce mariage des deux natures, cette harmonie, — exemple, le *Portrait de Charles Ier*, par Van Dyck, — de même chaque génération survenante, involontairement et sans le savoir, mêle ses propres impressions aux œuvres de génie des siècles passés, soit en littérature, soit en peinture, soit en musique, et cela donne lieu à des effets nouveaux, que n'ont pas prévus les auteurs eux-mêmes. Vous entendez ce que je dis, pour l'avoir souvent éprouvé : l'écrivain, le peintre, le musicien, — celui que vous voudrez, — a mis dans une œuvre son esprit, son cœur, sa nature, son tempérament ; le public ensuite, et chaque nouveau public, de génération en génération, en présence de cette œuvre dont il reçoit l'effet, y mêle ses propres impressions, d'où se produit un effet en retour, qui jaillit de sa nature à lui. Il se met dans cette œuvre comme l'auteur s'y est mis : de là une combinaison nouvelle ; et ainsi de suite, de siècle en siècle. Nos âmes, aimantées par le génie et attirées par lui, mêlées à lui, sont fécondées par lui d'abord, et ensuite, si l'on ose ainsi parler, le fécondent à leur tour, en découvrant ou en ajoutant dans ses œuvres des effets nouveaux, auxquels lui-même n'avait pas directement songé, et qui ne pouvaient se produire que par la combinaison de tel ou tel siècle survenant, gros de ses éléments inédits et riche de ses complexités nouvelles. Telle est la mutuelle fécondation, réciprocité de la vie. Ainsi je serais tenté de dire que l'humanité tout entière travaille aux chefs-d'œuvre, longtemps avant et longtemps après l'artiste qui les produit. Cela ne diminue point la gloire de celui qui les signe; bien au contraire ! Voilà comment, à mesure que l'on s'éloigne, soit dans l'espace, soit dans le temps, le point de vue se modifie ; de sorte que les œuvres des siècles passés présentent aux générations successives des aspects toujours nouveaux, qui rajeunissent la critique.

Les admirateurs de la Bible, d'Homère, de Dante, de Shakspeare, ceux de Haydn, de Mozart, de Beethoven, y découvrent sans cesse des choses nouvelles, qui ne sont pas toutes de fantaisie pure, que l'auteur, dis-je, n'a pas prévues, mais qu'il ne désavouerait pas, — comme il arrive lorsque les bons comédiens interprètent à l'auteur dramatique son propre ouvrage et le créent une seconde fois. — En d'autres occasions, j'en conviens, le poète, le musicien, ou le peintre, pourrait être quelque peu étonné : Rembrandt, par exemple, ne serait-il pas surpris, et un peu désappointé, j'imagine, en voyant que son chef-d'œuvre, dont l'action se passe en plein jour, et dont la scène ne nous présente pas un seul luminaire, ni torche, ni flambeau, ni lanterne, est appelé universellement *la Ronde de nuit* ? Cela prouve, une fois de plus, que chaque peintre voit d'une certaine façon, sent la lumière et les couleurs à sa manière, et que chaque spectateur, à son tour, voit le tableau avec ses yeux à lui, avec sa façon de sentir, avec son daltonisme particulier, soit du corps, soit de l'âme ; et chaque public aussi, et chaque siècle ; de telle sorte que, après que la nature s'est, pour ainsi dire, réfractée dans les yeux et dans la pensée de l'artiste, l'œuvre de celui-ci se réfracte dans les yeux et dans le sentiment du public, et de tous les publics successifs, sous des angles toujours nouveaux.

Voltaire, et c'est Victor Hugo qui en fait la remarque, « Voltaire, si grand au XVIIIe siècle, est plus grand encore au XIXe... De sa gloire il a perdu le faux et gardé le vrai... Diminué comme poète, il a monté comme apôtre... Le XVIIIe siècle voyait son esprit ; nous voyons son âme. »

De même on peut trouver, dans le XVIIe siècle, des aspects qui sont devenus nouveaux par l'opposition du XIXe siècle, et que je suis tenté de grouper sous ce titre : *le Romantisme des Classiques*.

J'aurais eu grande envie de prendre tout de suite pour sujet l'histoire du Romantisme lui-même et la littérature du XIXe siècle ; mais mon regretté prédécesseur, M. Paul Albert, avait commencé cette histoire : c'est une des raisons pour lesquelles je préfère n'y arriver que plus tard.

Je prendrai donc tout simplement, pour commencer, une partie de la littérature du XVIIe siècle, et j'essayerai de renouveler ce sujet en le présentant dans le cadre et sous le jour que je viens de dire. Assurément, il n'y a plus ni classiques ni romantiques ; depuis longtemps la bataille est finie ; mais on peut encore employer, dans la langue de la critique littéraire, les noms qui ont servi autrefois de drapeaux, surtout si c'est pour faire voir, comme je vous le propose (et ce sera le sujet, non de ma leçon d'aujourd'hui, mais de mes autres leçons du mercredi), que ceux qu'on appelle aujourd'hui classiques ont commencé par être des romantiques, même avant que ce nom fût inventé. Je veux dire que ceux que nous admirons le plus aujourd'hui, et qui sont en possession d'une gloire désormais incontestée, furent d'abord, chacun en son genre, des révolutionnaires littéraires. Et ceux qui n'ont pas fait révolution en leur temps n'ont pas survécu, parce qu'ils n'avaient ni assez de relief ni assez de ressort ; ou bien ils ne survivent qu'au second rang, ou au troisième, dans la mesure même et dans la proportion du plus ou moins d'originalité de leur talent. — C'est la sélection naturelle, le combat pour la vie, la loi de Darwin appliquée à la littérature : on ne survit invinciblement qu'en raison de sa force ou de son génie, de même que c'était en raison de cette force et de ce génie qu'on avait commencé par déranger les habitudes d'esprit de ses contemporains, par les scandaliser, par les révolter, par soulever leurs critiques, leurs railleries et leurs injures, en faisant un trou, comme un boulet, dans leurs préjugés, dans leur ancien régime poétique. Il en a été ainsi dans l'antiquité, il en a été ainsi dans tous les temps, parce que cela résulte de la nature des choses.

Eh bien, nos mercredis seront employés à montrer en quoi ceux que l'on appelle classiques furent d'abord des romantiques, tel sera l'un des deux sujets de notre étude. En second lieu, comme tous, ou presque tous, furent de grands peintres de la vie humaine, raison pour laquelle ils survivent et survivront autant que survivra l'humanité, ce sera une occasion pour nous de nous étudier nous-mêmes à leur lumière.

Ne vous semble-t-il pas que ce double sujet, qui d'abord regarde la forme, et qui ensuite pénètre au fond, a de quoi nous intéresser?

Je crois, d'ailleurs, que le sujet n'est pas ce qui importe le plus. Après la compétence du professeur, ce qui importe, quelque sujet qu'il traite, c'est la conscience et la sincérité qu'il y met : c'est cela qui donne l'accent et le prix à sa parole et à son cours. Le plaisir de dire ou d'écrire ce qu'on croit vrai, quelque prix qu'il en coûte, quand il ne s'agit pas des personnes, mais des idées, est un des plus vifs que je connaisse, et des plus dignes d'un

galant homme. Tant pis pour qui se le refuse ! C'est
à mon sens, le luxe des honnêtes gens. On peut
faire fi de tout autre luxe, et aimer celui-là avec
passion. Pour moi je ne m'en suis jamais privé, et
j'espère, en gardant la mesure qui convient, ne
pas m'en priver encore, ici même.

Fontenelle disait que, s'il avait la main pleine de
vérités, il se garderait de l'ouvrir. Moi, j'avoue
qu'en pareil cas, et si j'étais absolument sûr que ce
fussent des vérités, j'aurais grand'peine à la tenir
fermée. Tout ce que la prudence de l'âge a pu
m'apprendre, c'est de me contenter d'entr'ouvrir
les doigts, — peut-être aussi afin que tout ne
s'échappe pas d'un seul coup et que le plaisir
dure plus longtemps. — Le mal, à mon avis,
ne vient pas ordinairement des vérités que l'on
montre, mais des vérités que l'on cache. C'était aussi
l'opinion de Leibniz, qui écrivait dans une de ses
lettres : « Je crois que ce qu'on dit pour blâmer la
raison est à son avantage. Lorsqu'elle détruit quelque chose, elle édifie la thèse opposée ; et, lorsqu'il
semble qu'elle détruise en même temps les deux
thèses opposées, c'est alors qu'elle nous promet quelque chose de profond, pourvu que nous la suivions
aussi loin qu'elle peut aller. »

Être sincère, avec autrui et avec soi-même, croire
fermement à quelque chose, et agir et parler en
toutes circonstances d'accord avec ce que l'on croit,

m'a toujours paru la vraie joie et la vraie force. Que si notre sincérité a le bonheur d'en rencontrer d'autres et de les attirer à soi, cette force nouvelle s'ajoutant à la nôtre est un des grands réconforts de la vie, et nos facultés s'en accroissent.

De la sincérité dépend, en grande partie, la justesse : ce qui n'est pas sincère sonne faux. Supposez le plus grand talent, — Chateaubriand, par exemple : — lorsqu'il manque de sincérité, lorsqu'il prend un rôle, avec quelque éclat qu'il le joue, il ne nous convainc pas, il ne nous touche pas : nous sentons, si vous me permettez l'expression, qu'il y a une paille dans son génie. Par quoi avait-il débuté, lorsqu'il était inconnu ? par un livre étrange et désordonné, l'*Essai sur les Révolutions*, commencé à vingt-six ans, publié à vingt-neuf, en 1797, à Londres, pendant qu'il était émigré : livre sceptique, libre-penseur — et même athée, dans une seconde édition préparée qui ne parut point. — Voilà le premier jet de sa pensée, voilà ce qui était sorti de son fond, avant qu'il eût pu concevoir la possibilité d'un rôle politico-religieux, offert par des circonstances nouvelles. Mais ces circonstances s'étant présentées lui suggérèrent l'idée d'un ouvrage bien différent, qui devait s'intituler d'abord : *Des Beautés poétiques et morales de la Religion chrétienne, et de sa supériorité sur tous les cultes de la terre*, et qui s'intitula enfin : le *Génie du Christianisme*. Soit que Chateaubriand eût été converti, comme il l'a prétendu, par la mort de sa mère et de sa sœur, soit que son compagnon d'exil, Fontanes, homme très délié, qui était en bonnes relations avec le Premier Consul, eût indiqué au jeune écrivain avide de renommée l'à-propos qu'il y aurait à préparer et à lancer un tel livre à la veille du Concordat, toujours est-il que par ce livre Chateaubriand entra dans un rôle nouveau, tout l'opposé du premier. Dès lors son attitude publique, fort peu d'accord avec ses mœurs privées et avec ses anciens sentiments secrets, essaye de se conformer à ce rôle. Il prend dès ce moment un masque, et le porte pendant toute sa vie. De là des discordances, des notes fausses, que tout le prestige du talent ne réussit pas à couvrir. Sainte-Beuve, dans deux admirables volumes, qui sont peut-être son chef-d'œuvre, a merveilleusement percé à jour ce qu'il appelle « cette double et triple écorce ». Il admet, toutefois, dans une certaine mesure, en ce qui regarde le *Génie du Christianisme*, « sinon la sincérité du fidèle », c'est-à-dire du croyant, « du moins la sincérité de l'artiste et de l'écrivain », — distinction un peu subtile et encore bien sujette à caution !

Benjamin Constant ne l'eût certes pas admise, lui qui écrivait à Fauriel, à propos de cet ouvrage : « Dans les plus beaux passages, il y a un mélange de mauvais goût, qui annonce l'absence de la sensibilité comme de la bonne foi »

En effet les arguments sont ramassés de ci

de là ; quelques-uns pitoyables et ridicules ; on sent partout non seulement le peu de solidité de la démonstration, mais encore le manque de sérieux et de respect ; si bien que la cour de Rome elle-même, après avoir, dans le premier moment, complimenté l'auteur pour son intention, finit par désavouer le livre et le mettre à l'index.

Chateaubriand, lorsqu'il eut une fois pris cette attitude pseudo-religieuse, aurait bien voulu pouvoir supprimer son premier ouvrage l'*Essai sur les Révolutions,* non seulement cette deuxième édition athée, qu'il avait préparée au moins par des notes à son usage, mais même la première, assez libre encore dans l'entrecroisement de ses milles fusées bizarres et de ses déclamations téméraires. N'ayant pu y réussir, il crut devoir, à son corps défendant, la comprendre dans l'édition de ses œuvres complètes, en 1826, et alors il l'atténua le plus possible, corrigeant, rétractant, ou même falsifiant son ancien texte ou ses anciennes pensées, essayant de les accommoder à son nouveau rôle de ministre, de personnage officiel, d'homme monarchique et religieux. Et, chose singulière, le public du temps parut se prêter à toutes ces feintises. — Un homme politique qui avait connu Chateaubriand dans sa jeunesse, M. Molé, faisait remarquer que « sa destinée offre l'exemple, peut-être unique, de tout un temps qui se fait le complice et presque le compère d'un écrivain ; qui se prête au rôle emprunté que cet homme joue pendant près de cinquante ans, et cela sans le démentir un seul instant ».

Je n'aurais pas osé parler avec tant de fermeté, mais je ne suis pas fâché que d'autres l'aient fait pour moi. Sismondi, de son côté, écrit à la comtesse d'Albany, à propos de l'auteur des *Martyrs* : « Comme il n'est rien qu'avec effort, comme il veut toujours paraître, au lieu d'être lui-même, ses défauts sont *tâchés* comme ses qualités ; et une vérité profonde, une vérité sur laquelle on se repose avec assurance, n'anime pas tous ses écrits. »

Eh bien ! je ne dis pas autre chose, et c'est la démonstration que j'ai promise. Ils sont brillants, ces écrits ; mais ils sonnent creux, parce que la sincérité en est absente.

Au contraire, dans les écrivains que nous nous proposons d'étudier, même quand nous ne partageons pas leurs idées, même quand ces idées nous choquent ou nous révoltent (comme il arrive, par exemple, dans Pascal ou dans Bossuet), elles nous intéressent cependant et nous attachent, parce que nous les sentons sincères. Nous pouvons les combattre, mais nous voyons que nous avons affaire à des hommes convaincus, pour lesquels la parole n'est pas un jeu. Et nous trouvons presque un plus grand plaisir à entendre exprimer d'une manière si juste des sentiments qui ne sont pas les nôtres, qu'à entendre même les nôtres, quelquefois, contrefaits par des expressions où l'on ne sent point le naturel, et qui les faussent en les exagérant ou en les simulant. A plus forte raison est-ce une joie vive pour le lecteur lorsqu'avec le style le plus naturel l'écrivain exprime les pensées les plus justes et les sentiments les plus vrais.

Ce que nous étudions, ce que nous aimons, chez les maîtres, ce n'est pas seulement le style, c'est la lumière dont ils éclairent les sentiments éternels de l'humanité; c'est la vie saisie au passage en sa mobilité fuyante, et peinte d'une touche enflammée, ou d'un trait léger et impérissable.

Il y a, parmi les écrivains, d'une part les ciseleurs et orfèvres de style, tels que Montaigne ou La Bruyère, pour lesquels la forme a presque autant de prix que le fond, et quelquefois plus; la main-d'œuvre surpasse la matière. Il y a, d'autre part, ceux qui mettent au-dessus de tout la vérité, la justesse et la perfection de la pensée; qui, en vue d'elle seule et par elle seule, portent ces mêmes qualités dans leur style à un tel degré de simplicité et de naturel qu'on cesse presque de les apercevoir, disparaissant par leur achèvement même. L'artiste a remporté cette victoire, de se faire oublier. Les autres, au contraire, quel que soit leur mérite, ne veulent point qu'on les oublie; ils veulent qu'on sache qu'ils sont là, qu'ils ont du talent; qu'on s'en aperçoive à toute minute, à chaque phrase ; de sorte que parfois la trop grande couleur des expressions nous éblouit, ou bien le cliquetis des mots nous empêche d'entendre les idées. Chez les premiers, c'est le style qui disparaît presque, par sa perfection; chez les seconds, c'est le sujet qui disparaît dans les détails du style. Et c'est l'auteur qui le fait oublier, parce qu'il pense trop à lui-même, n'étant pas assez désintéressé, tenant plus à son style qu'à son idée, et beaucoup plus désireux d'étonner que de convaincre ; tandis que l'écrivain sérieux, vraiment homme, tient par-dessus tout à persuader, et ne songe qu'à communiquer le sentiment dont il est plein : alors la puissance de la conviction lui donnant l'éloquence, même sans qu'il y songe, la gloire lui vient par surcroît, et d'autant plus grande ! Tels Pascal, La Rochefoucauld, Retz, Molière, La Fontaine, madame de Sévigné, Saint-Simon, Voltaire, — et ceux de notre temps, que vous nommez tous et que nous étudierons à leur tour : car, si nous admirons vivement les trois grands siècles précédents, nous avons de bonnes raisons aussi d'admirer le nôtre, qui n'est certes pas moins grand. Et, si par hasard il est des personnes qui ne partagent pas toute notre admiration pour le xviie siècle, j'inclinerais à croire qu'elles ne connaissent peut-être pas non plus les meilleures raisons qu'il y ait d'admirer aussi le nôtre, dans lequel elles veulent s'enfermer. Je compte les leur exposer un jour, si elles veulent bien me faire l'honneur de me suivre jusque-là : elles verront, alors, que c'est du même fonds et des mêmes principes que se tire notre admiration soit pour les grands écrivains d'autrefois, soit pour ceux d'aujourd'hui.

Si le xviie siècle a peut-être moins fait, en apparence, pour le progrès de l'humanité et l'avénement de la liberté, que le xvie et surtout que le xviiie, on peut dire que, par l'analyse morale et par l'étude de l'âme humaine, de ses ressorts les plus profonds, les plus cachés, les plus subtils, sa littérature est d'une richesse et d'une variété incomparables. Or, sous les différentes formes littéraires, dans tous les temps, qu'est-ce qui toujours nous intéresse et nous attache ? C'est précisément cette étude et cette analyse de l'âme et de ses passions, qui fait que nous nous contrôlons nous-mêmes par les autres, et les autres par nous. C'est l'expérience humaine, c'est la science de la vie ; c'est, en un mot, la morale, dans son sens courant le plus étendu. Eh bien ! presque tous les écrivains du xviie siècle sont maîtres en cette science ; presque tous, au fond, sont des moralistes ; non seulement ceux, soit sacrés, soit profanes, qui le sont par profession ou par dessein : tels que les prédicateurs, Bossuet, Bourdaloue, Massillon ; ou les autres, plus ou moins du monde, Pascal, Nicole, La Rochefoucauld, La Bruyère ; mais ceux même qui n'y songeaient pas ou ne paraissaient pas y songer, auteurs dramatiques, romanciers, historiens, écrivains de mémoires ou de simples correspondances tous et toutes se plaisent et excellent à observer, à peindre les mœurs, les caractères, le jeu des passions, s'y mettant tout entiers, eux et leurs souvenirs, et ceux de leurs amis.

Cela devient même, à un certain moment, une mode, un divertissement de société : tout le monde se mêle de peindre des portraits ou des caractères, d'écrire des maximes et des réflexions morales ; on n'échange plus une visite ni un billet sans se communiquer mutuellement ses primeurs en ce genre ; ce qui donne lieu à des discussions et à des productions nouvelles. C'est la morale en serre chaude.

De là, transplantée au théâtre, elle y déploie toutes ses branches et ses plus éclatantes floraisons. On ne se demande pas alors si les œuvres d'art admettent la morale ; à quoi bon discuter cette question ? Oui, l'on sait bien que l'art est une chose et que la morale en est une autre ; on sait aussi que l'art a pour objet la beauté, non l'utilité ; mais, messieurs, est-ce que par hasard la beauté morale serait seule exclue ? Ce serait un étrange privilège, un privilège à rebours.

Il y a, d'ailleurs, la morale directe et la morale indirecte, celle-ci résultant, qu'on le veuille ou non, des représentations vraies de la vie. Doutez-vous, à ce compte, que les auteurs dramatiques, et les romanciers eux-mêmes, soient des moralistes? Est-ce que le théâtre de Corneille n'est pas (sans y songer, je le veux bien) une prédication morale des plus éloquentes, des plus élevées? L'auteur du *Cid* n'a pas l'indifférence superbe, la non-moralité entière et absolue de la Nature, ou de Shakspeare : il prend parti résolûment pour le devoir contre la passion. Mais ce n'est pas qu'il sacrifie la passion, bien loin de là ! le théâtre est le cirque où il la fait courir, il lui lâche toutes les rênes ; mais aussi il lui tient le frein, et le secoue quand il le veut ; il la bride à la fin, la dompte, la subjugue, et en reste vainqueur. En même temps qu'elle a tout son essor, le devoir aussi a tout le sien, et plus grand encore : de telle façon que le poète souverain nous donne ce double plaisir, d'être emportés avec la passion dans cet entraînement tumultueux dont nous partageons l'ivresse, et puis d'y échapper enfin, et de nous trouver aussi de moitié, du moins par l'imagination et par le cœur, dans la vertu qui en triomphe et qui la foule sous ses pieds, et qui nous élève avec ses héros jusqu'aux sphères de l'idéal.

On l'a dit, « en somme, il n'y a que deux choses qui nous plaisent réellement : ou l'idéal, ou notre ressemblance. » Eh bien, l'attrait, le charme de toutes les grandes littératures en général et de celle du XVIIe siècle en particulier, c'est que, sous des formes d'une variété infinie, elles nous présentent ces deux choses ; non seulement l'une des deux, mais les deux tour à tour, et même, par moments et dans certaines œuvres, les deux à la fois : notre ressemblance et l'idéal ; exemple, *le Cid*, ou bien *la Princesse de Clèves*.

Au surplus, est-ce bien deux choses ? Ce que l'on nomme l'idéal, n'est-ce pas notre ressemblance encore, et la meilleure, et la plus vraie, en même temps que la plus haute et la plus noble ? Lorsque Corneille ou madame de La Fayette conçoivent cet idéal et lui donnent la vie dans leurs personnages, où donc le prennent-ils, si ce n'est en eux-mêmes ? Est-ce que Rodrigue et Chimène, est-ce que madame de Clèves, ne sont pas conçus et créés par ces beaux génies à leur propre ressemblance, à leur propre image, à leur image intérieure ? Et nous, lorsque nous admirons ces héros et ces héroïnes, la sympathie qui nous émeut ne rend-elle pas, du moins pour un moment, nos âmes semblables aux leurs ? Et l'émulation de leur ressembler ne fait-elle pas que nous leur ressemblons en effet, au moins dans cette minute propice où, nous dégageant du torrent des sensations qui nous entraînent, nous nous élevons au-dessus de nous-mêmes, portés que nous sommes par ces grandes âmes, mais aussi par le ressort propre qui, au fond, se trouve en nous comme en elles ? Ce ne sont donc pas deux choses, véritablement : non, ce n'en est qu'une, et nous les trouvons là toutes les deux à la fois ; et nous buvons à pleine coupe le divin, l'enivrant mélange du réel et de l'idéal ! Concluons donc que ce qu'on nomme l'idéal se trouve, lui aussi, en nous-mêmes, et qu'il n'est autre, en y regardant bien, qu'une aspiration puissante de nos facultés les plus hautes, un coup d'aile, un *sursum corda !*

Tout en prenant le xviie siècle pour centre, nous ne croirons pas qu'il nous soit interdit d'en sortir, pour aller quelquefois en excursion, par exemple, de Corneille à Guillem de Castro et à Alarcon, ou à Shakspeare, ou à Schiller, ou à Victor Hugo de Molière et de son Don Juan à tous les ascendants et descendants de ce type. Si l'unité est la condition nécessaire, la variété n'est pas exclue. Nous avons à notre disposition quatre ou cinq siècles : le champ est ouvert devant nous depuis François Villon jusqu'à Sully-Prudhomme. Il n'est pas défendu d'éclairer un siècle par un autre, ni la littérature de notre pays par celle des pays étrangers. Ce que nous chercherons, ce que nous aimerons partout, ce ne sont ni les mots ni les phrases ; ce qui nous attirera, ce qui nous intéressera, sans jamais nous lasser, sans nous rassasier jamais, c'est l'âme humaine s'analysant elle-même et interprétant tout ce qui l'entoure, la société ou la nature.

Un des premiers auteurs dramatiques de notre temps,

un homme passé maître, de père en fils, dans l'art
du théâtre, M. Alexandre Dumas, a très bien dit :
« Si l'art n'était que la reproduction exacte de
la nature, il resterait toujours inférieur à elle,
puisqu'il ne pourrait jamais prétendre ni à l'ampleur, ni à l'étendue, ni à la fécondité, ni à l'ensemble, ni à la variété du modèle ; et, constaté
inférieur, il deviendrait inutile ; tandis que, s'il est
toujours au-dessous de la nature prise dans sa totalité, il peut être son égal, il peut être supérieur à
elle quand il fait son choix dans ses innombrables
parties. Il faut évidemment qu'on sente, qu'on retrouve, qu'on admire toujours la nature dans l'art,
mais vue, interprétée et restituée d'une certaine
façon par le génie particulier de l'artiste. Elle est
la base, elle est la preuve, elle est le moyen ; elle
n'est pas le but. L'artiste, le véritable artiste, a
une plus haute et difficile mission que celle de reproduire ce qui est ; il a à découvrir et à nous
révéler ce que nous ne voyons pas dans tout ce
que nous regardons tous les jours, ce que seul il
a la faculté de percevoir dans cet ensemble en
apparence ouvert à tous ; et, s'il emprunte à la
création, ce n'est que pour créer à son tour. Qu'il
tienne l'ébauchoir, la plume ou le pinceau, l'artiste
ne mérite véritablement ce nom que lorsqu'il donne
une âme aux choses de la matière, une forme aux
choses de l'âme ; que lorsqu'en un mot il idéalise
le réel qu'il voit, et réalise l'idéal qu'il sent. »

Que pourrait-on ajouter à une page si lumineuse et si pénétrante ? En effet, la théorie de l'art pour l'art, si on la prenait à la lettre, serait bien creuse et bien puérile. La littérature n'a de prix que si elle propage les idées ou révèle les sentiments, si elle a pour support la vie et la communique à son tour. Mademoiselle Pauline de Meulan, qui devint madame Guizot, disait d'une manière piquante : « Un mot spirituel n'a de mérite pour nous que lorsqu'il nous présente une idée que nous n'avions pas encore conçue ; et un mot de sensibilité, que lorsqu'il nous retrace un sentiment que nous avons éprouvé. C'est la différence d'une nouvelle connaissance à un ancien ami. » — Eh bien, à chaque instant, chez les vrais écrivains, on goûte l'un ou l'autre plaisir : à chaque pas, on fait de nouvelles et charmantes connaissances, ou bien on rencontre d'anciens amis.

A mesure qu'on avance dans la vie et qu'on la connaît davantage, on apprécie de plus en plus ceux qui l'ont pénétrée à fond et peinte en traits ineffaçables. Les uns nous élèvent au-dessus de nous-mêmes ; les autres nous enseignent à n'être point dupes ; tous savent revêtir de force ou de grâce la fleur et le fruit de l'expérience, ou les nobles aspirations vers l'infini. C'est par là qu'ils nous intéressent, nous étonnent et nous enchantent. Étant émus, ils nous émeuvent. Même des comédies, ils les écrivent parfois, — voyez Molière, — non seulement avec leur plume et avec leur esprit, mais avec leur cœur et avec leurs larmes, avec leur passion encore saignante,— témoin *l'École des Femmes* et *le Misanthrope* — ou avec leur ferme raison et leur courage intrépide, héroïque, — le mot n'est pas trop fort, — témoin *Tartuffe*. C'est par là qu'ils ravissent nos âmes, qu'ils les affermissent et les consolent. Ils sont des éducateurs et des nourriciers ; ils nous élèvent et nous fortifient : quand ce n'est pas directement par leurs idées, c'est par la puissance de leurs peintures, par leurs analyses si profondes et si déliées, à représenter la vie humaine ; c'est par les nobles sentiments qu'ils prêtent à leurs personnages et qu'ils tirent de leurs cœurs pour relever les nôtres. Les pensées des vrais poètes, brûlantes et brillantes de la flamme intérieure qui les consume, sont pareilles à ce vin de la côte du Vésuve, si exquis qu'on l'appelle *larme du Christ*, et qui croît sur un sol incessamment chauffé par le feu souterrain du volcan.

Telle est la noble étude à laquelle j'ai l'honneur de vous convier ; étude inépuisable, comme la littérature française qui en fait le sujet, et comme la France elle-même, dont cette littérature est l'image. Ronsard, dans un discours en vers à la reine d'Angleterre Élisabeth, disait, faisant allusion aux malheurs récents de notre pays, d'où le noble blessé se relevait avec une rapidité qui étonnait ses ennemis :

> Le Français semble au saule verdissant :
> Plus on le coupe, et plus il est naissant
> Et rejetonne en branches davantage,
> Prenant vigueur de son propre dommage.

Ces vers, en leur forme naïve et ancienne, n'expriment-ils pas bien ce que nous-mêmes avons éprouvé ? Cette France, tout en changeant de siècle en siècle, demeure elle-même toujours, et pareillement sa littérature. Comme un fleuve qui toujours s'écoule et qui toujours se renouvelle, ce ne sont jamais les mêmes flots et c'est toujours le même fleuve. Cette grande littérature est et sera toujours la meilleure part de notre gloire nationale. Quels que soient les malheurs qui aient pu nous frapper, elle reste intacte et brillante au milieu de tous les désastres : ni la guerre, ni la politique ne sauraient l'atteindre. Elle est, si l'on peut ainsi dire, la plus belle constellation de notre ciel. Telle autre a subi des éclipses, celle-là n'en connut jamais ; toujours sereine, elle rayonne, non de rayons froids et stériles, encore moins de rayons sanglants. Et ses étoiles immortelles épanchent sur tout l'univers la raison, l'esprit et la liberté.

DEUXIÈME LEÇON

LES ANCIENS ET LES MODERNES
LES PRÉDÉCESSEURS DE CORNEILLE
LES COMMENCEMENTS DE CORNEILLE

Ceux qu'on nomme aujourd'hui classiques ont commencé, avons-nous dit, par être des romantiques, même avant que ce nom fût inventé.

Et cela dès l'antiquité même. Horace, par exemple, qui est pour nous la fleur des poètes classiques latins, était critiqué comme novateur par les partisans des anciens poètes. Il faut voir comme il leur réplique! C'est dans la première Épitre du livre II. Voici, sommairement, les principaux traits de ce joli manifeste révolutionnaire :

Vivant, l'homme de génie excite l'envie; mort, il est adoré. Telle est l'injustice des contemporains. Toute œuvre qui n'est pas dans un grand lointain, ils la dédaignent, ou la critiquent. Les anciens seuls ont le don de leur plaire : le texte de la loi des Douze Tables leur semble dicté par les Muses. — D'une manière analogue, Beyle Stendhal, dans sa haine pour l'emphase contemporaine, disait que l'idéal du style, pour lui, c'était le *Code civil*. Il en lisait une page tous les matins.

Si les poésies, continue Horace, sont pareilles aux vins, qui deviennent meilleurs en vieillissant, pourriez-vous me faire le plaisir de me dire combien d'années de bouteille il faut à un poème pour avoir son prix ? Un poète mort il y a cent ans, par exemple, est-ce du vieux et bon vin ? ou n'est-ce encore que du vin jeune et vert, de la piquette ? Voulez-vous que nous prenions un chiffre pour nous entendre ? Voyons : à quel nombre d'années commencez-vous ?

— Soit ! répond l'adversaire. Eh bien ! Quand on compte cent ans, on est un ancien et un bon.

— Mais quoi ! reprend notre poète, à cent ans moins un mois, ou moins une année, est-on un ancien, ou bien un moderne ? est-on bon ou mauvais ?

— Oh ! un mois, ou un an, ne sont pas une affaire : on est encore un ancien et un bon.

— Fort bien. Mais, si j'ôte une année encore, puis une autre et ainsi de suite, j'arracherai, comme Sertorius, toute la queue du cheval, crin par crin ; ou bien je ferai disparaître tout le monceau de blé, grain par grain : le siècle ainsi s'en ira jour par jour. N'est-ce pas insensé, conclut le poète, de regarder à la date pour savoir si un poème est bon ou mauvais ?

Voilà, en abrégé, cette piquante riposte d'Horace, auquel on jetait à la tête Atta, Afranius, Attius, Pacuvius, Térence, Plaute, Ennius, Nævius, Livius Andronicus ; et jusqu'aux vers Saliens du bon Numa !

Horace était donc un *moderne*, contesté, critiqué, raillé ; aujourd'hui il est en possession de l'admiration universelle, et ses œuvres sont traduites dans toutes les langues.

La question des Anciens et des Modernes, chez les Romains, se trouve traitée aussi, en prose cette fois, dans le *Dialogue des Orateurs*, œuvre malheureusement mutilée, mais très remarquable, attribuée par les uns à Quintilien, par les autres à Tacite, avec plus de vraisemblance. Je me contente de rappeler cet ouvrage, dont l'analyse nous entraînerait trop loin.

Au dix-septième siècle et au dix-huitième, la question se renouvela, d'abord en Italie, ensuite en France, puis en Angleterre, puis encore en France. Cette histoire a été racontée en détail par notre très regretté ami Hippolyte Rigault ; nous la résumerons peut-être quelque jour, quand nous commencerons l'histoire du Romantisme, qui n'est autre qu'une nouvelle phase de la même question. Notons, en passant, un seul petit épisode, assez piquant; il se rapporte au dix-huitième siècle. — La question des Anciens et des Modernes avait fait tant de bruit, que le théâtre s'en était emparé. Dans une comédie, deux valets, Frontin et Trivelin, causent ensemble; Trivelin raconte qu'après mille traverses il entra au service d'un brave homme qui passait sa vie à étudier les langues mortes. « Mon maître, dit-il, était épris de passion pour certains quidams qu'il appelait les Anciens, et n'avait qu'un souverain mépris pour d'autres qu'il appelait les Modernes.

FRONTIN.

Et qu'est-ce que c'est que les modernes ?

TRIVELIN.

Les modernes ? c'est... comme qui dirait... toi, par exemple.

FRONTIN.

Moi ?... ho, ho !... je suis un moderne, moi ?

TRIVELIN.

Oui vraiment, moderne... et des plus modernes. Il n'y a que l'enfant qui vient de naître qui le soit plus que toi, car il ne fait que d'arriver.

FRONTIN.

Et pourquoi ton maître nous haïssait-il ?

TRIVELIN.

Parce qu'il voulait qu'on eût quatre mille ans sur la tête pour valoir quelque chose... Moi, pour gagner son amitié, je me mis à admirer tout ce qui était ancien. J'aimais les vieux meubles, je louais les vieilles modes, les vieilles monnaies, les vieilles médailles..., les lunettes!... Je me coiffais chez les crieuses de vieux chapeaux. Je n'avais commerce qu'avec des vieillards... Il était charmé de mes inclinations.... J'avais la clef de la cave, où logeait un certain vin... vieux, qu'il appelait son vin grec. Il m'en donnait quelquefois, et j'en détournais aussi quelques bouteilles, par amour louable pour tout ce qui était vieux... Non que je négligeasse le vin nouveau! Je n'en demandais pas d'autre à sa femme, qui, elle, estimait bien autrement les modernes que les anciens!... Et, par complaisance pour son goût, j'en emplissais aussi quelques bouteilles...

FRONTIN.

A merveille.

TRIVELIN.

Qui n'eût cru que cette conduite aurait dû me concilier ces deux esprits?... Point du tout! Ils s'aperçurent du ménagement judicieux que j'avais pour chacun d'eux; ils m'en firent un crime! Le mari crut les anciens insultés par la quantité de vin nouveau que j'avais bu; il m'en fit mauvaise mine. La femme me chicana sur le vin vieux. J'eus beau m'excuser; les gens de parti n'entendent point raison. Il fallut les quitter, pour avoir voulu me partager entre les anciens et les modernes!... Avais-je tort?

Non, Trivelin n'avait pas tort, à part le larcin, d'aimer tour à tour le vin nouveau et le vin vieux.

Il faut aimer tout ce qui est bon, soit parmi les modernes, soit parmi les anciens, soit parmi les nationaux, soit parmi les étrangers. Ceux qui ne vivent que dans le moment présent et qui ne s'intéressent point aux œuvres anciennes n'ont guère plus de pensée ni de vie que les insectes éphémères ; mais ceux qui ajoutent à leurs pensées et à leur existence présente la vie des siècles antérieurs, ceux-là s'assimilent la substance des diverses époques de l'humanité, des différents chefs-d'œuvre de toute sorte, et donnent à leur âme plus d'étendue. La moelle de chaque siècle, ajoutée à la leur, accroît leur force, leur puissance et leur joie. Chaque civilisation qu'on étudie est une octave qu'on ajoute à son clavier. Ne restons donc pas enterrés dans notre pays et dans notre temps, comme certains oisifs dans leur province. Craignons de devenir volontairement des provinciaux, même des provinciaux de Paris.

Nos classiques ont donc commencé par être des révolutionnaires littéraires, qui ont heurté les règles établies et soulevé des luttes ardentes. — Corneille en sera pour nous un premier exemple. Nous étudierons aujourd'hui ses essais dramatiques, ses tâtonnements quand il cherche sa voie et son génie. Dans les leçons suivantes, nous analyserons *le Cid* et ses origines; puis les débats soulevés par ce chef-d'œuvre, et l'ardente bataille littéraire qui s'en suivit. Ce sera une première démonstration de notre idée.

La leçon d'aujourd'hui ne sera peut-être pas la plus intéressante ; mais elle me paraît nécessaire pour vous faire mesurer la distance entre le point de départ et le point d'arrivée du grand poète. D'ailleurs il est possible qu'elle ne déplaise pas à ceux qui ont quelque curiosité littéraire et qui ne détestent point un peu d'archéologie poétique.

Après avoir préludé, comme Shakspeare, par quelques poésies de jeunesse et d'amour, Corneille essaya plusieurs chemins dramatiques. Il entra d'abord dans celui de la comédie ; et c'est en qualité de poète comique qu'il se fit connaître, débutant à vingt-trois ans par *Mélite*, où il n'avait pas suivi les règles des trois unités, qu'il ignorait au fond de sa province. — S'il avait pu les ignorer toujours, comme Shakspeare, ou ne pas s'en préoccuper outre mesure après qu'on les lui eut apprises, ou du moins rejeter le joug des deux dernières, car la première seule est fondée en raison, les destinées du théâtre français eussent été toutes différentes. Mais représentez-vous ce jeune provincial, timide et doutant de lui-même ; essayez d'oublier la suite de sa vie et de le voir comme il est alors, tout frais débarqué dans Paris. On a ordinairement le tort de se représenter chaque grand écrivain ou artiste sous l'aspect qu'il avait en pleine gloire, ou bien à l'âge où la mort l'a surpris. Il vaudrait mieux se le représenter tel qu'il était quand il composa l'œuvre qu'on étudie dans le moment. Ainsi, on ne doit pas perdre de vue que l'auteur de *Mélite* était un jeune avocat rouennais de vingt-trois ans, s'appelant d'un nom encore inconnu et assez bizarre, M. Corneille, petit jeune homme brun et maigre, fort amoureux, mêlant ensemble les plaidoyers, la galanterie et la poésie, et prenant pour sujet de sa première comédie sa première aventure galante, où il avait eu le plaisir, mêlé de remords, de tromper un de ses amis. Ensuite, il faut nous figurer aussi et ne pas oublier que, par ses huit premières pièces, il se fit connaître comme poète comique, sans que le public, ni lui-même, se doutât qu'il deviendrait poète tragique, et beaucoup plus célèbre comme tel.

Ce sont ces huit pièces qu'il s'agit de faire passer rapidement devant vos yeux. Il n'y paraît très différent, ni de ses prédécesseurs, ni de ses contemporains.

Afin de vous le démontrer, il est indispensable de jeter un coup d'œil, auparavant, sur les poètes qui occupaient alors la scène.

Autour du vieil Alexandre Hardy, l'improvisateur de huit cents pièces, le fournisseur en quelque sorte breveté des comédiens français de ce temps, on retrouve les noms de quatre-vingt-seize poètes dramatiques, contemporains des débuts de Corneille. Sur ces quatre-vingt-seize, il n'y en a qu'un très petit nombre qui méritent d'être mentionnés. Voici ceux qui étaient alors en possession de la renommée :

Mairet, Tristan, Du Ryer, Théophile de Viau, Scudéry, Benserade, La Calprenède, Desmarets, Bois-Robert, etc.

Le premier, Mairet, avec sa tragi-comédie de *Sylvie*, fit courir tout Paris pendant quatre ans. Il eut beaucoup de succès aussi avec sa tragi-comédie de *Chryséide et Arimant*. En voici quelques vers qui suffiront à donner une idée du goût de l'époque. Arimant, devant la chaumière où habite Chryséide, exprime ainsi son amour :

Voici le paradis où loge ma déesse !...
Vraiment ! petit logis, vante-toi désormais
D'avoir plus de beauté que tu n'en eus jamais :
Fait de terre et de bois, et tout couvert de chaume,
Tu vaux mieux qu'un palais, tu vaux mieux qu'un royaume ;
Et, sans te point flatter, tu vaux mieux que les cieux,
Puisque dans ton enclos tu loges ses beaux yeux !
Les cieux n'ont qu'un soleil qui fait qu'on les adore,
Mais toi tu en as deux, et plus puissants encore !

Vous entendez que ce sont les yeux de Chryséide. — Voilà les choses qui plaisaient alors.

La meilleure pièce de Mairet, *Sophonisbe*, dont le succès, en 1629, mit en honneur la règle des trois unités, se maintint longtemps au théâtre, même après que Corneille, trente ans plus tard, eut traité le même sujet. Voltaire aussi, dans sa vieillesse, fit une *Sophonisbe*. Il y en avait déjà sept en français.

Le deuxième poète, Tristan, avait plus d'âme et de poésie que Mairet ; mais il se ressentait aussi du goût du temps. Sa *Marianne*, imitée de l'Espagne, fit pleurer, dit-on, Richelieu. Je ne sais si ce furent les vers suivants qui arrachèrent des larmes au Cardinal-ministre. Hérode aime Marianne, sans en être aimé. — « Mais, lui dit son confident :

Quel plaisir prenez-vous de chérir une roche,
Dont les sources de pleurs coulent incessamment.
Et qui pour votre amour n'a point de sentiment ?

HÉRODE.

Si le divin objet dont je suis idolâtre
Passe pour un rocher, c'est un rocher d'albâtre,
Un écueil agréable, où l'on voit éclater
Tout ce que la nature a fait pour me tenter.
Il n'est point de rubis vermeil comme sa bouche,
Qui mêle un esprit d'ambre à tout ce qu'elle touche ;
Et l'éclat de ses yeux veut que mes sentiments
Les mettent, pour le moins, au rang des diamants.

Pour le moins est une cheville bien amoureuse ! Et le *rocher d'albâtre* vaut son pesant d'or. Comment ne pas s'attendrir aux *sources de pleurs* qui en découlent incessamment ?

Le troisième poète de ce groupe, Du Ryer, semble supérieur à Tristan et à Mairet : son vers est large et facile, d'une fluidité et d'une mollesse italiennes. Sa pièce la plus remarquable est la tragédie de *Saül*.

Pour Théophile de Viau, il nous suffira de rappeler sa tragédie de *Pyrame et Thisbé*, dont on connaît les deux vers ridicules :

Le voilà, ce poignard, qui du sang de son maître
S'est souillé lâchement! il en rougit le traître!

Quant au fameux Scudéry, avec son *Lygdamon et Lydias*, nous le retrouverons à propos du *Cid*. Il y avait aussi Benserade, avec sa *Cléopâtre*, moins célèbre que les ballets de cour où il excella véritablement pendant vingt ans ; puis La Calprenède, avec son *Mithridate* ; et Desmarets, avec sa comédie des *Visionnaires*, qui eut beaucoup de succès ; enfin quelques autres poètes, que nous retrouverons dans le cabinet de Richelieu, Bois-Robert par exemple. — Corneille en fut aussi ; heureusement il n'y resta point.

Pendant que tout cela faisait grand bruit à Paris, notre jeune provincial, dans son faubourg de Rouen, étudiait Ronsard et Malherbe, qui étaient pour lui à peu près toute la littérature moderne. La renommée des triomphes de Hardy, qui occupait depuis vingt ans la scène, arriva jusqu'à lui. Cela lui donna l'idée d'envoyer au célèbre auteur son premier essai dramatique, cette comédie de *Mélite*.

Hardy trouva que c'était « une assez jolie farce »,
et le jeune avocat partit de Rouen pour Paris, en
1629, pour la faire jouer.

Mélite fut bien accueillie. C'est un imbroglio
dans le goût du temps. L'auteur, dans l'*Examen* de
sa pièce, s'applaudit avec une franchise ingénue
« d'avoir, sans connaître les règles, trouvé l'unité
d'action, pour brouiller quatre amants par une seule
intrigue », et fait « une peinture de la conversation des honnêtes gens ». — C'est plutôt en effet
cela qu'une *farce*, quoi qu'ait voulu dire le mot attribué à Alexandre Hardy. La pièce, avec ses qualités
et ses défauts, plut tellement que les comédiens,
à cette occasion, se séparèrent en deux troupes,
pour jouer au Théâtre du Marais en même temps
qu'à l'Hôtel de Bourgogne. — Je ne m'arrêterai
point cependant à analyser cette comédie, qui vous
intéresserait peu.

La deuxième œuvre dramatique de Corneille est,
en 1632, *Clitandre, ou l'Innocence délivrée*, autre imbroglio, — tragi-comique, cette fois, et où nous
voyons poindre des éléments nouveaux.

Il avait fallu que Corneille vînt à Paris du fond
de sa province, pour apprendre qu'il y avait des
règles dramatiques et pour s'apercevoir, « que
Mélite n'était pas dans les vingt-quatre heures ».

Il y avait alors de grandes querelles au sujet de
ces trois unités, dites d'Aristote, quoique Aristote,

tout en paraissant conseiller l'unité de temps [1], ne dise pas un mot de l'unité de lieu, et que les grands poètes dramatiques grecs, venus avant sa *Poétique*, en aient usé fort à leur aise à l'égard de ces trois unités. Mais chez nous, au xvii° siècle, après le décousu prodigieux des embryons d'œuvres dramatiques appelés *Mystères* dont s'était contenté le moyen âge, on se précipitait, par réaction, sous le despotisme des règles, on s'y assujettissait avec joie et on s'ingéniait pour s'y conformer. Corneille, dans *Clitandre*, songea donc à les appliquer, sans toutefois faire profession de vouloir s'y astreindre absolument. « Que si j'ai renfermé cette pièce dans la règle d'un jour, ce n'est pas que je me repente de n'y avoir pas mis *Mélite*, ou que je me sois résolu à m'y attacher dorénavant. Aujourd'hui quelques-uns adorent cette règle, beaucoup la méprisent ; pour moi, j'ai voulu seulement montrer que, si je m'en éloigne, ce n'est pas faute de la connaître. »

Clitandre est une pièce romanesque, à l'espagnole : on y voit des héroïnes se déguiser en hommes et tirer l'épée. Cependant, au milieu de bien des bizarreries, on découvre dans cette œuvre les germes de quelques idées ou de quelques formes que Corneille développera plus tard dans des œuvres meilleures. Au quatrième acte, Dorise, pour se défendre contre l'audacieux Pymante, lui crève un

---

1. *Poétique*, 5.

œil avec une des aiguilles de sa coiffure ; là-dessus, notre amoureux éborgné dit à l'aiguille :

O toi, qui, secondant son courage inhumain,
Loin d'orner ses cheveux, déshonores sa main,
Exécrable instrument de sa brutale rage,
Tu devais pour le moins respecter son image :
Ce portrait accompli d'un chef-d'œuvre des cieux,
Imprimé dans mon cœur, exprimé dans mes yeux,
Quoi que te commandât une âme si cruelle,
Devait être adoré de ta pointe rebelle !

Un des éditeurs de Corneille, nommé Joly, prétend que c'est cette apostrophe qui a donné lieu à la locution proverbiale : *Discourir sur la pointe d'une aiguille.*

Croirait-on que ce sont là des vers de Pierre Corneille ? — Eh bien ! que diriez-vous, cependant, si je vous faisais remarquer que cette bizarre tirade adressée à l'aiguille pourrait bien avoir été le premier moule de la belle apostrophe du vieux Don Diègue à l'épée que son adversaire vient de lui faire tomber des mains et qu'il va remettre à celles de son fils Rodrigue en le chargeant de venger son affront ?

Et toi, de mes exploits glorieux instrument,
Mais d'un corps tout de glace inutile ornement,
Fer jadis tant à craindre et qui, dans cette offense,
M'as servi de parade et non pas de défense,
Va, quitte désormais le dernier des humains,
Passe, pour me venger, en de meilleures mains !

C'est le même mouvement, presque le même nombre de vers, et en partie les mêmes rimes. Et voilà comment, sans que le poète peut-être y ait songé, une tirade, ridicule dans la première pièce, est devenue une éloquente apostrophe dans l'autre.

Mais ce n'est pas tout : continuons de prendre pour ainsi dire sur le fait la formation des procédés de la poésie Cornélienne. Déjà, dans cette même pièce de *Clitandre*, on rencontre des vers qui ne dépareraient point les plus belles œuvres du poète :

Mais tels sont les excès du malheur qui m'opprime
Qu'il ne m'est pas permis de jouir de mon crime;
Dans l'état pitoyable où le sort me réduit,
J'en recueille la honte et n'en ai pas le fruit [1];
Et tout ce que j'ai fait contre mon ennemie
Sert à croître sa gloire, avec mon infamie !

Le troisième ouvrage de notre jeune poète est *la Veuve, ou le Traître puni*, 1633. L'intrigue en est plus raisonnable que celle des deux précédentes pièces. Il s'en fallait toutefois de beaucoup que cette comédie méritât les éloges hyperboliques qui l'accueillirent. Tous les poètes qu'on verra bientôt refuser leur admiration à l'auteur du *Cid*, — Du Ryer, Bois-Robert, Scudéry, — saluent avec enthou-

---

[1]. Racine, dans *Phèdre*, semble s'être rappelé ces vers, lorsqu'il fait dire à son héroïne :
Hélas ! du crime affreux dont la honte me suit
Jamais mon triste cœur n'a recueilli le fruit !

siasme l'auteur de *la Veuve*. Scudéry surtout, renommé comme poète tragique, et à qui un poète
comique ne fait point ombrage, Scudéry ne trouve
point d'images assez grandes pour son admiration;
il s'écrie :

Le soleil s'est levé; retirez-vous, étoiles !

Mairet, à qui le succès de sa *Sophonisbe* assignait
alors le premier rang dans la tragédie, envoie un
madrigal.

A M. CORNEILLE, POËTE COMIQUE
SUR SA *VEUVE*.

Rare écrivain de notre France,
Qui, le premier des beaux esprits,
As fait revivre en tes écrits
L'esprit de Plaute et de Térence,
Sans rien dérober aux douceurs
De *Mélite* ni de ses sœurs,
O Dieu ! que ta *Clarisse* est belle !
Et que de veuves dans Paris
Souhaiteraient d'être comme elle,
Pour ne pas manquer de maris !

Ainsi, tant que Corneille est seulement poète
comique, les poètes tragiques, Mairet et Scudéry,
ne font pas difficulté de le louer : ce jeune homme
fait revivre en lui l'esprit de Plaute et de Térence
réunis; mais, lorsque Corneille, après avoir tâtonné
longtemps, abordera décidément le genre tragique,
oh! alors, l'auteur de *Sophonisbe* et celui de *Lygda-*

mon ne se montreront plus si bons princes, ils changeront de gamme et de style, ils commenceront à critiquer et à railler celui qu'ils mettaient au-dessus des nues en le comparant au soleil !

Après *la Veuve*, vinrent, en 1634, *la Galerie du Palais, ou l'Amie rivale*; puis la comédie intitulée : *la Suivante*. Toutes les deux réussirent; surtout *la Galerie du Palais*. Ce palais, c'était le Palais-de-Justice, ancien palais des rois de France. Garni de petites échoppes très achalandées, il était alors la promenade à la mode, le rendez-vous des curieux et des étrangers. Le Palais-Royal n'existait pas encore, on était en train de le bâtir pour Richelieu. C'était le vieux Palais de Philippe-Auguste, avec ses deux tourelles en poivrière et sa tour de l'horloge, qui était le centre de la vie parisienne. Le jeune auteur cherche donc évidemment ce qu'on nomme aujourd'hui l'actualité : il retrace les scènes ordinaires les tableaux quotidiens de cette Galerie, les conversations des marchands et des passants; c'est une veine neuve et heureuse, un essai ou une intention de ce qu'on nomme à présent réalisme, mais sans les excès du genre. Or, si le réalisme est de mise quelque part, c'est assurément dans la comédie.

De cette pièce date une réforme notable : la suppression des nourrices en guise de confidentes. Ce personnage de la nourrice était un reste de la comédie ancienne. On lui faisait parler souvent un langage plus que libre. C'était ordinairement un homme qui jouait ce rôle, avec un masque. Il y avait alors un acteur nommé Alizon qui y réussissait à merveille. Ce nom d'Alizon, nom de femme, était sans doute celui d'un de ses rôles. Peu d'actrices, peut-être, auraient osé se charger de rôles aussi libres et aussi gaillards que ceux-là. Corneille, en mettant plus de décence dans le dialogue, substitua aux nourrices les suivantes, qui purent être jouées par des femmes. Alizon resta seulement en possession de certains rôles de vieilles femmes ridicules. Plus tard, dans le théâtre de Molière, nous verrons les suivantes devenir les servantes, qui au dix-huitième siècle deviendront les soubrettes. Cependant certains rôles de femmes grotesques furent encore joués quelquefois par des hommes : ainsi, dans la troupe de Molière, c'était l'acteur Hubert qui faisait la comtesse d'Escarbagnas, Mme Jourdain, Philaminte.

Dans le théâtre de Shakspeare, la nourrice de Juliette, par la gaieté énorme de ses propos, nous donne quelque idée des libertés qu'on accordait alors à ces personnages en Angleterre aussi bien qu'en France. Au surplus, ce n'était pas seulement les nourrices et les rôles de cette sorte qui, dans la troupe de Shakspeare étaient alors joués par des hommes; c'étaient aussi, chose étrange, les rôles de femme en général. Dans un de ses prologues, il prie le public de vouloir bien prendre patience, parce que la reine n'est pas encore rasée.

Chez nous, sous Henri II, à Paris, à l'hôtel de Reims, Jodelle, qui était jeune et d'une figure agréable, joua lui-même le rôle de sa *Cléopâtre captive*, devant le Roi et toute la cour, comme le jeune et beau Sophocle, à Athènes, avait joué lui-même sa *Nausicaa*.

Ce nouveau personnage, la suivante, donna son nom à l'autre comédie que nous venons de mentionner, représentée également en 1634. Dans l'*Examen* de cette pièce, Corneille se réjouit un peu naïvement de s'être « asservi à faire les actes si égaux, qu'aucun n'a pas un vers plus que l'autre ».

L'*Épître dédicatoire* respire le contentement d'un jeune auteur qui a la veine. « Ceux qui se font presser (fouler) à la représentation de mes ouvrages m'obligent infiniment ; ceux qui ne les approuvent pas peuvent se dispenser d'y venir gagner la migraine ; ils épargneront de l'argent et me feront plaisir. »

Ensuite il passe de ses censeurs à ses rivaux et dit, quittant tout à coup la prose pour les vers :

Je vois d'un œil égal[1] croître le nom d'autrui,
Et tâche à m'élever aussi haut comme lui,
Sans hasarder ma peine à le faire descendre.
La gloire a des trésors qu'on ne peut épuiser :
Et, plus elle en prodigue à nous favoriser,
Plus elle en garde encore où chacun peut prétendre.

1. Tranquille. *Æquo animo*.

Puis il vient à la fameuse question des trois unités, dont tout retentissait alors, et déclare que, pour lui, « loin de s'en rendre l'esclave, il les élargit ou les resserre selon le besoin du sujet...... Savoir les règles, ajoute-t-il finement, ou entendre le secret de les apprivoiser adroitement avec notre théâtre, ce sont deux sciences bien différentes ; et peut-être que, pour faire maintenant réussir une pièce, ce n'est pas assez d'avoir étudié dans les livres d'Aristote et d'Horace..... Mon avis est celui de Térence : « Puisque nous faisons des poèmes pour être représentés, notre premier but doit être de plaire à la Cour et au Peuple...... Il faut, s'il se peut, y ajouter les règles, afin de ne déplaire pas aux savants et recevoir un applaudissement universel. Mais surtout gagnons la voix publique. » Remarquez en passant que Corneille, citant librement l'opinion de Térence, croit pouvoir ajouter au Peuple la Cour. — Molière n'exprimera pas d'autres sentiments, et prêchera aussi que la première de toutes les règles est de plaire au Peuple et à la Cour.

Corneille parle ici avec autant de bon sens que de liberté ; mais bientôt les persécutions que lui attirera son chef-d'œuvre du *Cid* n'assoupliront que trop sa fierté juvénile. En butte à des hostilités puissantes, il finira par se courber sous ces prétendues lois, et n'essayera plus qu'à de rares intervalles d'en secouer le joug, après qu'on lui aura fait payer si cher son triomphe trop éclatant.

Sa sixième pièce a pour titre : *la Place-Royale*.
Les constructions de cette place, commencées sous
Henri IV, venaient d'être achevées sous Louis XIII.
Ici, comme dans *la Galerie du Palais*, l'auteur
trouve un cadre neuf et actuel, élément de succès
pour la comédie. C'est ainsi encore que, dans *le
Menteur*, il placera la scène aux Tuileries d'abord,
et dans la Place-Royale ensuite. Ce jeune provincial
cherche à se faire le plus parisien qu'il peut. La
Place-Royale était alors le quartier neuf, le beau
quartier, et allait enlever aux galeries du Palais-
de-Justice le privilège dont nous parlions il y a un
instant, ou du moins partager avec elles le courant
du public. La célèbre Ninon de l'Enclos habitait
tout près de là, rue des Tournelles ; et madame
de Sévigné, pas bien loin, rue Culture-Sainte-
Catherine, qui porte aujourd'hui son nom [1].

Remarquez, je vous prie, que jusqu'à présent, à
l'exception de la tragi-comédie de *Clitandre*, Corneille n'a écrit que des comédies. C'est le poète
comique que la faveur accueille depuis *Mélite*, avec
« ses sœurs », comme dit Mairet, *la Veuve, la Galerie
du Palais, la Suivante, la Place-Royale* ; on ne le
connaît pas sous un autre aspect, on ne se doute
pas qu'il y ait en lui autre chose, lorsque enfin, en
1635, Corneille ayant vingt-neuf ans, voici que
dans une œuvre d'un nouveau genre, imitée de
Sénèque, il aborde la tragédie, et donne *Médée*. Ce

---

1. Et c'était dans la Place-Royale qu'elle était née.

fut un changement de front, un pas considérable, une révélation pour le public et pour le poète lui-même. On admira surtout le monologue qui commence par ces vers :

Souverains protecteurs des lois de l'hyménée,
Dieux garants de la foi que Jason m'a donnée,
Vous qu'il prit à témoin d'une immortelle ardeur
Quand par un faux serment il vainquit ma pudeur,
Voyez de quel mépris vous traite son parjure,
Et m'aidez à venger cette commune injure!

C'était enfin le véritable accent tragique, ignoré dans tout le théâtre du moyen âge, malgré le pathétique sujet des Mystères, et cherché vainement sur la scène française dans tout le théâtre de la Renaissance. Quel flot d'éloquence passionnée dans ces malédictions de la femme trahie!

Qu'il coure vagabond de province en province!
Qu'il fasse lâchement la cour à chaque prince!
Banni de tous côtés, sans biens et sans appui,
Accablé de frayeur, de misère et d'ennui,
Qu'à ses plus grands malheurs aucun ne compâtisse!
Qu'il ait regret à moi, pour son dernier supplice ;
Et que mon souvenir jusque dans le tombeau
Attache à son esprit un éternel bourreau!
Jason me répudie! Eh! qui l'aurait pu croire?
S'il a manqué d'amour, manque-t-il de mémoire?
Me peut-il bien quitter après tant de bienfaits?
M'ose-t-il bien quitter, après tant de forfaits?
Sachant ce que je puis, ayant vu ce que j'ose,
Croit-il que m'offenser ce soit si peu de chose?

Et enfin, ce dialogue, dont le principal trait est devenu universellement célèbre :

MÉDÉE

L'âme doit se roidir, plus elle est menacée,
Et contre la fortune aller tête baissée,
La choquer hardiment et, sans craindre la mort,
Se présenter de front à son plus rude effort :
Cette lâche ennemie a peur des grands courages,
Et sur ceux qu'elle abat redouble ses outrages...

NÉRINE

Votre pays vous hait, votre époux est sans foi :
Dans un si grand revers, que vous reste-il ?

MÉDÉE
                                              Moi.
Moi, dis-je, et c'est assez.

A la vérité, nous venons de rappeler que dans tous ces passages Corneille imite le poète tragique latin. Mais Jodelle et Garnier l'avaient imité aussi, et cependant leur plume n'avait jamais rencontré rien qui approchât de ce ton. Voltaire dit fort bien que de pareils vers annonçaient Corneille. M. Guizot ajoute, avec raison, qu'ils annonçaient la tragédie. Oui, la tragédie française date de là.

Mais voici la curiosité, le phénomène étrange : combien de sinuosités dans la marche du génie et de l'art qui se cherche! On s'imaginerait que dès lors Corneille sait qu'il a trouvé sa voie et ne va plus en sortir ? Eh bien ! non, il se remet à errer. L'année suivante, 1736, c'est-à-dire l'année même qui doit être celle de l'éclosion du *Cid*, et immédiatement avant ce chef-d'œuvre, il revient à ses anciens tâtonnements et donne la pièce la plus bizarre qu'il ait jamais faite : *l'Illusion comique*. C'est un pêle-mêle de tous les genres ; l'auteur lui-même, dans sa dédicace s'exprime en ces termes : « Voici un étrange monstre. Le premier acte n'est qu'un prologue, les trois suivants font une comédie imparfaite, le dernier est une tragédie ; et tout cela, cousu ensemble, fait une comédie. Qu'on en nomme l'invention bizarre et extravagante, tant qu'on voudra ; elle est nouvelle ; et souvent la grâce de la nouveauté, parmi nos Français, n'est pas un petit degré de bonté. »

La liste des personnages donnera un aperçu des éléments de cette pièce étrange :

ALCANDRE, magicien.

PRIDAMANT, père de Clindor.

DORANTE, ami de Pridamant.

MATAMORE, capitan gascon, amoureux d'Isabelle : (personnage et nom espagnols : *capitan mata Moros*, « capitaine tue-mores ».)

CLINDOR, suivant du capitan et amant d'Isabelle.

. . . .

ISABELLE, représentant HIPPOLYTE, femme de Théagène.

CLINDOR, représentant THÉAGÈNE, seigneur anglais.

Le page du capitan.
Le geôlier de Bordeaux.
Etc., etc.

« La scène est en Touraine, en une campagne roche de la grotte du magicien. »

Vous voyez d'ici ce que tout cela promet de bizarreries. Cependant la variété excessive de ce pot-pourri, les décors, les machines, le grotesque même de l'imagination dans les scènes du capitan Matamore, firent le succès de la pièce ; si bien qu'elle se maintint au théâtre pendant trente ans !

On y peut étudier comment Corneille entendait l'emploi du grotesque et de la fantaisie énorme. Matamore, par exemple, s'entretenant avec son suivant Clindor, celui-ci l'interroge sur la rêverie où il le voit plongé.

MATAMORE

Il est vrai que je rêve, et ne saurais résoudre
Lequel je dois des deux le premier mettre en poudre,
Du grand Sophi de Perse, ou bien du grand Mogor.

CLINDOR

Eh ! de grâce, Monsieur, laissez-les vivre encor :
Qu'ajouterait leur perte à votre renommée ?
D'ailleurs, quand auriez-vous rassemblé votre armée ?

MATAMORE

Mon armée ? ah, poltron ! ah, traître ! pour leur mort
Tu crois donc que ce bras ne soit pas assez fort ?
Le seul bruit de mon nom renverse les murailles,
Défait les escadrons, et gagne les batailles.

Notons, au passage, que Boileau, trouvant de bonne prise ces deux vers, les a appliqués, à peu près tels quels, au grand Condé.

Matamore a la prétention d'être irrésistible en amour comme en guerre. Après avoir montré d'abord sa mine farouche, il fait ensuite le gracieux, en pensant à sa maîtresse. Après la rodomontade, la fatuité.

Ce penser m'adoucit : va, ma colère cesse ;
Et ce petit archer qui dompte tous les dieux
Vient de chasser la mort qui logeait dans mes yeux.
Regarde, j'ai quitté cette effroyable mine,
Qui massacre, détruit, brise, brûle, extermine ;
Et, pensant au bel œil qui tient ma liberté,
Je ne suis plus qu'amour, que grâce, que beauté.
. . . .
Je te le dis encor, ne sois plus en alarme :
Quand je veux, j'épouvante ; et, quand je veux, je charme,
Et, selon qu'il me plaît, je remplis tour à tour
Les hommes de terreur, et les femmes d'amour.

Matamore révèle à Clindor qu'autrefois il était terrible et beau en même temps ; dans certains moments cela le gênait ; alors il a demandé au roi des dieux d'être seulement l'un ou l'autre à volonté ; Jupiter s'est empressé de lui complaire.

Ce que je demandais fut prêt en un moment :
Et, depuis, je suis beau quand je veux seulement.

Il explique alors à son confident que cela lui est bien plus commode avec les femmes :

Du temps que ma beauté m'était inséparable,
Leurs persécutions me rendaient misérable;
Je ne pouvais sortir sans les faire pâmer :
Mille mouraient par jour, à force de m'aimer.
J'avais des rendez-vous de toutes les princesses;
Les reines à l'envi mendiaient mes caresses :
Celle d'Éthiopie, et celle du Japon,
Dans leurs soupirs d'amour ne mêlaient que mon nom;
De passion pour moi deux sultanes troublèrent [1];
Deux autres, pour me voir, du sérail s'échappèrent :
J'en fus mal quelque temps avec le Grand-Seigneur.

L'Aurore elle-même, un beau matin, ne vint-elle pas se jeter à sa tête? Lui, Matamore, demeura insensible, par sagesse et par égard pour la Nature. Quel étrange désordre causa pourtant ce retard d'Aurore!

Oui, je te veux conter une étrange aventure,
Qui jeta du désordre en toute la nature,
Mais désordre aussi grand qu'on en voye arriver:
Le soleil fut, un jour, sans pouvoir se lever;
Et ce visible dieu, que tant de monde adore,
Pour marcher devant lui ne trouvait point d'Aurore :
On la cherchait partout, au lit du vieux Tithon,
Dans les bois de Céphale, au palais de Memnon;
Et, faute de trouver cette belle fourrière,
Le jour jusqu'à midi se passa sans lumière.

CLINDOR
Où pouvait être alors la reine des clartés?

MATAMORE
Au milieu de ma chambre, à m'offrir ses beautés.
Elle y perdit son temps, elle y perdit ses larmes:

1. Eurent la tête troublée.

Mon cœur fut insensible à ses plus puissants charmes;
Et tout ce qu'elle obtint par son frivole amour
Fut un ordre précis d'aller rendre le jour.

Tout cela, sans doute, est un peu gros et un peu froid; mais si, pour un instant, le genre est admis, la charge peut sembler assez drôle. En tout cas, il est curieux d'observer que Corneille écrit ces bouffonneries avec la même plume que *le Cid*. Dans *l'Illusion comique*, il fait gros; dans *le Cid*, il fait grand; mais les tons, de l'un à l'autre, quelquefois se rencontrent; témoin ces deux vers du Matamore, que Despréaux applique au grand Condé, et d'autres de Don Diègue qui les rappellent aussi.

Pendant que le capitan conte à Clindor ses prouesses tour à tour guerrières et amoureuses, Isabelle paraît, accompagnée d'un homme : c'est le rival de Matamore. Celui-ci, au lieu de la lui disputer, trouve sage de s'éloigner.

MATAMORE

Ce diable de rival l'accompagne sans cesse.

CLINDOR

Où vous retirez-vous ?

MATAMORE

Ce fat n'est pas vaillant,
Mais il a quelque humeur qui le rend insolent.

Peut-être qu'orgueilleux d'être avec cette belle,
Il serait assez vain pour me faire querelle.

CLINDOR

Ce serait bien courir lui-même à son malheur.

MATAMORE

Lorsque j'ai ma beauté, je n'ai point ma valeur.

CLINDOR

Cessez d'être charmant, et faites-vous terrible.

MATAMORE

Mais tu n'en prévois pas l'accident infaillible :
Je ne saurais me faire effroyable à demi ;
Je tuerais ma maîtresse avec mon ennemi.
Attendons en ce coin l'heure qui les sépare.

CLINDOR

Comme votre valeur, votre prudence est rare.

On a peine à croire jusqu'à quel degré Corneille, une fois en veine de bizarrerie, se laisse entraîner. Matamore ayant à se plaindre du père d'Isabelle, qui l'a invité à ne pas remettre les pieds chez lui, Clindor exhorte son maître à y revenir tout de même et à le narguer :

Tandis qu'il est dehors, allez dès aujourd'hui
Causer de vos amours et vous moquer de lui.

MATAMORE

Cadédiou ! ses valets feraient quelque insolence.

CLINDOR

Ce fer a trop de quoi dompter leur violence.

MATAMORE

Oui, mais les feux qu'il jette en sortant de prison
Auraient, en un moment, embrâsé la maison,
Dévoré tout à l'heure ardoises et gouttières,
Faîtes, lattes, chevrons, montants, courbes, filières,
Entre-toises, sommiers, colonnes, soliveaux,
Parnes, soles, appuis, jambages, traveteaux,
Portes, grilles, verroux, serrures, tuiles, pierres,
Plomb, fer, plâtre, ciment, peinture, marbre, verres,
Caves, puits, cours, perrons, salles, chambres, greniers,
Offices, cabinets, terrasses, escaliers !...
Juge un peu quel désordre aux yeux de ma charmeuse !
Ces feux étoufferaient son ardeur amoureuse.
Va lui parler pour moi, toi qui n'es pas vaillant,
Tu puniras à moins un valet insolent.

CLINDOR

C'est m'exposer...

MÉTAMORE

    Adieu : je vois ouvrir la porte,
Et crains que sans respect cette canaille sorte.

Là-dessus, le brave des braves prend la fuite.

Voilà quelques traits seulement de cette pièce étrange et curieuse.

La même année, 1636, en même temps que le jeune poète s'égayait naïvement à ces bouffonneries, il composait et écrivait *le Cid*, — à peu près comme Rubens peignant de la même brosse *la Kermesse* et *la Descente de croix*, mais avec cette différence que *la Descente de croix* et *la Kermesse* sont deux chefs-d'œuvre dans des genres opposés, tandis que *l'Illusion comique* est loin de pouvoir obtenir ce titre. Il s'en fallait de beaucoup que Corneille eût le goût aussi sûr que son génie était puissant. Peut-être se délassait-il du sublime par le grotesque et du grotesque par le sublime, allant du *Matamoros* ridicule au *Matamoros* héroïque car Rodrigue, lui aussi, est à la lettre un *tueur de Mores*, et ne manque pas non plus d'emphase :

Mes pareils à deux fois ne se font pas connaître,
Et pour leurs coups d'essai veulent des coups de maître!

Tels furent, dans ces huit premières pièces, les tâtonnements de Corneille se cherchant lui-même. Puis, porté par Guillem de Castro, — autre Espagnol, comme Sénèque, et qui le servit encore mieux, — inspiré aussi par le *Romancero*, poussé enfin par son propre génie, son imagination et son cœur, il fit cette merveille, *le Cid*, « cette fleur d'honneur et d'amour ».

Nous l'étudierons dans nos prochaines séances, en remontant aux sources espagnoles, et nous verrons à quel point, pour le public français de ce temps-là, *le Cid* était une œuvre révolutionnaire, qui devait soulever et souleva en effet bien des débats et des combats.

Il y a donc, dans Corneille, plusieurs veines dramatiques et au moins trois courants. Le premier est la comédie. Connu exclusivement comme poète comique pendant bien longtemps, ce ne fut pas sans peine ni sans contestation qu'il vint à bout de conquérir un autre titre, celui de poète tragique : la tragédie de *Médée* marqua et déclara par un éclatant succès ce second courant. Enfin, le troisième, qu'on avait vu sourdre dès sa seconde pièce, *Clitandre*, et que nous voyons aboutir au *Cid*, est ce qu'il nommait tragi-comédie, et qu'aujourd'hui on nomme drame. Nous continuerons de suivre et d'observer ces trois veines dramatiques, au travers des obstacles qu'opposèrent au poète le pédantisme et l'envie.

TROISIEME LEÇON

LE CID

L'ESPAGNE ET LA FRANCE

En 1634, le cardinal de Richelieu et le roi Louis XIII vinrent à Rouen ; l'archevêque chargea Corneille de célébrer leur arrivée. Richelieu, quelque temps après, admit le jeune poète au nombre des « cinq auteurs » qui travaillaient avec lui à ses œuvres dramatiques. Le Cardinal était passionné pour le théâtre : de tous les divertissements de la Cour, il ne goûtait que celui-là. Il avait fait construire une salle de spectacle en son hôtel à Paris[1], une autre à sa maison de campagne de Rueil. Il encoura-

---

1. Les documents du temps nous apprennent que l'on dit d'abord l'*hôtel de Richelieu*. C'est en 1636 que l'on commença à dire le *Palais-Cardinal*. Et, dès 1639, Richelieu ayant fait don de son hôtel à Louis XIII, et Anne d'Autriche étant allée s'y établir avec ses deux très jeunes enfants, on commença à dire le *Palais-Royal*.

geait les poètes, se piquait de les diriger, se fit même le collaborateur de Desmarets dans plusieurs pièces, ou plutôt le prit pour versifier plusieurs canevas de tragi-comédies dont lui-même avait conçu l'idée et arrangé le plan. Pour la représentation de l'une d'elles, *Mirame*, dans laquelle il y avait mainte allusion à la reine Anne d'Autriche et à Buckingham, et, d'autre part, à la chute de La Rochelle et du parti huguenot, il fit bâtir cette salle de théâtre dans son nouveau palais, et y dépensa dit-on, 2 ou 300,000 écus. Il avait fourni aussi le sujet et le plan, plus politique que poétique, de la comédie héroïque intitulée *Europe*, qui parut sous le nom de Desmarets après la mort du Cardinal. C'était une sorte d'allégorie bizarre de ce qu'on a appelé plus tard l'équilibre européen. Francion et Ibère (le Français et l'Espagnol) se disputent les faveurs d'Europe, non sans faire la cour en même temps à la princesse Austrasie (la Lorraine). Toute la politique étrangère du Cardinal, ses alliances avec les protestants, y sont retracées en vers. Germanique (l'Empereur) plaide auprès d'Europe la cause d'Ibère :

Je ne peux plus souffrir de voir en tant de lieux
Ces destructeurs d'autels, ces ennemis des dieux[1],
Tirés par Francion de la Mer Glaciale[2]
Pour pouvoir contre nous combattre à force égale.

1. Les protestants.
2. Les Suédois.

LE ROMANTISME DES CLASSIQUES

EUROPE

N'appelle pas ainsi ces invincibles cœurs
Qui tiennent un beau rang entre mes défenseurs.
S'ils n'ont point comme nous d'autels, de sacrifices [1],
Pour le moins, comme Ibère ils n'ont point d'artifices :
Ils disent franchement ce qu'ils pensent des dieux,
Et l'autre en m'opprimant fait le religieux.
Par eux je me maintiens et m'affranchis d'outrage ;
En plaignant leur erreur, j'admire leur courage.

En d'autres termes, les protestants qui, religieusement, sont dans l'erreur, mais qui sont loyaux et utiles, je les préfère, dit Europe, aux Espagnols, qui sont orthodoxes, mais cauteleux et dangereux.

Quel était ce grand roi, ce puissant conquérant,
Qui par les régions passa comme un torrent ?
Qui, marchant à grands pas au chemin de la gloire,
Fut, même dans la mort, suivi de la victoire [2] ?
Quels sont tous ces grands chefs, de sa cendre enfantés,
Qui par son ombre encor semblent être assistés ?
Quel était ce Saxon [3], ce valeureux courage,
Chassé par les arrêts de son propre héritage,
Qui dans tes propres champs avec peu de guerriers,
A cueilli tant de fois de glorieux lauriers ?......
. . . .
Combien sont de vertus en ce prince [4] enfermées,
Qui d'un peuple affranchi [5] commande les armées,

1. La messe.
2. Gustave-Adolphe.
3. Bernard de Saxe-Weimar.
4. Le prince d'Orange.
5. Les Hollandais.

D'un peuple qui, d'Ibère abominant les lois,
A secoué son joug par tant de beaux exploits?
Tu dis que Francion ne peut rien sans ces princes;
Et qu'Ibère peut-il sans toi, sans tes provinces?

GERMANIQUE

Mais je suis de son sang, nous avons mêmes dieux.

EUROPE

Tous ceux-là sont mon sang, nous voyons mêmes cieux;
Adore-t-on nos dieux dans toutes vos armées?
De chez vous les erreurs se sont partout semées.
Ibère des errants fait son plus grand appui,
Et, ce qu'il fait lui-même, il le blâme en autrui.
Francion suit l'erreur? Dieu! qui le pourrait dire?
Lui qui d'impiétés nettoya son empire,
Qui redressa partout les autels désolés,
Qui fit réédifier mille temples brûlés,
Imitant ses aïeux qui, malgré tes ancêtres,
Dans leurs trônes sacrés remirent mes grands prêtres.
Et le Franc et l'Ibère ont été bien divers :
L'un les met dans leur trône et l'autre dans les fers.

Aujourd'hui, ces vers singuliers sont, à première vue, des énigmes. C'est comme si M. de Bismarck s'avisait de traiter en vers la question d'Orient. Le cardinal de Richelieu, qui était un grand ministre, se croyait un grand poète. Il distribua encore à ses cinq auteurs les canevas de trois autres pièces : *les Tuileries* (1635), *l'Aveugle de Smyrne*, et *la Grande Pastorale* (1637). Donnant dit-on, à chacun d'eux un acte à versifier, il achevait par ce moyen une comédie en un mois. Ces cinq auteurs étaient Bois-Robert, Guil-

laume Colletet, L'Estoile, Corneille et Rotrou. —
Pour le dire en passant, de ces cinq collaborateurs
du Cardinal, Corneille et Rotrou, seuls, ne furent
pas compris dans la première liste des quarante
membres de l'Académie française, fondée par
Richelieu. Rotrou même, n'y fut jamais admis. —
Outre « les cinq auteurs » proprement dits, deux
autres, Desmarets, comme on vient de le voir, et
Chapelain, personnage important alors et considérable, étaient aussi plus ou moins les collaborateurs du Cardinal, qui voulait avoir beaucoup
d'ouvriers et de contremaîtres sous sa main dans
son usine dramaturgique. Il leur faisait à chacun
une pension; et, en outre, il accordait parfois des
libéralités extraordinaires à ceux d'entre eux qui
réussissaient à son gré. Colletet le charma par les
vers suivants, qu'il avait mis dans la pièce des
Tuileries :

A même temps, j'ai vu sur le bord d'un ruisseau
La cane, s'humectant de la bourbe de l'eau,
D'une voix enrouée et d'un battement d'aile
Animer le canard qui languit auprès d'elle,
Pour apaiser le feu qu'ils sentent nuit et jour
Dans cette onde plus sale encor que leur amour.

Le Cardinal donna à l'heureux auteur soixante
pistoles (six cents francs), en lui disant que « c'était
seulement pour ces vers, qu'il avait trouvés si
beaux; et que le Roi n'était pas assez riche pour

payer le reste ». Sur quoi Colletet, dont la veine trouble, *quum flueret lutulentus*, n'avait jamais été si fort prisée, écrivit ces deux autres vers :

Armand, qui pour six vers m'as donné six cents livres,
Que ne puis-je à ce prix te vendre tous mes livres ?

Le Cardinal n'aurait souhaité qu'une modification à cette belle peinture de la cane et du canard : au lieu de

La cane, s'humectant de la bourbe de l'eau,

il aurait préféré, pour plus de vérité encore,

La cane barbotant dans la bourbe de l'eau.

Vous voyez que le Cardinal était ce qu'on nomme aujourd'hui un réaliste ; voire même un naturaliste.

Voilà dans quel milieu de faux goût ridicule et sous quelle bizarre direction littéraire était tombé, par une prétendue faveur, le jeune poète rouennais. En entrant dans le cabinet de Son Éminence, ce « nouveau » fut traité comme un petit garçon. Mais cela ne dura pas longtemps : admis le dernier dans la compagnie des cinq auteurs, il en sortit le premier, et voici à quelle occasion. Dans le troisième acte de cette pièce des *Tuileries*, qui lui était échu pour sa tâche, il crut devoir changer quelque petite chose aux indications du Cardinal ; celui-ci s'en fâcha, et lui déclara « qu'il fallait avoir un esprit de suite ». Voltaire entend par ces mots « la soumission qui suit aveuglément les ordres d'un supérieur ». Quoi qu'il en soit, Corneille, un peu après, prétexta des affaires de famille qui le rappelaient à Rouen. Heureuse retraite, à laquelle peut-être nous devons *le Cid*, si l'on en croit la tradition suivante :

Un homme lettré, ancien trésorier, qui dans sa jeunesse avait été page de Marie de Médicis, M. de Châlon, retiré à Rouen, conseilla au jeune poète, son compatriote, de lire quelques pièces du théâtre espagnol qu'il lui désigna. « Le genre comique, que vous embrassez, lui dit-il, ne peut vous procurer qu'une gloire passagère. Vous trouverez chez les Espagnols des sujets qui, traités dans notre goût par des mains comme les vôtres, produiront de grands effets. Apprenez leur langue ; elle est aisée ; je m'offre de vous montrer ce que j'en sais, et de vous traduire quelques endroits de Guillem de Castro. »

Corneille accepta la proposition avec joie. Le génie espagnol n'était pas sans affinité avec le sien : déjà c'était un Espagnol ancien, Sénèque, qui lui avait fourni les plus beaux traits de sa tragédie de *Médée* ; c'était encore un Espagnol ancien, Lucain, qui devait lui donner plus tard de beaux détails et de beaux vers pour sa tragédie de *Pompée*. Guillem de Castro était un Espagnol contemporain, qui venait de mourir en 1630. La pièce que M. de

Châlon choisit parmi ses œuvres avait pour titre : *las Mocedades del Cid*, c'est-à-dire, *les Prouesses de jeunesse du Cid* ; à peu près comme dans nos vieilles chansons de geste, on dit : *les Enfances Ogier*. Corneille, guidé par M. de Châlon, imita la première partie de cette pièce. Il y mêla quelques passages du recueil de chants nationaux espagnols que l'on nomme le *Romancero*[1]. Et de là naquit dans la poésie française une œuvre d'un caractère entièrement nouveau, qui fait date dans notre histoire, la tragi-comédie du *Cid*. C'était en 1636 ; Corneille avait trente ans.

Déjà, dans la pièce des *Mocedades*, l'auteur espagnol avait jugé nécessaire de transformer l'histoire et la légende de Don Rodrigue de Bivar ; le poète français, à son tour, allait encore les modifier, en les traitant, comme le lui conseillait M. de Châlon, « selon le goût français », c'est-à-dire en faisant

[1]. Voici les sources, par ordre chronologique, en ce qui regarde Ruy (ou Rodrigue) Diaz de Bivar :
1° Les vieux *Romances*, ou chants nationaux, populaires et autres ;
2° Ensuite le *Poëme du Cid*, qui ne paraît pas avoir été écrit avant l'an 1200 ;
3° Puis la *Chronique rimée*, qui est une libre version des vieilles traditions du pays, composée apparemment dans le XV° siècle. Tout indique que les vieux Romances étaient familiers à l'auteur, et qu'il connaissait aussi le *Poëme du Cid*.
Quoique les Romances sur le Cid soient les pièces les plus anciennes, le premier recueil qui en ait été fait dans un *Romancero* à part ne remonte qu'à 1612. On y trouve environ cent soixante Romances ; quelques-uns très vieux ; d'autres très poétiques ; d'autres, plats et pauvres (Voir **G. Ticknor**, *Histoire de la Littérature espagnole*).

disparaître le caractère religieux du drame espagnol et en atténuant les restes de la sauvagerie du moyen âge, que n'avait pas cru devoir ôter entièrement Guillem de Castro tout en idéalisant déjà beaucoup le personnage et faisant d'un brigand un chevalier.

On sait aujourd'hui que le vrai Cid ne ressemble guère à celui de la légende et de la poésie. Celui de l'histoire, Ruy (ou Rodrigue) Diaz de Bivar, guerrier renommé du XIe siècle, mort en 1099, est un aventurier peu scrupuleux, comme la plupart des hommes de son temps, où la force et la ruse étaient en honneur. On l'avait surnommé le *Campéador*, c'est-à-dire l'homme des champs-clos, des combats singuliers, des grands coups d'épée pour toute justice; volontiers perfide et parjure, et s'en faisant gloire; un peu fraudeur; voleur même, à l'occasion. C'est pour cette raison qu'il fut banni de la cour du roi de Castille, Alphonse. Il commença alors une vie de chef de bande, dans laquelle il finit par gagner, à force d'audace et de ruse, la souveraineté de Valence, où il mourut, à soixante-treize ans environ. C'était donc un batailleur mercenaire, se mettant indifféremment à la solde des princes chrétiens ou des petits chefs arabes, les combattant ou les servant tour à tour; appartenant au plus offrant; fléau des pays par où il passait; battant, pillant, rançonnant tout le monde, musulmans et chrétiens. Les uns et les autres, alternativement, marchandaient sa protection, cependant très peu sûre : car ceux mêmes auxquels il l'avait vendue, il ne laissait pas de les dépouiller s'il en trouvait l'occasion. C'est par de tels exploits qu'il était devenu le très peu honorable (selon nos idées modernes) souverain de Valence, où aujourd'hui pourtant son souvenir est en honneur et en vénération, presque en odeur de sainteté. Tel était le Cid de l'histoire, un bandit, ayant encore plus de fourberie que de bravoure, et non moins glorieux, non moins honoré, selon les idées du temps, pour l'une que pour l'autre.

Puis, l'imagination populaire, amoureuse de la force et du succès, transforma peu à peu le personnage, et s'en fit une idole, parée et embellie de toutes les vertus. Cependant, comme il y a ordinairement une raison au fond de l'instinct populaire, le prestige du Cid vint, à tout prendre, de ce que, à son profit ou non, et par des moyens quelconques, il avait fini par reconquérir en partie sur les Arabes le sol de l'Espagne. De là, la reconnaissance nationale, quoique Rodrigue eût été très souvent l'allié des Maures, avant de les dépouiller de leur empire et de les chasser. On ne vit que le résultat définitif : l'expulsion des conquérants étrangers, des païens, des infidèles, la victoire de la Croix, du Christ. De là aussi l'adoption du Cid par l'Église, et la couleur religieuse donnée au personnage dans le *Romancero* et jusque dans le drame de Guillem de Castro. Le Cid, dans cette pièce, n'est pas seulement le plus brave des chevaliers; il en est aussi le plus religieux et le plus dévot, et, à un certain moment, le plus fervent des pèlerins.

En voici un exemple bien caractéristique : Rodrigue est allé en pèlerinage pour l'expiation de ses péchés, à Saint-Jacques de Galice ; il est accompagné de deux servants d'armes. Il lui arrive en chemin une aventure singulière : passant par une forêt, il entend des gémissements ; ce sont ceux d'un lépreux, tombé dans une fondrière et qui implore secours au nom du Christ. Les servants d'armes, et un berger qui sert de guide aux trois voyageurs, n'osent approcher de ce malheureux : ils craignent la contagion de son mal horrible. Rodrigue seul descend jusqu'à lui, le tire par la main, et même la lui baise avec charité, le couvre de son manteau, le fait manger au même plat que lui, boire à sa gourde, dormir à son côté.

Mais voilà que le lépreux, à son réveil, « se levant tout à coup, se transfigure, lui rend son manteau tout parfumé d'une odeur divine », et apparait, vêtu d'une robe lumineuse : ce lépreux n'est autre que Saint-Lazare, qui lui promet, pour récompense de son bienfait, la victoire désormais sur tous, même après sa mort : détail que la légende justifie, en effet, par mainte aventure posthume. — Ce tableau de sainteté, au milieu du drame, n'est-il pas bien espagnol ? Et eût-il été possible de le faire passer sur la scène française ?

Corneille s'attacha donc, selon le conseil de M. de Châlon, à franciser la pièce, et malheureusement à l'ébrancher, pour l'emboîter de force dans les trois unités.

Il faut cependant, tout en déplorant ce fâcheux système dramatique, en comprendre et en indiquer la cause. Après les longs essais naïfs et enfantins de l'art théâtral au moyen âge, après les interminables séries de tableaux des *Mystères de la Passion* et autres, tirés de l'Ancien et du Nouveau Testament, mêlés de platitudes réalistes afin d'attirer et de retenir les grands auditoires populaires pendant des jours entiers, quelquefois des semaines et même des mois pour la représentation d'une seule pièce, à la fin les bons esprits aspirèrent à des œuvres plus courtes, mieux nouées et plus concentrées. De là vint, par une réaction excessive mais naturelle après ce décousu immense, la triple tyrannie des trois unités, qui sans doute fut accueillie d'abord avec joie, comme l'est quelquefois, dans l'ordre politique, le despotisme après l'anarchie.

Essayons de suivre les transformations imposées en quelque sorte à Corneille par les nécessités du goût français de ce temps-là, et de nous en rendre compte. Nous avons dit que Guillem de Castro avait tiré sa pièce de ce que l'on nomme les Romances du Cid, assemblage de chants populaires, de date plus ou moins ancienne ; quelques-uns d'un grand caractère, encore un peu sauvage ;

entr'autres celui où l'on voit Don Diègue, inconsolable de l'outrage reçu du comte de Gormas, — un soufflet — et trop vieux pour en tirer lui-même vengeance, appeler ses trois fils, et les éprouver l'un après l'autre. Il prend la main du premier, la lui serre, puis lui mord le doigt à le faire crier; au second de même. — « Aïe! vous nous tuez! » — Il les lâche, en haussant les épaules. Mais, quand c'est le tour de Rodrigue et que Don Diègue lui mord aussi le doigt, Rodrigue, furieux, les yeux enflammés : « Lâchez-moi, mon père, ah! malheur! lâchez-moi! car, si vous n'étiez mon père, je vous arracherais les entrailles avec mes doigts en guise de dague et de poignard! » Alors le père, pleurant de joie : « Fils de mon âme, j'aime ta colère, c'est toi, qui vas me venger! » Il lui conte alors son affront, puis le bénit et lui remet l'épée, — avec laquelle Rodrigue tue le comte et commence ses exploits.

Voilà d'où Guillem de Castro d'abord, et Corneille après lui, ont tiré la belle scène que vous connaissez. Dans Guillem, Don Diègue appelle tour à tour et isolément ses trois fils, en commençant par l'aîné, le plus fort. Il feint une faiblesse, et lui demande sa main pour s'appuyer : il serre énergiquement cette main, jusqu'à ce que le jeune homme crie et demande grâce. Don Diègue le repousse alors avec dédain. Même essai avec le second; même résultat. Il passe alors à Rodrigue, qui au lieu de se plaindre, s'irrite et menace [1]. Joie du père, qui lui confie le soin de sa vengeance.

Corneille n'a pas voulu s'amuser à ces incidents étrangers, que n'eût pas goûtés le public français du xviie siècle, ni à cette gradation des trois fils, où l'on sacrifie les deux premiers pour mettre en relief le troisième. Il n'a donné à Don Diègue qu'un seul fils, mais ce seul en vaut trois.

Une autre modification ne lui a pas paru moins nécessaire. Dans la pièce espagnole, après que Rodrigue a tué le comte, Don Diègue, voyant son ennemi étendu sans vie, trempe sa main dans le sang de la blessure, et avec ce sang lave, non pas métaphoriquement, mais réellement, la place du soufflet sur sa joue, puis revient sur la scène, la joue teinte de ce sang, — à peu près comme dans le théâtre grec, beaucoup plus romantique qu'on ne croit, OEdipe, après s'être crevé les yeux, arrivait sur la scène avec ses prunelles saignant sur ses joues. — Le goût français du xviie siècle ne s'accommodait pas d'exhibitions aussi violentes, et préférait, en toutes choses, aux sensations matérielles les émotions morales. Telle est, en deux mots, la clef des sélections faites par Corneille, avec les conseils de M. de Châlon, dans *le Cid* de Guillem de Castro.

« Partout, dit Sainte-Beuve, Corneille a rationalisé, intellectualisé la pièce espagnole, variée,

---

1. J. Demogeot, *Littératures étrangères*, p. 308.

amusante, éparse, bigarrée ; il a mis les seuls sentiments aux prises. » C'est ce que M. Viguier a très bien fait voir dans sa belle étude sur l'œuvre de Guillem. Un autre critique très distingué dit fort bien aussi : « La pièce de Guillem de Castro, conçue dans un système dramatique plus libre que le nôtre, destinée à un tout autre public, est à la fois pathétique et nationale, héroïque et castillane : c'est une plante complète, tige et racine; Corneille (il le fallait bien) n'en a cueilli que la fleur. »

Cependant, *le Cid* de Corneille n'en est pas pour cela moins romantique, c'est-à-dire d'une nouveauté très hardie et même révolutionnaire, littérairement. Seulement le poète est obligé, soit pour satisfaire le goût français de son siècle, soit pour obéir à la tyrannie de la règle des vingt-quatre heures, de simplifier, de réduire, de concentrer l'action, la serrant d'autant plus en un jet vigoureux.

Mais il en résulte des inconvénients. Ainsi le rôle de l'Infante, dans la pièce espagnole, est bien plus vivant et actif, bien plus varié et agréable que dans la pièce française : c'est elle qui chausse les éperons à Don Rodrigue, lorsque le Roi, au commencement de la pièce, le fait chevalier et lui donne l'accolade; c'est elle qui sauve Rodrigue et le protège quand on le poursuit après qu'il a tué le

1. J. Demogeot, *Hist. des littératures étrangères*, Espagne, 310.

comte ; ce rôle a un mouvement, une réalité, qui disparaissent dans la réduction de Corneille. Chez lui, ce personnage, faute d'espace et d'air, est un peu monotone, quoique les sentiments en soient généreux et touchants. Corneille même dit qu'il n'a gardé ce rôle que pour donner aux actes de sa tragi-comédie une longueur suffisante. Sur quoi les comédiens, au siècle dernier et au commencement du nôtre, se permettaient de le supprimer. Cependant le titre de tragi-comédie, donné par Corneille à son œuvre, se justifie en partie par plusieurs scènes de demi-caractère qui appartiennent à ce rôle[1].

Un tort infiniment plus grave, de la part des comédiens, était de supprimer aussi parfois la première scène du premier acte, entre Chimène et sa «gouvernante» Elvire, et de commencer tout droit par la querelle des deux pères, qui n'est que la troisième de l'ouvrage tel que Corneille l'a composé. Or, quand le spectateur, grâce à cette scène de confidence, est instruit de l'amour mutuel de Chimène et de Rodrigue, la querelle des deux pères, survenant ensuite, fait un coup de théâtre ; autrement, non : cette dispute entre deux seigneurs qu'on ne connaît point perd beaucoup de son intérêt ; elle n'est plus que théâtrale, au lieu d'être à la fois théâtrale et dramatique ; le duel qui s'ensuit n'est plus qu'un incident quelconque, au lieu d'être une péripétie. Deux choses que souvent l'on confond, le théâtral

1. Notamment, acte IV, scène II.

et le dramatique : le théâtral frappe les yeux, les sens ; le dramatique saisit l'âme et le cœur.

On a tort également de changer sur l'affiche le nom de tragi-comédie que Corneille a donné à sa pièce. Ce nom rend raison de l'agréable variété de ton et de touche qui en fait le caractère romantique. Dans les précédentes tragi-comédies, soit de Corneille lui-même, comme *Clitandre*, soit de ses contemporains, le romanesque ne s'était adressé qu'à l'imagination ou aux sens, pour les divertir ; dans celle-ci, c'est au cœur qu'il s'adresse, pour l'émouvoir et pour le transporter. Mais c'est bien véritablement une tragi-comédie, où les interlocuteurs s'adressent la parole en disant *monsieur* et non pas *seigneur* ; où les touches simples, familières, parfois comiques, quasi-bourgeoises, se mêlent aux grands coups d'épée, aux actions héroïques et aux accents chevaleresques.

La pièce, en effet, s'ouvre par un projet de mariage, comme dans une simple comédie : Rodrigue aime Chimène, Chimène aime Rodrigue ; ils sont sur le point d'être unis, lorsque cette querelle imprévue survenant entre les deux pères rompt tout à coup les projets de bonheur des deux fiancés et des deux familles. Cependant le père de Rodrigue essaye de calmer le comte de Gormas en lui reparlant de cette espérance. Il le fait avec bonhomie :

Vous n'avez qu'une fille, et moi je n'ai qu'un fils,
Leur hymen peut nous rendre à jamais plus qu'unis ;
Faites-nous cette grâce, et l'acceptez pour gendre.

Mais le comte de Gormas, dépité de ce que le Roi lui a préféré Don Diègue pour gouverneur du prince de Castille, réplique avec aigreur et avec une mauvaise humeur déjà insultante :

A de plus hauts partis ce beau fils peut prétendre !...

Et la comédie tourne vite au drame. Le comte impétueux et emporté donne à Don Diègue un soufflet. Si les conséquences en sont tragiques, cet incident plus que familier paraît déroger un peu à la majesté classique telle qu'on l'imagine. C'est quelque chose comme le mouchoir de Desdémone, si tragique aussi par les conséquences, mais qui a tant gêné les premiers traducteurs français, et même les imitateurs et versificateurs à la suite : ils s'évertuaient en périphrases pour déguiser le mieux possible ce mouchoir. De même, au Théâtre-Français, aujourd'hui, on fait avec un gant le geste d'un soufflet; mais, le soufflet proprement dit, on n'ose plus le donner ; cela nous fait sentir combien cet incident de tragi-comédie devait heurter et étonner les spectateurs de la cour de Louis XIII [1].

1. En ce temps-là c'était vraiment un soufflet, donné avec la main sur la joue, comme le prouve la suite du texte :
   Viens baiser cette joue et reconnais la place
   Où fut empreint l'affront que ton courage efface.
Plus tard, on ne donna plus le soufflet qu'en fouettant la joue avec le bout d'un gant. Mais c'était encore sur la joue ; je l'avais toujours vu jouer ainsi. Enfin, tout récemment, oc-

Mais voilà que, de cette touche ultra-familière, sort à l'instant même un drame tragique. Don Diègue ainsi outragé met l'épée à la main ; malheureusement, affaibli par l'âge, il la laisse tomber au choc de l'adversaire, qui triomphe et l'accable de son ironie. Le vieillard, au désespoir, charge son fils de le venger. Voilà la scène dont nous avons vu tout à l'heure, l'idée première dans l'espagnol. Osons dire qu'ici elle paraît plus grande et plus simple.

Rodrigue, as-tu du cœur ?... Etc.

Et il lui apprend l'affront. Puis, lui remettant l'épée :

Meurs ou tue !

Mais l'auteur de cet affront, qui est-il ?

Le père de Chimène.

Ainsi Rodrigue se trouve pris entre son devoir et son amour :

En cet affront, mon père est l'offensé ;
Et l'offenseur, le père de Chimène !

Que je sens de rudes combats !
Contre mon propre honneur mon amour s'intéresse :
Il faut venger un père, et perdre une maîtresse !

tobre 1882, je viens de voir qu'on se contente de frapper avec le gant le bras de Don Diègue. A-t-on raison d'adoucir jusqu'à ce point le signe de l'outrage ? Je ne le pense pas. Le degré intermédiaire suffisait, ce me semble, à concilier les nécessités du texte avec les susceptibilités du public moderne.

L'un m'anime le cœur, l'autre retient mon bras.
Réduit au triste choix ou de trahir ma flamme
   Ou de vivre en infâme,
Des deux côtés mon mal est infini :
   O Dieu, l'étrange peine !
  Faut-il laisser un affront impuni ?
  Faut-il punir le père de Chimène ?

Un seul moment, dans sa perplexité cruelle, ne sachant que choisir, il a l'idée de se tuer, comme Hamlet succombant sous le poids d'un devoir trop lourd. Mais quoi ! mourir sans avoir vengé son père ?

Endurer que l'Espagne impute à ma mémoire
D'avoir mal soutenu l'honneur de ma maison ?

Non, c'est là une hésitation, une erreur, indignes du fils de Don Diègue :

Je dois tout à mon père avant qu'à ma maîtresse !
Que je meure au combat, ou meure de tristesse,
Je rendrai mon sang pur comme je l'ai reçu.
Je m'accuse déjà de trop de négligence :
   Courons à la vengeance,
 Et, tout honteux d'avoir tant balancé,
   Ne soyons plus en peine
 (Puisque aujourd'hui mon père est l'offensé)
 Si l'offenseur est père de Chimène.

Ainsi, dans cette lutte terrible entre l'amour et le devoir, l'amour est bien fort, mais c'est le devoir qui l'emporte ; non sans peine, sans déchirements, mais c'est le devoir enfin. Après cette lutte morale, peut venir la lutte matérielle, qui n'est plus rien : Rodrigue a fait le sacrifice de son amour, que lui importe le sacrifice de sa vie ?

Dans la scène de la provocation, le duel des paroles, comme chez Homère, précède le choc des armes ; mais le cliquetis des répliques est autrement intéressant que celui des épées.

A moi, comte, deux mots.
— Parle.

. . . .
. . . .

Songez que c'est un jeune homme de dix-huit ans qui aborde et provoque un illustre homme de guerre. L'emphase, qui dans la vie réelle serait choquante, ne déplaît pas dans la gamme héroïque, surtout entre personnages espagnols. Il en est de même de ce tutoiement, soit entre Rodrigue et Gormas, soit entre Rodrigue et Chimène.

Il y a dans le rôle du comte, ainsi provoqué par ce jeune homme qui était sur le point d'épouser sa fille, une modulation charmante et d'un prix infini. Il essaye de retenir ce jeune emporté si charmant :

Ce grand cœur qui paraît aux discours que tu tiens
Par tes yeux, chaque jour, se découvrait aux miens ;
Et, croyant voir en toi l'honneur de la Castille,
Mon âme avec plaisir te destinait ma fille.

Je sais ta passion, et suis ravi de voir
Que tous ses mouvements cèdent à ton devoir ;
Qu'ils n'ont point affaibli cette ardeur magnanime ;
Que ta haute vertu répond à mon estime ;
Et que, voulant pour gendre un cavalier parfait,
Je ne me trompais point au choix que j'avais fait.

La plupart des acteurs qui disent ce rôle ne paraissent guère s'apercevoir de cette modulation exquise, qui, au milieu même du grand duel héroïque, ramène pour un moment le ton moyen de la tragi-comédie, — comme précédemment dans la première réponse de Don Diègue à Don Gormas que nous avons notée tout à l'heure. — J'ai toujours vu qu'on déblayait ce passage du même train que le reste, ce qui est une faute grave : on devrait sentir que le comte, qui allait donner sa fille à Rodrigue, est ravi au fond, tout en étant provoqué par lui si rudement, de le trouver si noble et si généreux ; et la preuve, c'est qu'après avoir essayé d'éviter ce duel, lui guerrier illustre qui n'est pas suspect, acceptant enfin le cartel quand Rodrigue l'a poussé à bout, il ne peut s'empêcher de l'approuver :

Viens, tu fais ton devoir...

De grand cœur il l'embrasserait avant de croiser le fer avec lui.

Vous savez l'issue de cette rencontre : Rodrigue tue en duel le père de Chimène, de celle qu'il aime et dont il est aimé ; voilà le drame : Chimène à son tour, comme tout à l'heure Rodrigue, va se trouver prise entre son amour et son devoir. Son devoir lui ordonne de demander au Roi la punition du meurtrier, et c'est ce qu'elle fait aussitôt ; mais son amour lui fait désirer secrètement et malgré elle de ne point l'obtenir. Dans l'exaltation de sa douleur elle s'écrie, avec une certaine emphase apparente (mais ce qui paraît emphatique aux gens de sang-froid peut n'être que l'expression simple du désespoir), et aussi il faut l'avouer, avec une prodigieuse subtilité, imitée de l'espagnol :

Pleurez, pleurez, mes yeux, et fondez-vous en eau !
La moitié de ma vie a mis l'autre au tombeau,
Et m'oblige à venger, après ce coup funeste,
Celle que je n'ai plus sur celle qui me reste !

Cette subtilité, qui étonne d'abord, ne fait cependant qu'exprimer la terrible complexité de cette situation qui est le cœur même de la pièce.

En même temps que Chimène est allée se jeter aux pieds du Roi pour demander justice, Don Diègue de son côté s'y précipite pour solliciter la grâce de son fils. Cette scène encore, posée tout d'abord en tableau, est à la fois très théâtrale et très dramatique.

CHIMÈNE

Sire, Sire, justice !

DON DIÈGUE
Ah ! Sire, écoutez-nous !

CHIMÈNE
Je me jette à vos pieds!

DON DIÈGUE
J'embrasse vos genoux !

CHIMÈNE
Je demande justice !

DON DIÈGUE
Entendez ma défense !

CHIMÈNE
D'un jeune audacieux punissez l'insolence :
Il a de votre sceptre abattu le soutien,
Il a tué mon père !

DON DIÈGUE
Il a vengé le sien...

Puis le Roi donne la parole aux deux parties, et nous avons deux magnifiques plaidoyers, l'un de Chimène, l'autre de Don Diègue, tous deux de la plus haute et de la plus noble éloquence.

Je remarque tout de suite qu'au quatrième acte nous aurons encore deux autres plaidoyers, prononcés par les deux mêmes personnages, toujours devant le Roi. Dans le cas où vous seriez tentés de trouver qu'il y a excès, je ferais observer qu'il en faut accuser bien moins le poète lui-même que l'étroite règle des vingt-quatre heures, dans laquelle il est enserré. Supposez plusieurs jours d'intervalle comme dans la pièce espagnole, cela n'a plus rien d'excessif ni d'invraisemblable : l'invraisemblance, et le peu de convenance à l'égard du Roi, naissent de cette règle absurde ; ce n'est pas la faute de Corneille.

Cela posé, je vous demanderai toutefois la permission de faire, à ce propos, une remarque sur le grand nombre de plaidoyers que Corneille a mis dans la plupart de ses pièces. Je dis plaidoyers en forme, avec débats contradictoires des parties, dirigés et résumés par le président. En voici donc quatre dans le *Cid,* devant le roi Fernand président. Dans *Horace,* quatre plaidoyers aussi : de Valère et de Sabine, d'une part ; du jeune et du vieil Horace, de l'autre, devant le roi Tulle (*Tullus*), président. Dans *Cinna,* plaidoyers, de Cinna d'une part, de Maxime de l'autre, pour et contre la démocratie, devant l'empereur Auguste, président. Dans *Polyeucte,* plaidoyers théologiques, sur la Grâce ; dans *Pompée,* plaidoyers politiques. Dans *Rodogune,* plaidoyers, de Cléopâtre d'une part, de Rodogune de l'autre, devant Antiochus ; dans Sertorius, plaidoyers, ou dissertations politiques, entre Sertorius et Pompée.... J'en passe... Eh bien, d'où vient cela? A quoi attribuer cette habitude, ce tour d'esprit oratoire et *plaideresque*, comme dirait Montaigne, ce procédé si répété, de notre grand poète dramatique? Vous me direz peut-être : Cela vient de ce que Corneille était avocat? — C'est possible. Cela peut venir aussi de ce que, l'œuvre dramatique mettant aux prises des passions, ou des caractères, ou des intérêts opposés, l'antithèse, et surtout l'antithèse oratoire, en résulte naturellement. Mais, est-ce tout?... Je me suis demandé si cela ne pourrait pas venir encore de ce que Corneille, né à Rouen, a du sang normand dans les veines. Or tout le monde sait que la race normande, — les Normands eux-mêmes l'avouent — est, par nature, assez encline aux plaideries. Ne serait-ce pas pour cela que notre illustre Rouennais en met partout sans y songer?

Chimène elle-même, si jeune, si poétique et si héroïque, est animée du même esprit. Notez qu'elle a peut-être seize ans, et on dirait que non seulement elle a fait sa rhétorique, mais qu'elle a hanté le Palais de Justice, tant elle en connaît bien la langue, tant elle en emploie couramment les termes, au milieu de sa passion et de son désespoir ! Ainsi, lorsque Rodrigue vient lui offrir sa tête, cette tête qu'elle demande au Roi de faire tomber, en désirant de ne rien obtenir, elle lui répond :

Va, je suis ta partie, et non pas ton bourreau :
Si tu m'offres ta tête, est-ce à moi de la prendre?
Je la dois attaquer, mais tu dois la défendre ;
C'est d'un autre que toi qu'il me faut l'obtenir,
Et je dois te poursuivre, et non pas te punir.

C'est-à-dire, je ne dois pas te punir moi-même ; je dois te poursuivre en justice ; je ne suis pas ton bourreau, je suis ta partie, ta partie adverse ; en d'autres termes, je plaide contre toi ; mais mon devoir filial ne m'ordonne pas de te tuer de ma main. Ainsi, toute jeune et toute charmante qu'elle est, elle parle naturellement la langue du Palais, comme *les Plaideurs* de Racine. Que dit Chicaneau à la comtesse de Pimbesche, en lui racontant ses procès ?

Autre incident : tandis qu'au procès on travaille,
Ma partie en mon pré laisse aller sa volaille...

La jeune Chimène parle donc comme ce vieux plaideur normand. Mais n'est-elle pas Normande aussi, par son père maître Pierre Corneille, avocat au barreau de Rouen?

Cette sève normande, combinée avec la sève espagnole dans cette tragi-comédie du *Cid*, fait une complexion des plus intéressantes et des plus riches.

Ces détails physionomiques, curieux à observer, n'empêchent pas la scène entre Chimène et Rodrigue d'être fort belle, ainsi que l'autre entre les deux mêmes personnages au cinquième acte. Ce sont principalement ces deux scènes qui firent le succès de la pièce dans le public ; et c'est aussi la première des deux, la scène actuelle, qui souleva le plus d'objections de la part des critiques et des rivaux.

Elle est préparée par l'auteur aussi habilement que possible, au moyen de deux ou trois petites scènes préliminaires ; c'est le commencement du troisième acte. — Remarquez comme la pièce est adroitement construite et bien coupée :

Au premier acte, l'affront (le soufflet) ;

Au deuxième acte, le châtiment (l'insulteur tué en duel) ; puis, Chimène et Don Diègue aux genoux du Roi, chacun d'un côté :

Il a tué mon père ! — il a vengé le sien !

Et maintenant, dans le troisième acte, nous allons voir les deux amants se retrouvant l'un en face de l'autre, après cette mort : situation dramatique et émouvante, s'il en fut jamais.

Pendant donc que Chimène est au palais du Roi à demander justice, Rodrigue ose venir chez elle, moitié pour se soustraire aux poursuites, idée hardie et singulière, moitié dans l'espérance secrète de lui parler, de se justifier peut-être, ou bien, s'il n'y réussit pas, de lui demander, à elle-même, la mort.

Rodrigue ne trouve d'abord que la « gouvernante de Chimène », Elvire. Elle est stupéfaite de le voir paraître dans cette maison qu'il remplit de deuil :

Rodrigue, qu'as-tu fait ? où viens-tu, misérable ?...

Elle le presse donc de s'en aller ; mais, au même instant, elle aperçoit de loin Chimène qui revient, et n'a que le temps de faire cacher Rodrigue :

moyen de tragi-comédie, qui justifie le nom donné par l'auteur à sa pièce.

Chimène revient donc, accompagnée de Don Sanche, qui épris, lui aussi, d'amour pour elle, l'a abordée pour lui offrir son épée, sollicitant la faveur de provoquer et de punir le meurtrier. Chimène élude très joliment :

J'offenserais le Roi, qui m'a promis justice.

Toutefois, pressée par les instances de Don Sanche, elle lui promet d'accepter son service, si le Roi tardait trop. — Cette petite scène, de demi-caractère, est agréable et sert à faire ressortir le pathétique des deux scènes qui la suivent. — Don Sanche parti, Chimène, se croyant seule avec Elvire, laisse éclater en liberté et sa douleur et son amour désespéré. Le plaisir du spectateur égale le ravissement de Rodrigue lorsque celui-ci, caché, entend sa chère amante répondant à Elvire :

Par où sera jamais ma douleur apaisée,
Si je ne puis haïr la main qui l'a causée ?
Et que dois-je espérer, qu'un tourment éternel,
Si je poursuis un crime, aimant le criminel ?

ELVIRE, *stupéfaite*
Il vous prive d'un père et vous l'aimez encore !

CHIMÈNE
C'est peu de dire aimer, Elvire, je l'adore !
Ma passion s'oppose à mon ressentiment

Dedans mon ennemi, je trouve mon amant ;
Et je sens qu'en dépit de toute ma colère,
Rodrigue dans mon cœur combat encor mon père ;
Il l'attaque, il le presse ; il cède, il se défend,
Tantôt fort, tantôt faible et tantôt triomphant ;
Mais, en ce dur combat de colère et de flamme,
Il déchire mon cœur sans partager mon âme ;
Et, quoi que mon amour ait sur moi de pouvoir,
Je ne consulte point pour suivre mon devoir.

. . . .

Cependant, lorsque Elvire lui demande :

Pensez-vous le poursuivre ?

Chimène répond, en pleurant :

      Ah ! cruelle pensée !
Et cruelle poursuite où je me vois forcée !
Je demande sa tête, et crains de l'obtenir :
Ma mort suivra la sienne, et je le veux punir !

« Mais enfin, dit Elvire, que pensez-vous donc faire ? »

CHIMÈNE.

Le poursuivre, le perdre et mourir après lui.

Rodrigue alors, paraissant tout à coup, et préférant être tué par elle, lui tend son épée.

CHIMÈNE.

Quoi ! du sang de mon père encor toute trempée !

Vous savez tous par cœur ce duo merveilleux, ou plutôt ce duel pathétique entre la passion et l'honneur. Chacun des deux personnages, sans rien ménager, ne songe qu'à accomplir son rigoureux sacrifice. Rodrigue va jusqu'à dire à la fille de celui qu'il a tué :

Car enfin n'attends pas de mon affection
Un lâche repentir d'une bonne action.
L'irréparable effet d'une chaleur trop prompte
Déshonorait mon père, et me couvrait de honte ;
Tu sais comme un soufflet touche un homme de cœur ;
J'avais part à l'affront, j'en ai cherché l'auteur :
Je l'ai vu, j'ai vengé mon honneur et mon père :
Je le ferais encor si j'avais à le faire.

Et Chimène, à son tour, qui, tout en pleurant son père, ne saurait blâmer Rodrigue d'avoir défendu le sien, ne se montre pas moins magnanime que son amant et laisse échapper de son cœur déchiré ces accents pleins de tendresse et de douleur :

Ah ! Rodrigue ! il est vrai, quoique ton ennemie
Je ne puis te blâmer d'avoir fui l'infamie ;
Et, de quelque façon qu'éclatent mes douleurs,
Je ne t'accuse point, je pleure mes malheurs.
Je sais ce que l'honneur, après un tel outrage,
Demandait à l'ardeur d'un généreux courage :
Tu n'as fait le devoir que d'un homme de bien
Mais aussi, le faisant, tu m'as appris le mien.
Ta funeste valeur m'instruit par ta victoire ;
Elle a vengé ton père et soutenu ta gloire :
Même soin me regarde, et j'ai, pour m'affliger
Ma gloire à soutenir et mon père à venger.
Hélas ! ton intérêt ici me désespère !

Si quelque autre malheur m'avait ravi mon père,
Mon âme aurait trouvé dans le bien de te voir
L'unique allègement qu'elle eût pu recevoir,
Et contre ma douleur j'aurais senti des charmes
Quand une main si chère eût essuyé mes larmes.
Mais il me faut te perdre après l'avoir perdu ;
Cet effort sur ma flamme à mon honneur est dû ;
Et cet affreux devoir, dont l'ordre m'assassine,
Me force à travailler moi-même à ta ruine.
Car enfin n'attends pas de mon affection
De lâches sentiments pour ta punition.
De quoi qu'en ta faveur notre amour m'entretienne,
Ma générosité doit répondre à la tienne :
Tu t'es, en m'offensant, montré digne de moi ;
Je me dois, par ta mort, montrer digne de toi.

— Mais alors, tue-moi donc toi-même, répète Rodrigue sentant bien au fond qu'elle n'en fera rien :

Ton malheureux amant aura bien moins de peine
A mourir par ta main qu'à vivre avec ta haine.

Sur ce mot de haine, il sait que Chimène va protester. Elle réplique en effet :

Va, je ne te hais point.

RODRIGUE
Tu le dois.

CHIMÈNE
Je ne puis.
Etc.

Ils s'exaltent ainsi l'un l'autre à l'envi dans leur héroïsme, qui accroît encore leur amour en même temps que leur douleur. Car, après l'assaut d'héroïsme, ces deux âmes se détendent et se fondent en regrets :

Rodrigue, qui l'eût cru ? — Chimène, qui l'eût dit ?

Et l'abondance intarissable de leurs sentiments trouve des développements toujours nouveaux. Plusieurs fois elle lui dit de partir ; il croit lui obéir et reste toujours. Ni l'un ni l'autre ne se lasse de reprendre et de retourner à l'infini leurs pensées et leurs sentiments, qui les enivrent de tendresse et d'honneur. Après que par trois fois elle lui a dit : « Va-t-en », elle ajoute, avec une naïveté charmante :

Adieu ; sors, et surtout garde bien qu'on te voie !

Dernier trait d'honneur ingénu, qui, après le pathétique intense, ramène le ton de la tragi-comédie et un demi-sourire sur les lèvres du spectateur, pendant qu'il a des larmes dans les yeux.

Tel est le dessin, avec les principaux traits, de cette admirable scène, qui ne serait surpassée par aucune autre s'il n'y avait pas la seconde rencontre entre les deux amants au cinquième acte. On se demande ici comment fera Corneille pour monter encore plus haut. Ce premier duel d'amour et d'héroïsme est si éblouissant que le spectateur ne prend garde ni à l'invraisemblance, ni à l'inconvenance même, de la donnée fondamentale sans laquelle la scène n'existerait point, — je veux dire, la conversation acceptée par la fille avec le meurtrier du père, et dans la maison même où doit se trouver le corps de celui-ci, à peine refroidi : il y a là quelque chose qui, à la réflexion, est difficile à supporter ; mais le spectateur est si entraîné par la curiosité et l'intérêt, qu'il n'a pas le temps de réfléchir. Dans la pièce espagnole, où l'on n'est point gêné par la règle des vingt-quatre heures, le défunt a reçu les derniers honneurs ; il n'est pas, comme dans Corneille, gisant encore dans cette maison où Rodrigue se permet d'entrer [1]. Voici comment Corneille lui-même, avec une agréable ingénuité, dans l'*Examen* qu'il fit de sa pièce, cinquante ans plus tard, s'explique sur ce point délicat : ... « Les deux visites que Rodrigue fait à sa maîtresse ont quelque chose qui choque la bienséance de la part de celle qui les souffre : la rigueur du devoir voulait qu'elle refusât de lui parler, et s'enfermât dans son cabinet, au lieu de l'écouter ; mais permettez-moi de dire avec un des premiers esprits de notre siècle « que leur conversation est » remplie de si beaux sentiments, que plusieurs » n'ont pas connu ce défaut, et que ceux qui l'ont » connu, l'ont toléré ». J'irai plus outre, et dirai que presque tous ont souhaité que ces entretiens se fissent ; et j'ai remarqué aux premières représen-

---

1. Demogeot, *Hist. des Littératures étrangères*, Espagne. p. 385.

tations qu'alors que ce malheureux amant se présentait devant elle, il s'élevait un certain frémissement dans l'assemblée, qui marquait une curiosité merveilleuse et un redoublement d'attention pour ce qu'ils avaient à se dire dans un état si pitoyable. Aristote dit « qu'il y a des absurdités qu'il faut laisser dans un poème, quand on peut espérer qu'elles seront bien reçues; et il est du devoir du poète, en ce cas, de les couvrir de tant de brillants qu'elles puissent éblouir ». Je laisse au jugement des auditeurs si je me suis assez bien acquitté de ce devoir pour justifier par là ces deux scènes. Les pensées de la première des deux sont quelquefois trop spirituelles pour partir de personnes fort affligées ; mais, outre que je n'ai fait que la paraphraser de l'espagnol, si nous ne nous permettions quelque chose de plus ingénieux que le cours ordinaire de la passion, nos poèmes ramperaient souvent, et les grandes douleurs ne mettraient dans la bouche de nos acteurs que des exclamations et des hélas. Pour ne déguiser rien, cette offre que fait Rodrigue de son épée à Chimène (dans la scène que nous venons d'analyser), et cette protestation de se laisser tuer par Don Sanche (dans la seconde entrevue des deux amants, au cinquième acte), ne me plairaient pas maintenant. Ces beautés étaient de mise en ce temps-là, et ne le seraient plus en celui-ci. La première est dans l'original espagnol, et l'autre est tirée sur ce modèle. Toutes les deux ont fait leur effet en ma faveur ; mais je ferais scrupule d'en étaler de pareilles à l'avenir sur notre théâtre. »

Si Corneille ici, comme nous devons le croire, est tout à fait sincère, et s'il ne s'abuse pas lui-même, on hésite à être de son avis; ou, pour mieux dire, on ne peut du tout le partager. Plût au ciel que, même avec ce *Tue-moi* trop répété et qui prêtait à la critique, il eût trouvé encore de pareilles scènes, et qu'il ne se les fût pas refusées ! Jamais, en effet, on n'avait entendu sur le théâtre rien de si passionné, ni de si noble, ni de si beau.

Que nous font les objections ? Que nous fait le bon sens à froid ? L'histoire elle-même, l'histoire véritable, nous heurte et nous étonne bien autrement que ces deux scènes, l'une trouvée par Guillem, l'autre par Corneille tout seul. L'*Histoire d'Espagne* du père Mariana, livre IX, chapitre v, nous dit tout uniment ceci (j'abrège à peine le texte latin) : Rodrigue avait tué en duel le comte de Gormas ; Chimène, fille de celui-ci, épousa le meurtrier, qui devait être condamné à mort pour ce fait. Éprise d'admiration pour le jeune héros, elle demanda au Roi de le lui donner pour mari, ou de le faire exécuter[1].

---

1. *Gormatii comitem Gometium non multo antea, in privata contentione, adacto in viscera gladio peremerat Rodericus. Occisi patris, pro quo supplicium debebatur, merces Semenœ filiœ conjugium fuit, quum illa, juvenis virtutem admirata, sibi virum dari, aut lege in eum agi, regem postulasset.*

Vous voyez que la Chimène de l'histoire aborde le dilemme de front et, en véritable Espagnole, prend le taureau par les cornes. Cette logique à pic donne le vertige bien autrement que les deux scènes de la pièce. Ainsi ni Guillem de Castro, ni Corneille, quelque téméraires qu'ils puissent nous paraître, ne sont aussi étonnants que la réalité. Disons donc que les objections peuvent être fort sensées et les critiques parfaitement fondées; à la bonne heure, mais il y a quelque chose qui passe par-dessus toutes les objections de sang-froid et toutes les critiques les plus raisonnables, il y a quelque chose qui les roule et les réduit en poudre; c'est le mouvement, c'est la vie, c'est la passion, c'est l'héroïsme, avec le charme irrésistible de la jeunesse et de l'amour. Ces deux enfants, l'un de seize ans, l'autre de dix-huit, sont deux héros. Ils font tout ce que commande le cruel devoir; pas un instant, ils ne songent à l'éluder, ni à déserter l'honneur; mais ils ne désertent pas non plus leur amour; ils restent fidèles à l'un comme à l'autre. Et cet amour ne fait que s'exalter par l'admiration mutuelle de ce sacrifice, par l'enivrement de cette beauté morale qu'ils découvrent et créent l'un dans l'autre de plus en plus et dont ils font assaut.

Rodericus ad paternam ditionem, dotali principatu occisi soceri auctus, viribus et potentia validus, » etc.
(*Historiæ de Rebus Hispaniae, libri XX, auctore Mariana.*)

Ah ! que La Bruyère a raison de répliquer à ces méticuleux critiques : « Quand une lecture vous élève l'esprit, et qu'elle vous inspire des sentiments nobles et courageux, ne cherchez pas une autre règle pour juger de l'ouvrage : il est bon, et fait de main d'ouvrier. »

C'est souvent aux œuvres de la plus haute beauté que les esprits froids et exacts adressent les critiques les mieux fondées. Tout ce qui a été dit par Zoïle, s'il en faut croire les scoliastes, sur la visite de Priam à Achille au xxive chant de l'*Iliade*, est fort juste selon le sens commun terre-à-terre [1]. De même toutes les objections qui furent élevées contre *le Cid* au moment où il parut, sont assez fondées. Mais qu'importe? Homère et Corneille savent nous prendre et nous ravir, cela suffit. Oui, critiques, vous avez raison ; oui, gens sensés, vous êtes irréfutables ; mais Homère et Corneille nous émeuvent, nous transportent, nous exaltent, nous rendent meilleurs et plus grands, pendant quelques heures du moins. Cela dépasse tous les mérites de votre froid bon sens.

Les faiseurs d'objections sont des esprits stériles ; les génies, comme le nom l'exprime, sont des générateurs qui créent la vie : non pas la vie réelle et plate, mais la vie idéale, la vie supérieure, qui est la vraie, la seule réalité.

Dans une de ses charmantes lettres, M. Doudan,

V. Alexis Pierron, *Iliade*, t. II, p. 580 et 581.

une sorte de Henri Heine français par l'imagination et la fantaisie mêlées à la plus fine critique, écrit à M. Albert de Broglie, le 20 août 1838, à propos du *Wallenstein* de Schiller : « On dit que cela n'est pas vivant, et on croit prononcer par là un arrêt de mort contre une tragédie. Il n'y a rien de moins vivant que la tragédie ancienne, et la tragédie ancienne est fort belle. Croyez-vous que, si vous invitiez Antigone à dîner, elle fût capable d'aller sur ses pieds du salon à la salle à manger, quand même M. Boissonade et M. Schlegel lui donneraient le bras pour la soutenir?... L'art vole, et ne mange pas et ne marche pas. Où est le mal? C'est cette fausse théorie des êtres vivants qui nous a valu toutes les abominations de nos jours. J'aime incomparablement mieux que vous soyez de ce marbre blanc, immobile, éthéré, qu'on appelle l'Apollon, que si vous étiez capable de manger six livres de pain et un dindon rôti et de sauter un fossé de quinze pieds. Il y a du dindon rôti au fond des principes nouveaux de l'esthétique de nos jours. »

N'est-ce pas la raison, la vraie raison, le goût, l'instinct de l'art suprême, qui parlent en traits lumineux dans cette amusante boutade?

Cela soit dit aux faiseurs d'objections fort bien déduites contre *Wallenstein*, contre *le Cid*, contre Priam aux pieds du meurtrier de son fils, contre Chimène aimant encore le meurtrier de son père, contre *Hernani*, contre *les Burgraves*, contre *Ruy-Blas*. Que nous fait l'exactitude froide ? Que nous fait la réalité sensée et plate ? Si, pour échapper aux ennuis ou aux tristesses de la vie, l'homme a besoin de se distraire, il a besoin bien plus encore de s'élever. On ne respire à l'aise que sur les hauteurs.

On disait, en parlant du théâtre d'Eschyle, qu'il était « plein de Mars » ; en d'autres termes, qu'il respirait l'héroïsme guerrier. C'était déjà fort bien, sans doute ; l'héroïsme guerrier est chose excellente et digne d'admiration : sacrifier sa vie est grand et beau. Mais sacrifier sa passion à son devoir, n'est-ce pas de l'héroïsme aussi ? et plus difficile peut-être que l'autre, car on ne lui tend pas des palmes publiques pour le couronner devant l'univers. Eh bien ! cet héroïsme-là est l'âme du théâtre de Corneille.

C'est pourquoi j'ai voulu courir d'abord à cette forte nourriture ; j'ai voulu, avant tout, alimenter nos âmes avec cette noble et grande poésie, avec cette moelle de lion. Il semble, en relisant ce drame sublime, qu'on réalise la chanson des Hellènes dans la guerre de l'indépendance : « Aiglon, bois le sang des héros, tu sentiras croître ta serre ! tes ailes grandiront de deux coudées ! »

QUATRIÈME LEÇON

LE CID

Suite et fin.

Continuons d'étudier avec quelle adresse la pièce est construite, et d'observer comme elle est bien coupée. C'est juste au milieu de la tragi-comédie que se trouve le pivot sur lequel elle tourne; ce qu'on nomme la péripétie. En effet, à l'endroit où nous en sommes restés, à la moitié du troisième acte, va survenir un habile épisode, destiné à faire évoluer les situations, les destinées des deux principaux personnages, et à préparer de loin le dénouement: c'est l'épisode de l'arrivée des Maures d'Afrique. Il ne survient pas, toutefois, sans que l'auteur dans l'acte précédent, à la fin de la scène VI de l'acte II, en ait fait pressentir la possibilité et fondé la vraisemblance, du moins étant admises les données de la pièce.

Ces données, — peu conformes à l'histoire, il faut bien le dire, — consistent en ceci : d'une part, l'auteur a placé à Séville[1] le lieu de la scène de sa tragi-comédie et la Cour du roi Fernand, comme si déjà cette ville, qui était encore au pouvoir des Africains, eût appartenu à l'Espagne. Or l'Espagne ne la reprit aux Maures que deux cents ans après. — Il a donc supposé que les Maures venaient essayer de reprendre cette ville qui en réalité n'avait pas encore cessé de leur appartenir, et qu'ils faisaient cette tentative par un débarquement nocturne. Afin que ce débarquement parût possible, il a supposé d'autre part que le flux de la mer, par l'embouchure du Guadalquivir, pouvait monter jusqu'à Séville, qui en est à dix-neuf lieues. C'est une marée montante un peu forte. Peut-être le poète rouennais, pour se donner cette licence, a-t-il pensé à ce qu'on nomme *la barre* ou *le mascaret* de la Seine, qui se fait sentir jusqu'à mi-chemin du Havre à Rouen. Ou bien, peut-être s'est-il reporté en idée à l'époque de l'invasion des pirates normands qui, dans leurs barques de cuir cousu, remontaient quelquefois la Seine jusqu'à Paris. Il a évidemment compté, non sans raison, sur l'ignorance générale où l'on était alors en France de l'histoire et de la géographie de l'Espagne et de tout ce qui n'était pas la France.

1. Où Beaumarchais placera aussi *le Barbier* et son *Mariage*.

Aujourd'hui encore, je crois, peu de spectateurs, à la représentation, s'aperçoivent de cette licence. Alexandre Dumas père, dans *Angèle*, ne se gêne pas pour mettre l'Escurial à Madrid. Or l'Escurial en est à quinze lieues. « Les poètes, dit Horace, peuvent tout oser. » Shakspeare en a fait bien d'autres : n'a-t-il pas mis un port de mer en Bohême? — Ce qui est intéressant, c'est d'examiner les raisons qui ont poussé Corneille à ces licences et qui l'ont forcé de recourir à de tels artifices. C'étaient précisément ces fameuses règles de l'unité de temps et de lieu. S'il avait pu changer de lieu tout à son aise, comme le poète espagnol, et s'il n'eût pas été enfermé dans les vingt-quatre heures, Corneille n'eût pas eu besoin de donner ces entorses à la géographie et à l'histoire. N'accusons donc pas le poète, mais les règles absurdes dans lesquelles il était serré et mis à la gêne. Encore, malgré tant d'inventions et tant d'efforts pour s'y ajuster de son mieux, y a-t-il quatorze changements de lieu : trois dans chacun des deux premiers actes, deux dans chacun des deux suivants, quatre dans le dernier. Ainsi, à l'endroit même où nous sommes, au milieu du troisième acte, le lieu change sans qu'on le dise : les dernières scènes que nous avons vues, le grand duo pathétique entre Chimène et Rodrigue, se passaient dans la maison du comte de Gormas, — qui déjà n'était plus le même lieu que celui des actes précédents, car auparavant on était au palais du Roi, et on avait été déjà d'abord dans la maison du comte, aux premières scènes de la pièce ; — tout à coup nous sommes transportés dans une place publique. Il fait nuit : le vieux Don Diègue cherche son fils, qu'il n'a point revu depuis le duel. Vous vous rappelez que Rodrigue, après avoir tué le comte, a couru à la maison de Chimène, pendant que celle-ci était allée trouver le Roi et que Don Diègue de son côté se jetait aussi aux pieds du prince en demandant la grâce de son fils. A présent donc il cherche partout ce fils qui lui a rendu l'honneur et qu'il a hâte d'embrasser. On peut s'étonner d'abord qu'il le cherche par les rues, dans l'ombre : il risquait de l'y chercher longtemps ; mais songez que, si Rodrigue était rentré dans la maison de son père, il pouvait y être arrêté par ordre du Roi ; au contraire, dans la maison de Chimène, quelque paradoxal que cela puisse paraître, il était en sûreté plus que partout ailleurs : comment les gens du roi se seraient-ils avisés de chercher le meurtrier dans la maison même du mort ? De sorte que l'objection, si grave cependant, qu'on a élevée contre cette « visite » de Rodrigue à Chimène (le mot est de Corneille), est bien loin, d'être sans réplique, — outre que cette visite donne lieu à l'admirable scène que nous avons étudiée.

Rodrigue vient donc de quitter Chimène, et, marchant dans les rues, au milieu de la nuit, rencontre, — par un heureux hasard, on peut le dire, — son père qui le cherchait. — Dans l'auteur espagnol, qui n'est pas gêné par les unités de temps et de lieu, les choses sont arrangées avec plus de vraisemblance : le père, en envoyant le fils se battre, a eu soin de lui indiquer un lieu précis et écarté où il pourrait le retrouver après ; chose naturelle : lorsqu'il s'agit d'un duel, on pense aux suites qu'il peut avoir, et on prend ses mesures.— Le père, chose naturelle encore, arrive le premier au rendez-vous, attend et s'inquiète. Enfin il entend le galop d'un cheval : situation et monologue saisissants. Mais Corneille eût-il pu et osé faire entendre ce galop de cheval, détail bien réaliste pour la scène française de ce temps-là ? D'ailleurs il eût craint d'avertir par là les spectateurs du changement de lieu, qu'au contraire il essaye d'escamoter, — il l'avoue dans son *Examen* et dans son *Discours sur le Poëme dramatique*, d'une naïveté si ingénue. Il a donc été réduit à nous représenter Don Diègue errant par les rues et cherchant vaguement son fils, sans beaucoup de chances de le rencontrer. Il le rencontre cependant.

Ici encore se trouvent des touches familières et naïves, qui maintiennent toujours la variété libre et romantique de la tragi-comédie. Don Diègue, ce vieillard illustre, ce héros, dit avec une simplicité et une bonhomie pareilles à celles de Corneille lui-même :

Tout cassé que je suis, je cours toute la ville :
Ce peu que mes vieux ans m'ont laissé de vigueur
Se consume sans fruit à chercher ce vainqueur.
A toute heure, en tous lieux, dans une nuit si sombre,
Je pense l'embrasser, et n'embrasse qu'une ombre;
Et mon amour déçu par cet objet trompeur
Se forme des soupçons qui redoublent ma peur :
Je ne découvre point de marques de sa fuite;
Je crains du comte mort les amis et la suite;
Leur nombre m'épouvante et confond ma raison :
Rodrigue ne vit plus, ou respire en prison...
Justes Cieux! me trompé-je encore à l'apparence,
Ou si je vois enfin mon unique espérance?
C'est lui! n'en doutons plus! mes vœux sont exaucés,
Ma crainte est dissipée et mes ennuis cessés !
Rodrigue, enfin le Ciel permet que je te voie!

RODRIGUE

Hélas !

DON DIÈGUE

Ne mêle point de soupirs à ma joie.
Laisse-moi prendre haleine afin de te louer.
Ma valeur n'a point lieu de te désavouer :
Tu l'as bien imitée, et ton illustre audace
Fait bien revivre en toi les héros de ma race;
C'est d'eux que tu descends, c'est de moi que tu viens;
Ton premier coup d'épée égale tous les miens;
Et d'une belle ardeur ta jeunesse animée
Par cette grande épreuve atteint ma renommée.
Appui de ma vieillesse, et comble de mon heur,
Touche ces cheveux blancs à qui tu rends l'honneur;
Viens baiser cette joue, et reconnais la place
Où fut empreint l'affront que ton courage efface...

Mais Rodrigue, à présent qu'il a accompli le sacrifice commandé par l'honneur et le devoir, est tout entier au désespoir de son bonheur perdu ; il repousse, en pleurant, les consolations paternelles :

Ne me dites plus rien ; pour vous j'ai tout perdu !
Ce que je vous devais, je vous l'ai bien rendu !

DON DIÈGUE

Porte, porte plus haut le fruit de ta victoire :
Je t'ai donné la vie, et tu me rends ma gloire ;
Et, d'autant que l'honneur m'est plus cher que le jour,
D'autant plus maintenant je te dois de retour.
Mais d'un cœur magnanime éloigne ces faiblesses :
Nous n'avons qu'un honneur, il est tant de maîtresses !
L'amour n'est qu'un plaisir, l'honneur est un devoir.

« Tant de maîtresses ! » voilà bien un mot de vieillard, — et une nouvelle touche de tragi-comédie. — Aux yeux de Rodrigue, il n'existe qu'une maîtresse au monde, et qu'une femme sous le ciel !

Pour ranimer ce jeune héros et le relever du fond de l'abîme, son père sent qu'il n'est rien de tel qu'une nouvelle occasion de gloire. Justement il la lui apporte : les Maures d'Afrique s'apprêtent à surprendre la ville pendant la nuit, à la marée montante ; il s'agit d'aller les surprendre eux-mêmes et les arrêter au passage, avec tout ce que nous avons d'amis :

Là, si tu veux mourir, trouve une belle mort !

Mais plutôt reviens-nous vainqueur. Et, habilement, le vieillard ajoute ce dernier argument qui, si Rodrigue pouvait hésiter, le déciderait :

Force par ta vaillance
Le monarque au pardon, et Chimène au silence ;
Si tu l'aimes, apprends que revenir vainqueur
C'est l'unique moyen de regagner son cœur.

Grâce à cet épisode et à cette heureuse péripétie, — dont l'invention, il faut le dire, appartient à Guillem de Castro, — et grâce à la victoire de Rodrigue sur les Maures, sa situation si tragique et si sombre va commencer à s'éclaircir.

Le drame espagnol qui n'est gêné ni par l'unité de lieu, ni par l'unité de temps, présente, ici encore, bien plus de vraisemblance, et aussi d'agréable variété : il y est question, non d'un débarquement, mais d'une incursion des Maures des frontières, qui ont fait une razzia et qui emmènent des prisonniers ; il s'agit de leur couper la retraite, de leur reprendre le butin et de les exterminer. Pour cela, il faut, sans tarder, se mettre à la tête de cinq cents amis et parents, déjà convoqués et rassemblés à cet effet. — Dans la pièce de Corneille, ces cinq cents amis sont venus chez Don Diègue pour mettre leur épée à son service dans sa querelle avec le comte : c'est beaucoup d'amis et bien des offres de service pour un simple duel :

Mon bonheur a permis
Que j'ai trouvé chez moi cinq cents de mes amis,
Qui, sachant mon affront, poussés d'un même zèle,
Se venaient tous offrir à venger ma querelle.

A ce passage, le spectateur, lorsqu'il est attentif, ne peut s'empêcher de sourire.

Dans la pièce espagnole, l'expédition contre les Maures, si prompte et si rapide qu'elle soit, doit durer au moins plusieurs jours : on assiste au brillant départ du jeune Rodrigue, déjà illustré par son duel avec le comte de Gormas ; on voit et on entend son courtois entretien avec l'Infante, qui rêve au balcon de son palais d'été ; on a là d'agréables scènes, de jolis motifs, et même un mélange de comique, une pointe de grotesque, ce berger, qui, à la vue des Maures ravageant la plaine, s'enfuit dans la montagne, au plus haut des rochers, et qui, le combat terminé, ayant assisté à la victoire de Rodrigue et à ses grands coups d'épée sur les infidèles, s'écrie : « Par ma foi ! il y a plaisir à les voir comme cela de loin ! Les spectacles de cette espèce doivent être regardés de haut. »

Cela, c'est le romantisme pur : le comique ou le grotesque alternant avec l'héroïsme. Corneille a dû se contenter de nuances moins heurtées ; mais il a su pourtant tirer des effets très heureux de ces touches familières, intimes, naïves de ces scènes de demi-caractère et de quasi-comédie, qu'il a fondues si naturellement, si agréablement, avec les scènes grandioses et sublimes ; à tel point que cette tragi-comédie, envisagée de ce côté-là, pourrait s'appeler, si l'on voulait : *le Mariage interrompu*, quoiqu'elle soit, en même temps, un fragment d'épopée immense, et que le poète nous transporte, comme de plain-pied et sans effort, sur les sommets les plus tragiques, et nous élève, sans perdre terre, dans les régions de l'idéal.

Rodrigue, non content de repousser l'invasion des Maures, les met en déroute, s'empare de deux de leurs rois, qui, désarmés, le reconnaissent pour Cid, ou Seigneur [1]. Par cette victoire il sauve le royaume : comment le Roi, après un tel service, pourrait-il le punir ? Aussi lorsque Chimène, par devoir, par point d'honneur filial, reviendra réclamer justice, lui répondra-t-il avec grandeur et avec esprit :

Les Maures en fuyant ont emporté son crime.

La reconnaissance du Roi envers Rodrigue doit être d'autant plus grande qu'averti de l'approche de l'ennemi, ce monarque comme on n'en voit guère, mais comme on en a vu pourtant, avait pris très peu de précautions, et laissait fort bien surprendre sa ville, si Rodrigue et son père et leurs « cinq cents amis » ne se fussent trouvés là fort à propos, d'une manière inespérée et inespérable sans l'occasion tout à fait fortuite de cette affaire avec le comte et de ce soufflet à venger. Mais tout est bien qui finit bien.

Ce beau récit épique de l'expédition nocturne, des Maures surpris quand ils venaient surprendre, de la bataille et de la victoire, appartient à Corneille, et il est admirable.

1. Cid ou Sidi.

On raconte que, dans un théâtre d'Italie, au moment où l'acteur faisait le récit d'une bataille, quelques spectateurs crièrent qu'on levât la toile du fond et qu'on leur fît voir la bataille elle-même. Ce serait là, en effet, le procédé tout à fait réaliste ; c'est celui qu'on a essayé parfois dans nos grandes pièces militaires. Il agit par le choc violent dont il frappe les sens. Les coups de fusil, les coups de canon, les tambours, les trompettes, l'infanterie, la cavalerie, les drapeaux qu'on agite, les chants patriotiques, la musique et les fanfares, tout cela dans un beau décor, et avec une belle mise en scène bien réglée, saisit à la fois par les yeux, par les oreilles, par tous les sens, la masse des spectateurs, et agit nécessairement sur le système nerveux d'abord, sur l'imagination ensuite ; je ne fais pas difficulté d'en convenir. Toujours est-il que, pour des esprits cultivés, un récit comme celui de la bataille du Cid, dans la pièce de Corneille, ou comme celui de la bataille de Salamine dans *les Perses* d'Eschyle, présente un intérêt bien autre, un intérêt tout de pensée et d'héroïsme, où l'imagination supplée aux sens, — ce qui est le procédé de l'art véritable. L'art n'est pas un trompe-l'œil ; c'est une certaine idéalisation de la réalité ; c'est le fait ramené à l'idée, c'est la matière ramenée à l'esprit.

Toutefois je conviendrai volontiers que dans notre théâtre du xviie siècle en général, sous l'in-

7

fluence d'une noble philosophie, il y a peut-être excès dans le sens spiritualiste ; on sacrifie d'une manière un peu trop absolue le mouvement extérieur aux mouvements de l'âme. C'est le contraire du théâtre anglais et du théâtre espagnol.

Ici, par exemple, dans Guillem de Castro, deuxième journée, scène V, nous avons un rapide tableau de guerre dans les montagnes : un roi maure, traînant après lui son butin et ses captifs, est arrêté et fait prisonnier par Rodrigue, qui reçoit son hommage, puis se met à la poursuite de quatre autres rois. Tout se passe sous les yeux du spectateur, moins la mêlée, que décrit le berger poltron monté sur l'arbre.

Tout cela, sans doute, est plus animé qu'un simple récit, il y a plus de mouvement, du moins pour les yeux ; comment le nier ? Reste à savoir si ce mouvement matériel est d'un aussi grand effet et élève autant les âmes que le récit suivant :

Nous partîmes cinq cents ; mais, par un prompt renfort,
Nous nous vîmes trois mille en arrivant au port ;
 Etc.

On a dit avec esprit que le grand Condé ne devait pas raconter autrement la bataille de Rocroi. Et, à propos de cette parole piquante, nous pourrions comparer au récit du Cid le tableau de cette bataille, tel que l'a donné Bossuet dans l'oraison funèbre du Prince. A ceux d'entre vous qui auront du loisir je propose trois beaux sujets d'étude, la comparaison de ces trois grandes pages, animées du souffle de la poésie et de l'éloquence : la bataille de la flotte athénienne contre la flotte perse dans Eschyle, celle du Cid dans Corneille, et Condé peint par Bossuet dans la bataille de Rocroi.

Après ce grand récit épique, Corneille, par un heureux contraste, et avec une agréable variété, ramène tout à coup une scène de tragi-comédie. Chimène, obstinée dans le devoir de venger son père, vient une seconde fois demander justice au Roi, tout en souhaitant au fond du cœur et malgré elle de ne pas l'obtenir : car elle ne peut s'empêcher d'adorer plus que jamais ce jeune héros dont elle demande la tête. Le Roi alors, un gentil petit roi de comédie, pour éprouver Chimène, s'avise, — comment dire autrement? — de lui jouer un tour. Il lui dit donc qu'il n'y a plus lieu de poursuivre Rodrigue, qui a été tué dans le combat. Aussitôt la pauvre Chimène pâlit et va se trouver mal. L'épreuve a réussi. Remarquez, je vous prie, que c'est le même moyen dramatique qu'emploiera Molière pour le dénouement du *Malade imaginaire*. C'est donc bien un procédé de comédie. Mais cela est conforme au dessein de l'auteur.

L'idée de cet incident est empruntée à la pièce espagnole. Un des gens, qui en a reçu l'ordre, vient annoncer par feinte la mort de Rodrigue ; et il y a un détail touchant : le vieux Don Diègue, en entendant cette nouvelle, qu'il sait cependant n'être qu'une feinte, dit à part soi : « Je sais que la nouvelle est fausse, et pourtant elle me fait pleurer. »

Lorsque Chimène revient à elle, le Roi, en souriant, la détrompe, la rassure :

> Non, non, il voit le jour,
> Et te conserve encore un immuable amour ;
> Calme cette douleur qui pour lui s'intéresse...

Chimène, par dignité, et piquée qu'on lui ait arraché son secret, essaye de faire croire (ceci est également dans l'espagnol) que, si elle a failli s'évanouir, c'était de joie, en apprenant la mort du meurtrier de son père :

> Sire, on pâme de joie ainsi que de tristesse.

Oh ! pour le coup, cette feinte-ci est un peu trop forte, et le Roi le lui dit gentiment :

> Tu veux qu'en ta faveur nous croyons l'impossible,
> Chimène, ta douleur a paru trop visible...

Elle insiste, et se débat dans son charmant petit mensonge, avec toutes sortes de subtilités, auxquelles le spectateur prend plaisir, parce qu'elles expriment la lutte obstinée du devoir filial contre la passion. Ne nous y trompons pas, ce qu'elle demande, ce qu'elle réclame, en bon français, pour les spectateurs du temps de Louis XIII, ce n'est rien de moins que l'exécution de l'Édit terrible contre le duel, Édit qui prononçait la peine de mort [1].

Mais, dans cette composition d'ordre mixte, voici le moyen âge lui-même qui va reparaître à son tour. Lorsqu'elle voit enfin que le Roi ni personne n'ajoute foi à ses dires et ne fait droit à ses réclamations, alors cette charmante fille s'avise d'une autre invention : le Roi lui refusant justice, elle réclame *le jugement de Dieu*; elle promet sa main à qui vaincra Rodrigue en combat singulier, et dit au Roi :

[1]. Vainement Henri IV, en 1602, avait interdit le duel sous peine de mort. Plus de huit mille lettres de grâce avaient été accordées en moins de vingt ans à des gentilshommes qui en avaient tué d'autres en combat singulier. Richelieu, qui avait vu succomber son propre frère le marquis de Richelieu dans une de ces rencontres sanglantes, fit demander à Louis XIII, par l'assemblée des Notables, de 1626-1627, le renouvellement de l'édit de Henri IV. Cependant, en 1627, le comte de Chapelle et le duc de Montmorency-Bouteville, père du célèbre Luxembourg, bravant les édits royaux, tirèrent l'épée, sur la Place-Royale même, contre deux autres seigneurs, dont l'un fut tué dans le combat. Ces « illustres gladiateurs » furent condamnés à mort et exécutés, malgré les prières des plus grands seigneurs pour les sauver (21 juin 1627). « C'est une chose inique, disait Richelieu au Roi, que de vouloir donner exemple par la punition des petits, qui sont arbres qui ne portent point d'ombre; et, ainsi qu'il faut bien traiter les grands qui font bien, ce sont eux aussi qu'il faut plutôt tenir en discipline. »

A tous vos cavaliers je demande sa tête.
Oui, qu'un deux me l'apporte, et je suis sa conquête...
J'épouse le vainqueur.

Le Roi hésite à autoriser ce nouveau duel ; il finit par y consentir, mais à deux conditions : la première, c'est que ni lui ni la Cour n'y assistera ; la seconde, c'est que, après le duel, Chimène ne demandera plus rien.

Au fond, Chimène se dit que Rodrigue vaincra tout le monde, et qu'alors enfin, ayant épuisé tous les moyens de venger son père, elle sera acquittée, en conscience, de son cruel sacrifice.

Don Sanche, qui, vous vous en souvenez, aime Chimène et lui avait offert déjà ses services et son épée[1], se présente aussitôt pour champion : il se battra, et avec quelle joie ! contre ce rival préféré.

Alors Rodrigue, avant cette dernière épreuve, vient faire ses adieux à Chimène ; c'est là le second duo admirable entre les deux amants, au commencement du cinquième acte. Cette scène d'éternelle beauté appartient tout entière à Corneille : Rodrigue, pour forcer Chimène à lui ouvrir son cœur, lui déclare que, puisqu'elle s'obstine à vouloir sa mort, il ne compte point se défendre ; il se laissera tuer par Don Sanche. C'est la scène la plus éblouissante de la pièce, qui en contient déjà un si grand

---

1. En la reconduisant du palais à sa maison, acte III, scène II.

nombre du pathétique le plus sublime. Cette fois, Rodrigue ne vient pas à la dérobée et la nuit, comme un coupable poursuivi qui se cache ; il vient en plein jour, tête haute, après sa victoire.

CHIMÈNE

Quoi ! Rodrigue ? En plein jour ! D'où te vient cette audace ?
Va, tu me perds d'honneur ; retire-toi, de grâce !

RODRIGUE

Je vais mourir, madame, et vous viens en ce lieu,
Avant le coup mortel, dire un dernier adieu :
Cet immuable amour qui sous vos lois m'engage
N'ose accepter ma mort sans vous en faire hommage.

CHIMÈNE

Tu vas mourir ?

RODRIGUE

Je cours à ces heureux moments
Qui vont livrer ma vie à vos ressentiments.

CHIMÈNE

Tu vas mourir ? Don Sanche est-il si redoutable
Qu'il donne l'épouvante à ce cœur indomptable ?
Qui t'a rendu si faible ? ou qui le rend si fort ?
Rodrigue va combattre, et se croit déjà mort ?
Celui qui n'a pas craint les Maures, ni mon père,
Va combattre Don Sanche, et déjà désespère !
Ainsi donc au besoin ton courage s'abat !

RODRIGUE

Je cours à mon supplice, et non pas au combat ;
Et ma fidèle ardeur sait bien m'ôter l'envie,
Quand vous cherchez ma mort, de défendre ma vie.

J'ai toujours même cœur ; mais je n'ai point de bras
Quand il faut conserver ce qui ne vous plaît pas.

Il essaye de la faire parler ; mais elle, sans doute, estime qu'elle en a déjà dit assez, trop peut-être, dans la première entrevue, lorsque Rodrigue la sollicitant de même et lui disant qu'il ne peut vivre s'il est *haï* par elle, elle a laissé échapper le mot charmant : « Va, je ne te hais point. » Elle n'en veut donc pas dire davantage. Mais, d'autre part, elle ne veut point que son amant se laisse tuer ; elle essaye alors de le piquer par l'amour-propre et par l'honneur :

En cet aveuglement ne perds pas la mémoire
Qu'ainsi que de ta vie, il y va de ta gloire,
Et que, dans quelque éclat que Rodrigue ait vécu,
Quand on le saura mort, on le croira vaincu.

— Non, non, de celui qui a défait les Maures, on ne croira rien de tel, répond Rodrigue, qui ne veut point qu'elle se dérobe sous ce prétexte :

On dira seulement : Il adorait Chimène ;
Il n'a pas voulu vivre et mériter sa haine ;
Il a cédé lui-même à la rigueur du sort
Qui forçait sa maîtresse à poursuivre sa mort :
Elle voulait sa tête ; et son cœur magnanime,
S'il l'en eût refusée, eût pensé faire un crime.
Pour venger son honneur il perdit son amour,
Pour venger sa maîtresse il a quitté le jour,
Préférant, quelque espoir qu'eût son âme asservie,
Son honneur à Chimène, et Chimène à sa vie.

Alors enfin, poussée à bout, la pauvre Chimène, avec toute la plénitude de la tendresse la plus profonde si longtemps contenue, et de la pudeur la plus délicate vaincue par l'amour le plus noble et le plus élevé, laisse échapper, d'une voix basse, passionnée, pleine et vibrante, ces paroles divines qui récompensent d'un seul coup tant d'adoration :

Puisque, pour t'empêcher de courir au trépas,
Ta vie et ton honneur sont de faibles appas,
Si jamais je t'aimai, cher Rodrigue, en revanche
Défends-toi maintenant pour m'ôter à Don Sanche ;
Combats pour m'affranchir d'une condition
Qui me donne à l'objet de mon aversion.
Te dirai-je encore plus ? Va, songe à ta défense
Pour forcer mon devoir, pour m'imposer silence ;
Et, si tu sens pour moi ton cœur encore épris,
Sors vainqueur d'un combat dont Chimène est le prix.
Adieu : ce mot lâché me fait rougir de honte.

Et elle se sauve. Et Rodrigue, éperdu de joie, élevant son front jusqu'aux astres, lance à pleine poitrine les paroles flamboyantes qui, dans cette minute céleste, n'ont rien d'excessif et expriment simplement ses sentiments vrais :

Est-il quelque ennemi qu'à présent je ne dompte ?
Paraissez, Navarrois, Maures et Castillans,
Et tout ce que l'Espagne a nourri de vaillants ;
Unissez-vous ensemble, et faites une armée
A combattre une main de la sorte animée :
Joignez tous vos efforts contre un espoir si doux ;
Pour en venir à bout c'est trop peu que de vous !

Telle est cette scène immortelle, encore plus belle que la première, chose qui ne paraissait pas possible, et tout entière, ne l'oublions pas, de l'invention de notre poète. Et maintenant, permettez-moi de rappeler un second passage de l'*Examen* si ingénu que lui-même fit de sa pièce, cinquante ans après, et d'en détacher quelques lignes : « Rodrigue, dit-il, suit son devoir sans rien relâcher de sa passion ; Chimène fait la même chose à son tour, sans laisser ébranler son dessein par la douleur où elle se voit abîmée par là ; et, si la présence de son amant (dans la première des deux entrevues) lui fait faire quelque faux pas (Corneille veut dire le demi-aveu : « Je ne te hais point. »), c'est une glissade dont elle se relève à l'heure même ; et non seulement elle connaît si bien sa faute, qu'elle nous en avertit ; mais elle fait un prompt désaveu de tout ce qu'une vue si chère lui a pu arracher. Il n'est point besoin qu'on lui reproche qu'il lui est honteux de souffrir l'entretien de son amant après qu'il a tué son père ; elle avoue que c'est la seule prise que la médisance aura sur elle. Si elle s'emporte jusqu'à lui dire qu'elle veut bien qu'on sache qu'elle l'adore et le poursuit, ce n'est point une résolution si ferme qu'elle l'empêche de cacher son amour de tout son possible lorsqu'elle est en la présence du Roi. S'il lui échappe (dans la seconde entrevue) de l'encourager au combat contre Don Sanche par ces paroles :

Sors vainqueur d'un combat dont Chimène est le prix,

elle ne se contente pas de s'enfuir de honte au même moment, mais, sitôt qu'elle est avec Elvire, à qui elle ne déguise rien de ce qui se passe dans son âme, et que la vue de ce cher objet ne lui fait plus de violence, elle forme un souhait plus raisonnable, qui satisfait sa vertu et son amour tout ensemble, et demande au Ciel que le combat se termine

Sans faire aucun des deux ni vaincu ni vainqueur.

Si elle ne dissimule point qu'elle penche du côté de Rodrigue, de peur d'être à Don Sanche pour qui elle a de l'aversion, cela ne détruit point la protestation qu'elle a faite un peu auparavant, que, malgré la loi de ce combat et les promesses que le Roi a faites à Rodrigue, elle lui fera mille autres ennemis, s'il en sort victorieux. »

Après cette magnifique création, qui est le vrai triomphe de Corneille, viennent, il faut bien le dire, deux ou trois scènes médiocres qui ne servent qu'à occuper le théâtre en attendant l'issue du duel entre Rodrigue et Don Sanche. — Puis, par un artifice imité de l'espagnol, et un peu atténué seulement, vient encore un moyen de tragi-comédie, une méprise, une équivoque, qui vraiment dure trop longtemps. Au moment où Don Sanche vaincu apporte, par ordre de Rodrigue, son épée à Chimène ne

guise d'hommage, celle-ci croyant qu'il revient
vainqueur et que Rodrigue est mort, tué par lui,
sans vouloir rien entendre, lui ferme la bouche
et s'abandonne à sa douleur et à sa colère. Le
Roi avec toute sa cour, survient avant que Don
Sanche ait pu placer un mot pour la détromper.
N'est-ce pas là de la comédie, et un moyen peu
vraisemblable? Mais on excuse l'un et l'autre
poète puisque, grâce à ce moyen, Chimène laisse
éclater enfin publiquement l'aveu, désormais irré-
cusable, de son amour :

Sire, il n'est plus besoin de vous dissimuler
Ce que tous mes efforts ne vous ont pu céler.
J'aimais, vous l'avez su ; mais, pour venger mon père,
J'ai bien voulu proscrire une tête si chère :
Votre Majesté, sire, elle-même a pu voir
Comme j'ai fait céder mon amour au devoir.
Enfin Rodrigue est mort, et sa mort m'a changée
D'implacable ennemie en amante affligée.
J'ai dû cette vengeance à qui m'a mise au jour,
Et je dois maintenant ces pleurs à mon amour.
Don Sanche m'a perdue en prenant ma défense ;
Et du bras qui me perd je suis la récompense?
Sire, si la pitié peut émouvoir un roi,
De grâce, révoquez une si dure loi !
Pour prix d'une victoire où je perds ce que j'aime,
Je lui laisse mon bien ; qu'il me laisse à moi-même ;
Qu'en un cloître sacré je pleure incessamment,
Jusqu'au dernier soupir, mon père et mon amant.

DON DIÈGUE

Enfin elle aime, Sire, et ne croit plus un crime
D'avouer par sa bouche un amour légitime.

DON FERNAND

Chimène, sors d'erreur, ton amant n'est pas mort ;
Et Don Sanche vaincu t'a fait un faux rapport.

Don Sanche peut enfin expliquer qu'on lui a coupé la parole; c'est un peu tard. On dira, si l'on veut, qu'un homme n'a pas la langue aussi prompte qu'une femme, surtout qu'une femme en colère.

Alors Rodrigue, deux et trois fois vainqueur, des Maures et de Don Sanche, comme de Don Gormas, vainqueur sur le champ de bataille et vainqueur en champ clos, le vrai *Campéador* enfin, en même temps que le *Sidi-matamoros*, « vient offrir sa tête une dernière fois, comme dit d'une manière piquante M. Viguier; mais de quel style incomparable ! » Il ne prétend pas user du droit que lui donne la promesse faite par Chimène, ni se prévaloir de la volonté favorable du Roi; non, en présence de ce Roi, il renonce à une conquête si chère ! Il offre à Chimène avec abnégation, avec tendresse, et avec désespoir, d'aller combattre encore qui elle voudra, d'aller se faire tuer où elle voudra, si plutôt elle ne veut le tuer elle-même, ce qu'il demande encore en grâce et à genoux :

Prenez une vengeance à tout autre impossible ;
Mais du moins que ma mort suffise à me punir :
Ne me bannissez point de votre souvenir ;
Et, puisque mon trépas conserve votre gloire,

Pour vous en revancher conservez ma mémoire,
Et dites quelquefois en déplorant mon sort :
S'il ne m'avait aimée, il ne serait pas mort !

A ces accents, Chimène enfin s'avoue vaincue :

Relève-toi, Rodrigue,
Etc. Acte V, scène VII.

Si Corneille doit beaucoup à Guillem de Castro, il faut reconnaître qu'en cet endroit il s'élève à une distance infinie au-dessus de lui. Pour vous en donner quelque idée, j'indiquerai seulement un épisode bizarre qui se trouve dans la pièce espagnole à cet endroit-ci. Elle est divisée en trois journées ; c'est à la troisième. « Voici venir, — dit le messager, — un chevalier qui arrive d'Aragon, il porte la tête de Rodrigue et vient l'offrir à Chimène. » Consternation générale. Chimène, désespérée, confesse sans ménagement l'amour que sa vertu lui a fait jusque-là dissimuler. Elle implore du Roi la permission de se retirer dans un cloître,— lorsque soudain Rodrigue paraît, vainqueur de son adversaire et offrant sa tête. Lui-même explique l'équivoque qu'il a cru pouvoir employer.

LE ROI

Quel est l'auteur de ces fausses nouvelles ? Où est-il ?

RODRIGUE

Sire, excusez-moi, ces nouvelles n'étaient point

fausses. Ce que j'ai fait annoncer c'est que, d'Aragon, un chevalier venait pour offrir en hommage à Chimène devant Vous et en présence de votre Cour, la tête de Rodrigue. Or, il n'y a rien là que de vrai : car je viens d'Aragon, et je ne viens pas sans ma tête... Je la présente en ce moment à Chimène. Elle n'a point dit, dans ses proclamations, si elle la voulait coupée ou vivante. Puisque je lui apporte la tête de Rodrigue, il est juste, par la convention proclamée, que Chimène soit ma femme. Mais, si sa rigueur me refuse cette récompense, avec mon épée elle peut trancher elle-même cette tête ; la voici.

LE ROI

Rodrigue a raison : je prononce le jugement en sa faveur.

CHIMÈNE

Ah Dieu ! je suis interdite de honte... Etc.

Eh bien, je ne prétends point nier que cette invention soit curieuse, je crois même que, dans tel ou tel de nos grands théâtres populaires, cette scène aurait du succès; oui, j'entends d'ici les rires et la joie : en effet, l'épisode est amusant et fait plaisir au spectateur parce qu'il va dans le sens de ses vœux. La question est seulement de savoir si c'est le moment d'être drôle, lorsque les âmes enivrées d'héroïsme planent dans l'idéal, et de les précipiter tout à coup du ciel en terre. Pour moi, je pense que Corneille a eu raison de ne pas troubler le plaisir bien autrement noble et bien autrement vif de voler sur les cimes et de sentir que l'humanité dont on fait partie peut s'élever si haut.

Quoi qu'il en soit, le Roi et les Grands pressent Chimène de subir la condition du combat, ainsi retournée : elle ne peut plus faire autrement que d'y consentir, et le mariage sera célébré le soir même par l'évêque de Palencia. — C'est environ trois ans après le moment où a commencé l'action de la pièce espagnole.

Dans la pièce française, serrée par la règle des vingt-quatre heures, le mariage était impossible le jour même. Corneille fait même semblant, dans son *Examen*, de croire qu'il était impossible absolument et dans n'importe quel délai. « Il faut, dit-il, se contenter de tirer Rodrigue de péril, sans le pousser jusqu'à son mariage avec Chimène. Ce mariage est historique, et a plu en son temps ; mais, bien sûrement, il déplairait au nôtre ; et j'ai peine à voir que Chimène y consente chez l'auteur espagnol, bien qu'il donne plus de trois ans de durée à la comédie qu'il en a faite. Pour ne pas contredire l'histoire, j'ai cru ne me pouvoir dispenser d'en jeter quelque idée, mais avec incertitude de l'effet ; et ce n'était que par là que je pouvais accorder la bienséance du théâtre avec la vérité de l'événement. »

Toutefois, quoi qu'en dise Corneille, le public ne serait pas content si le Roi ne prenait sur lui de faire entrevoir un mariage possible dans l'avenir. Fernand satisfait donc les spectateurs et encore plus les spectatrices lorsqu'il dit à Rodrigue :

Espère en ton courage, espère en ma promesse ;
Et, possédant déjà le cœur de ta maîtresse,
Pour vaincre un point d'honneur qui combat contre toi,
Laisse faire le temps, ta vaillance, et ton roi.

Ainsi, lorsque la volonté inflexible de Chimène n'a réussi à rien pour venger son père, on est doublement heureux parce qu'on entrevoit qu'enfin tant d'amour sera récompensé, et cela sans qu'il en ait rien coûté au devoir, ni de la part de Chimène, ni de celle de Rodrigue.

Et voilà ce qui fit le grand succès du *Cid* : ce fut tout cet amour et tout cet héroïsme, tant de passion et tant d'idéal, tant de tendresse et de vertu; tant de grandeur et tant de grâce; et ces teintes familières et douces, mêlées aux grands coups pathétiques ; voilà ce qui ravit la France : l'enthousiasme passa de la ville à la Cour, de Paris aux provinces et à toute l'Europe. Le *Cid* de Corneille fut traduit dans toutes les langues ; même en espagnol !

Un des poètes attachés à la chapelle du roi Philippe IV et à son théâtre, un clerc, J.-B. Diamante, traduisit le *Cid* de Corneille sous la direction de Calderon et du Roi lui-même, en l'intitulant : *El honrador de su padre* [1] et en y remêlant quelques passages du *Romancero* qui faisaient partie de la

---

1. Littéralement : « l'honorateur de son père », c'est-à-dire celui qui venge l'honneur de son père. — De même, dans Horace, *honoratum Achillem*, traduction du mot grec d'Homère, τετιμήμενον.

légende et de la tradition nationale, et qui, devant un public espagnol, étaient en quelque sorte de nécessité. Voltaire, dans son *Commentaire de Corneille*, a commis une étrange erreur en prétendant que c'était Corneille qui avait imité Diamante. Il est démontré que, si Corneille doit beaucoup à Guillem de Castro, au contraire Diamante a calqué sur l'œuvre de Corneille la donnée générale de sa pièce, les principales scènes et une foule de détails.

N'est-ce pas là un fait intéressant et curieux ? Corneille empruntant *le Cid* à l'Espagne, et le refaisant à l'image de son génie et du génie français ; puis l'Espagne reprenant ce *Cid* français et se l'appropriant à son tour. C'est donc grâce à Corneille que *le Cid* fit le tour de l'Europe. Il avait, dit-on, dans son cabinet cette tragédie « traduite en toutes les langues, hors l'esclavonne et la turque ». — De même, nous verrons bientôt que Molière, empruntant à l'Espagne et à l'Italie la légende de Don Juan et de la Statue, la rendra européenne en la rendant française. C'est en effet parce que Molière l'aura fait connaître à l'Europe que Mozart, à son tour, la prendra pour sujet de son chef-d'œuvre.

— Un fait analogue à celui du *Cid* se produira à l'occasion du *Gil Blas*, emprunté par Le Sage à l'Espagne pour la plus grande partie, puis retraduit en espagnol d'après Le Sage.

Il semble que la France, placée entre le Nord et le Midi, participant de l'un et de l'autre par ses races diverses, soit destinée à unir dans sa complexion les tempéraments les plus différents, les plus opposés, pour servir comme de milieu sympathique à tous les peuples dans la littérature et dans les autres arts. Dans la musique par exemple, n'est-ce pas pour le public français, pour le public parisien, que Gluck, Mozart, Rossini, Meyerbeer, composeront leurs œuvres dramatiques les plus belles et les plus mûres, les plus riches et les mieux équilibrées, les plus variées et les plus parfaites ?

Grâce à cette heureuse complexion, qui n'eût cru que la France fût destinée aussi à développer chez elle un théâtre fait à son image, moderne, vivant, varié, dans ce genre mixte qu'aimait Corneille, qu'il nommait tragi-comédie et qu'on nomme drame aujourd'hui ? Mais il arriva que, d'une part, la réaction excessive contre le décousu des Mystères fit instituer les trois unités, et que, de l'autre, les persécutions suscitées à Corneille à cause de son chef-d'œuvre, jointes à l'idolâtrie développée par la Renaissance gréco-latine à l'égard de l'antiquité classique, le firent rebrousser chemin de ce côté. C'est là un fait à jamais regrettable que nous étudierons en détail et dont nous développerons les conséquences plus nuisibles qu'on ne saurait dire à notre théâtre et à notre poésie pendant les deux siècles qui suivirent.

CINQUIÈME LEÇON

LES DÉBATS SUR LE CID

Nous allons être obligés, aujourd'hui, de descendre des sommets de l'art dans les broussailles de la critique et dans les bas-fonds des mesquines rivalités contemporaines. Après avoir étudié *le Cid*, il est nécessaire d'étudier aussi, le plus rapidement possible, les débats et les combats qu'il souleva.

Veuillez vous rappeler notre point de départ. Ceux que l'on nomme aujourd'hui classiques, avons-nous dit, et qui sont désormais en possession d'une gloire incontestée, ont commencé par être des révolutionnaires littéraires, qui dérangeaient les habitudes d'esprit de leurs contemporains, qui soulevaient leurs railleries et leurs injures, en heurtant les règles établies, les préjugés, les vieux systèmes, tout l'ancien régime poétique.

C'est ce que fit Corneille par son premier chef-d'œuvre. Je pourrais résumer cette histoire en deux ou trois phrases; mais, si je ne donnais que ce résumé, je ne ferais pas la démonstration promise. Il me paraît donc indispensable de raconter cette bataille, d'en expliquer les divers incidents. D'ailleurs, sans être d'un intérêt aussi élevé que l'étude de la tragi-comédie elle-même du *Cid*, le détail des débats soulevés par ce drame romantique ne laisse pas d'être assez curieux. Mais ce sont les infiniment petits, après l'infiniment grand. L'histoire de ces débats, à elle seule, forme presque une bibliothèque, ou du moins un dossier considérable. Je vais vous le servir tout épluché.

Le public parisien, artiste d'instinct, et qui, pour s'émouvoir, ne demande à personne l'autorisation, ne s'inquiéta pas de savoir si, dans *le Cid*, les règles étaient plus ou moins observées; il se laissa prendre et ravir à tant de jeunesse et de passion, à tant d'amour et d'héroïsme, à tous ces grands coups d'épée, à tous ces beaux vers, à toutes ces tendresses, à toute cette grâce, à tous ces pleurs. La Cour, comme la Ville, fut transportée ; *le Cid* fut représenté trois fois au Louvre, et valut au poète les félicitations du Roi, de la Reine et des princesses. Anne d'Autriche, heureuse de voir sa chère Espagne réussir à ce point, grâce à Corneille, donna ordre au Cardinal d'octroyer des lettres de noblesse au père du poète, maître des eaux et forêts en la vicomté de Rouen : il les obtint en janvier 1637. Or *le Cid* avait été joué pour la première fois à la fin de décembre 1636 quelques-uns disent de novembre, — on ne sait pas la date au juste, car on n'avait pas prévu que ce serait la plus grande date de notre théâtre et on ne l'avait point notée. — Les représentations, depuis lors, avaient continué avec une vogue croissante.

Rien ne manqua au triomphe du jeune poète, ni les ennemis, ni les envieux. Ce grand succès, qui avait charmé la Reine, irrita secrètement le Cardinal. Toutefois il essaya de dissimuler ce sentiment et, lui aussi, fit jouer deux fois la pièce dans son palais, sur la scène bâtie pour sa *Mirame*. Corneille n'avait-il pas été au nombre des « cinq auteurs » attachés à son cabinet et, comme on disait dans la langue de ce temps-là, un des « domestiques » de Son Éminence, c'est-à-dire un des gens de sa maison ? Au fond, le Cardinal poète était exaspéré de ce triomphe. « Quand *le Cid* parut dit Fontenelle, neveu de Corneille, le Cardinal en fut aussi alarmé que s'il avait vu les Espagnols devant Paris. » Ne perdez pas de vue qu'ils s'en étaient approchés tout récemment, lorsque, refoulant notre armée depuis les Pays-Bas, ils avaient pris par un coup de main Corbie, sur la route d'Amiens. Le maréchal de Chaulnes, gouverneur de la Picardie, s'était cru forcé de se réfugier à Compiègne. Cette sorte de fuite avait répandu la panique jusque dans Paris. Le Cardinal se promit de châtier un gouverneur aussi faible et lança ces paroles sévères : « Les gouverneurs des places fortes sont les sentinelles de l'État. Or chacun sait combien est punissable une sentinelle qui manque à son devoir. Ceux qui rendent les places mal à propos manquent à la fidélité qu'ils doivent au Roi et à l'État : ils ouvrent à l'ennemi la porte du royaume ; ils lui mettent le royaume en main. » Puis, il fit revenir le Roi de Saint-Germain et se mit avec lui à la tête de cinquante mille hommes. Corbie fut reconquis sous leurs yeux, le 14 novembre 1636. Ce fut au milieu de ces émotions diverses qu'arriva *le Cid*, et nulle pièce n'était mieux faite pour profiter de l'exaltation de l'esprit public. Ainsi donc, ces héros prodigieux, ces invincibles Espagnols, nous venions de les vaincre ! Telle était sans doute la confusion qui se faisait volontiers dans les idées et les sentiments des spectateurs français.

La phrase de Fontenelle emprunte à ces circonstances une valeur précise toute particulière. — Tallemant des Réaux parle dans le même sens que Fontenelle au sujet des sentiments du Cardinal à l'égard du *Cid* : « Il eut, dit-il, une jalousie enragée contre *le Cid*, à cause que les pièces des cinq auteurs n'avaient pas trop bien réussi. »

Eh quoi! ce petit poète de province, qui « n'avait pas l'esprit de suite » réussissait à lui tout seul, mieux que Son Éminence et ses cinq garçons versificateurs ? Cela était bien impertinent.

Corneille, le Normand, dans l'intention d'apaiser son ancien patron, eut l'idée de dédier *le Cid* à madame de Combalet (plus tard duchesse d'Aiguillon), nièce du Cardinal, et même quelque chose de plus s'il en faut croire deux langues indiscrètes, Tallemant des Réaux et Guy Patin. Elle avait vivement défendu l'ouvrage et l'auteur contre les critiques ; Corneille, dans sa dédicace, lui dit : « Je ne vous dois pas moins pour moi que pour *le Cid*. »

On pouvait donc espérer que, par cet hommage, les choses allaient s'apaiser un peu, et l'irritation s'adoucir. Malheureusement, dans l'ivresse de la victoire, le jeune poète perdit le fruit de cette démarche habile et l'effet de cette protection, par une maladresse, en faisant paraître une épître en vers intitulée : *Excuse à Ariste*. Il désigne par ce nom un de ses amis qui lui avait, à ce qu'il dit, demandé des vers à mettre en musique ; du moins est-ce là le prétexte dont il se sert. Il s'excuse, disant que ce n'est pas son genre (on trouve cependant trois ou quatre chansons dans les poésies de Corneille) ; mais c'est pour en venir à ceci :

Je sais ce que je vaux, et crois ce qu'on m'en dit.
Pour me faire admirer je ne fais point de ligue ;
J'ai peu de voix pour moi, mais je les ai sans brigue ;
Et mon ambition, pour faire plus de bruit,
Ne les va point quêter de réduit en réduit.
Mon travail sans appui monte sur le théâtre ;
Chacun en liberté l'y blâme ou l'idolâtre :
Là, sans que mes amis prêchent leurs sentiments,
J'arrache quelquefois les applaudissements ;
Là, content du succès que le mérite donne,
Par d'illustres avis je n'éblouis personne ;
Je satisfais ensemble et peuple et courtisans,
Et mes vers en tous lieux sont mes seuls partisans ;
Par leur seule beauté ma plume est estimée,
Je ne dois qu'à moi seul toute ma renommée,
Et pense toutefois n'avoir point de rival
A qui je fasse tort en le traitant d'égal.

Ceci à l'adresse de Mairet, de Scudéry et des autres confrères. Mais que de pierres jetées dans le jardin du Cardinal lui-même !

Mon travail sans appui monte sur le théâtre !
. . . .
Je ne dois qu'à moi seul toute ma renommée !

On reniait donc le patronage du Cardinal ? On n'avait donc pas besoin de lui pour réussir ? Et Guillem de Castro, on ne lui devait donc rien, à lui non plus ? Le poète de Rodrigue, ici, n'était pas plus modeste que son héros. Mais Rodrigue n'a que dix-huit ans. Corneille en avait trente ; Rodrigue ne dépend et n'a besoin de personne. Certes, le ton de ces vers n'était pas fait pour apaiser ni le Cardinal, ni les poètes rivaux. Il ne faut donc pas s'étonner si tous (à l'exception de Rotrou, noble cœur) se déchaînèrent sur cet orgueilleux imprudent. Convenons qu'il avait donné prise et prêté le flanc, bien gratuitement. — Alors ce fut une bataille.

Il y eut d'abord une brochure anonyme, intitulée : *l'Auteur du vrai Cid espagnol*. A ce vers téméraire :

Je ne dois qu'à moi seul toute ma renommée,

l'auteur en question répliquait, très rudement, en faisant même un brutal calembour :

Ingrat, rends-moi mon Cid jusques au dernier mot;
Après, tu connaîtras, corneille déplumée,
Que l'esprit le plus vain est souvent le plus sot,
Et qu'enfin tu me dois toute ta renommée.

Corneille crut savoir que l'auteur de cette réplique était le poète Mairet, ce même Mairet qui jadis lui avait adressé des vers de compliment au sujet de sa comédie de *la Veuve*. L'auteur du *Cid* répondit par un rondeau qui commençait ainsi :

Qu'il fasse mieux, ce jeune jouvencel
A qui le Cid donne tant de martel,
Que d'entasser injure sur injure,
Rimer de rage une lourde imposture,
Et se cacher ainsi qu'un criminel.

Chacun connaît son jaloux naturel,
Le montre au doigt, comme un fou solennel,
Et ne croit pas, en sa bonne écriture
Qu'il fasse mieux.

Un mauvais auteur, Claveret, s'était chargé de colporter la brochure anonyme contre la corneille déplumée. Claveret était ce singulier poète qui, dans sa tragédie intitulée *le Ravissement* (l'Enlèvement) *de Proserpine*, où la scène est tour à tour au Ciel, en Sicile, et aux Enfers, se piquait d'avoir respecté l'unité de lieu, « le lecteur, disait-il, pouvant la concevoir comme une ligne perpendiculaire du Ciel aux Enfers ; bien entendu que cette verticale doit passer la Sicile ! »

Après Mairet et Claveret, le fameux Scudéry à son tour entra dans la danse ; Scudéry qui, lorsque Corneille avait donné sa petite comédie de *la Veuve*, l'avait complimenté encore plus que Mairet et salué de ce vers emphatique :

Le soleil s'est levé ; retirez-vous, étoiles !

Scudéry, cette fois, ne trouva pour *le Cid* que des critiques et des railleries. Il fit paraître, lui aussi, une brochure anonyme, intitulée : *Observations sur le Cid*. Cette tragi-comédie, qu'on trouvait si brillante, n'était, selon lui, qu'un ver luisant : « Il en est de certaines pièces, dit-il, comme de certains animaux qui sont dans la nature, qui de loin semblent des étoiles et qui de près ne sont que des vermisseaux. Tout ce qui brille n'est pas toujours précieux : on voit des beautés d'illusion comme des beautés effectives, et souvent l'apparence du bien se fait prendre pour le bien lui-même. Aussi ne m'étonné-je pas beaucoup que le peuple, qui porte le jugement dans les yeux, se laisse tromper par celui de tous les sens le plus facile à décevoir ; mais, que cette vapeur grossière qui se forme dans le parterre ait pu s'élever jusqu'aux galeries, et qu'un fantôme ait abusé le savoir comme l'ignorance, et la Cour aussi bien que le bourgeois, j'avoue que ce prodige m'étonne, et que ce n'est qu'en ce bizarre événement que je trouve *le Cid* merveilleux. »

Il reprochait à l'auteur du *Cid* de se glorifier jusqu'à se déifier. Il annonçait, du reste, qu'il en voulait à son ouvrage seulement, non à sa personne ; puis il ajoutait : « Comme les combats et la civilité ne sont pas incompatibles, je veux baiser le fleuret dont je prétends lui porter une botte franche... Je le prie d'en user avec la même retenue, s'il me répond, parce que je ne saurais dire ni souffrir d'injures.

» Je prétends donc prouver, contre cette pièce du *Cid* :

» Que le sujet n'en vaut rien du tout ;

» Qu'il choque les principales règles du poëme dramatique ;

» Qu'il manque de jugement en sa conduite ;

» Qu'il a beaucoup de méchants vers ;

» Que presque tout ce qu'il a de beautés sont dérobées ;

» Et qu'ainsi l'estime qu'on en fait est injuste. »

Scudéry développe ces différents points avec une sorte de pédantisme littéraire et militaire. Suivant lui, *le Cid* pèche contre l'unité d'action, contre la vraisemblance et contre les bonnes mœurs. L'auteur a eu tort de resserrer en vingt-quatre heures des événements qui, dans l'histoire, ne tiennent pas moins de quatre années. Chimène est une impudique, une parricide ; le comte de Gormas, un capitan matamore. Cinq cents gentilshommes font plus qu'une brigade ; il y a des régiments entiers qui n'en ont pas davantage ; etc. Puis il arbore les règles dramatiques, Aristote, Horace, Heinsius, et autres. Et enfin, content, il se vante « d'avoir donné à ce pauvre Cid vingt fois de l'épée dans le corps jusqu'à la garde, sans compter un nombre infini de blessures en tous les membres. »

Lui qui appelle le comte de Gormas un capitan matamore, n'a-t-il pas un peu l'air d'un capitaine Fracasse ?

Entre toutes ses critiques, la plus soutenable est celle qui regarde les deux « visites » (comme dit Corneille) de Rodrigue à sa maîtresse, après la mort du comte ; ce qui n'empêche pas ces deux scènes d'être les plus belles de la pièce. Nous nous en sommes suffisamment expliqué, et nous avons donné les réponses de Corneille, si naïves et si charmantes, à ces objections dont il ne dissimule pas la valeur mais qui sont emportées dans le torrent de la passion et de la grandeur d'âme, de la tendresse et de la grâce des deux jeunes héros.

Scudéry termine en disant : « Peut-être l'auteur du *Cid* sera-t-il assez vain pour penser que l'envie m'aura fait écrire ; mais je vous conjure de croire qu'un vice si bas n'est point en mon âme, et qu'étant ce que je suis, si j'avais de l'ambition, elle aurait un plus haut objet que la renommée de cet auteur. »

Étant ce que je suis ! — Qu'était-il donc ? D'abord il était le frère de Madeleine, dont il signait les romans, outre les siens. De là les vers de Boileau sur cette étonnante fécondité, soit qu'il n'en ait connu le secret que plus tard, soit qu'il ait feint de l'ignorer :

Bienheureux Scudéry, dont la fertile plume
Peut, tous les mois, sans peine, enfanter un volume!
Tes écrits, il est vrai, sans art et languissants,
Semblent être formés en dépit du bon sens ;
Mais ils trouvent pourtant, quoi qu'on en puisse dire,
Un marchand pour les vendre et des sots pour les lire.

Scudéry, né au Havre, mais d'origine provençale et même italienne, s'était distingué comme militaire au Pas de Suze, et Turenne lui avait rendu témoignage en pleine cour ; à la suite de quoi la tête lui avait tourné et il était devenu un peu rodomont.

Cette habitude lui resta, même après qu'il eut quitté les armes pour le théâtre. Il avait emprunté de l'*Astrée*, qui était alors en vogue, le sujet de sa première pièce, *Lygdamon et Lydias, ou la Ressemblance*. Dans la préface, il dit avec cette vanité qui lui est naturelle : « Ne me croyant que soldat, je me suis encore trouvé poëte... J'ai passé plus d'années parmi les armes que d'heures dans mon cabinet, et j'ai usé beaucoup plus de mèches en arquebuses qu'en chandelles. » Et, dans un autre endroit: « Si je me connais en vers, et je pense m'y connaître,... »

Il fit mettre, en tête d'une de ses pièces, son portrait, avec cette épigraphe :

> Et poète et guerrier,
> Il aura du laurier.

Un lecteur agacé écrivit au-dessous :

> Et poète et gascon,
> Il aura du bâton.

Rythme pour rythme : on sent les coups, on les entend. C'est fait, il les a reçus.

Cette tragi-comédie de *Lygdamon et Lydias* est dans la manière de presque toutes celles de ce temps-là. En voici un échantillon : Lygdamon, amant rebuté de Sylvie, ouvre la scène par un monologue où il agite cette question, s'il terminera sa triste existence au moyen d'un licol ou d'une épée, ou s'il se précipitera d'un rocher à terre, ou s'il se jettera à l'eau. Pendant la délibération, survient la belle Sylvie, toute rêveuse. Alors s'engage entre eux ce dialogue étrange :

LYGDAMON
A ce coup, je vous prends dedans la rêverie.

SYLVIE
Le seul émail des fleurs me servait d'entretien :
Je rêvais, comme ceux qui ne pensent à rien.

LYGDAMON
Votre teint que j'adore a de plus belles roses,
Et votre esprit n'agit que sur de grandes choses.

SYLVIE
Il est vrai, j'admirais la hauteur de ces bois.

LYGDAMON
Admirez mon amour, plus grande mille fois.

SYLVIE
Que l'aspect est plaisant de cette forêt sombre !

LYGDAMON
C'est où votre froideur se conserve dans l'ombre.

SYLVIE
Je n'ai jamais rien vu de si beau que les cieux !

LYGDAMON
Eh quoi ! votre miroir ne peint-il pas vos yeux ?

SYLVIE
Que le bruit de cette onde a d'agréables charmes !

LYGDAMON

Pouvez-vous voir de l'eau sans penser à mes larmes ?

SYLVIE

Je cherche dans ces prés la fraîcheur des zéphyrs.

LYGDAMON

Vous devez ce plaisir au vent de mes soupirs.

SYLVIE

Que d'herbes, que de fleurs vont bigarrant ces plaines !

LYGDAMON

Leur nombre est plus petit que celui de mes peines !

SYLVIE

Les œillets et les lys se rencontrent ici.

LYGDAMON

Oui, sur votre visage, et dans moi le souci !

SYLVIE

Que ces bois d'alentour ont de routes diverses !

LYGDAMON

Autant que mon amour éprouve de traverses !

SYLVIE

Ce petit papillon ne m'abandonne pas.

LYGDAMON

Mon cœur de la façon accompagne vos pas.

SYLVIE

Que le chant des oiseaux me chatouille l'oreille !
Que de tons, que d'accords ! oyez quelle merveille !

LYGDAMON
Hélas ! belle Sylvie, un dieu les fait chanter,
Que vous allez fuyant pour ne me contenter !

SYLVIE
De grâce, Lygdamon, faites-le-moi connaître.

LYGDAMON
Donc vous n'acconnaissez ce que vous faites naître ?

SYLVIE
Chaste, je n'ai point eu d'enfant jusqu'à ce jour.

LYGDAMON
Si, avez.

SYLVIE
    Nommez-le.

LYGDAMON
           Chacun l'appelle Amour.

Pour un homme qui va se tuer, voilà un esprit dispos et allègre ! Quelle escrime ! Que de pointes dans toutes ces répliques ! Elles rappellent ce jeu innocent, les ressemblances et les différences. Que de ridicules antithèses ! et quels calembours !

C'était l'auteur de pareils vers qui critiquait ceux de Corneille et faisait la leçon au poète du *Cid*, sur le ton que vous venez d'entendre. « Étant ce que je suis ! » On voit parfois de singulières choses : Scudéry rival de Corneille, Pradon rival de Racine ; l'histoire de la littérature offre de ces phénomènes curieux. « Les réputations, dans l'opinion publique, dit quelque part Victor Hugo, sont comme des liquides de différents poids dans un même vase. Qu'on agite le vase, on parviendra aisément à mêler les liqueurs ; qu'on le laisse reposer, elles reprendront toutes, lentement et d'elles-mêmes, l'ordre que leurs pesanteurs et leur nature leur assignent. »

Scudéry ne s'en tint pas à ses *Observations sur le Cid*. Attribuant à Corneille une réponse intitulée : *Défense du Cid*, il lança diverses fanfaronnades, dont quelques-unes ressemblaient à des provocations. Corneille se décida enfin à lui répondre par une assez longue lettre, qu'il appela : *Lettre apologétique*, et qui commence ainsi :

« Monsieur,

» Il ne vous suffit pas que votre libelle me déchire en public ; vos lettres me viennent quereller jusque dans mon cabinet ; et vous m'envoyez d'injustes accusations, lorsque vous me devez pour le moins des excuses.

» Je n'ai point fait la pièce que vous m'imputez et qui vous pique ; je l'ai reçue de Paris, avec une lettre qui m'a appris le nom de son auteur...

» Tout ce que je puis vous dire, c'est que je ne doute ni de votre noblesse ni de votre vaillance, et qu'aux choses de cette nature, où je n'ai point d'intérêt, je crois le monde sur sa parole. Ne mêlons point de pareilles difficultés parmi nos différends. Il n'est pas question de savoir de combien vous êtes plus noble ou plus vaillant que moi, pour juger de combien *le Cid* est meilleur que *l'Amant libéral* (tragi-comédie de Scudéry)... Ne vous êtes-vous pas souvenu que *le Cid* a été représenté trois fois au Louvre et deux fois à l'hôtel de Richelieu ? Quand vous avez traité la pauvre Chimène d'impudique, de prostituée, de parricide, de monstre, ne vous êtes-vous pas souvenu que la Reine, les princesses, et les plus vertueuses dames de la Cour et de Paris l'ont reçue et caressée en fille d'honneur ? Quand vous m'avez reproché mes vanités, et nommé le comte de Gormas un capitan de comédie, ne vous êtes-vous pas souvenu que vous avez mis un *A qui lit* au-devant de *Lygdamon* ? ni des autres chaleurs poétiques et militaires, qui font rire le lecteur presque dans tous vos livres ?... »

Un *A qui lit,* il faut expliquer ce mot. Scudéry, en tête de sa pièce de *Lygdamon,* au lieu de mettre *Avis au lecteur,* avait mis : *A qui lit.* Dans cet *A qui lit* il se défendait du titre d'auteur, comme peu noble, peu séant à un homme de qualité, se vantant d'être sorti d' « une maison où l'on n'avait jamais eu de plume qu'au chapeau », et ajoutait : « Je veux apprendre à écrire de la main gauche, afin d'employer la droite plus noblement. »

C'est ainsi que le duc de Saint-Simon dira : « Je

ne fus jamais un sujet académique. » Au milieu du dix-huitième siècle seulement, le titre d'homme de lettres deviendra un titre de noblesse, égal ou supérieur aux autres.

Plus loin, dans cette même *Lettre apologétique*, Corneille se défendait ainsi de l'accusation de plagiat : « Vous m'avez voulu faire passer pour simple traducteur, sous ombre de soixante et douze vers que vous marquez sur un ouvrage de deux mille, et que ceux qui s'y connaissent n'appelleront jamais de simples traductions. Vous avez déclamé contre moi pour avoir tu le nom de l'auteur espagnol, bien que vous ne l'ayez appris que de moi, et que vous sachiez fort bien que je ne l'ai célé à personne, et que même j'en ai porté l'original en sa langue à monseigneur le Cardinal, votre maître et le mien. Enfin, vous avez voulu m'arracher en un jour ce que près de trente ans d'étude m'ont acquis (cependant Corneille n'avait que trente ans). Il n'a pas tenu à vous que, du premier lieu, où beaucoup d'honnêtes gens me placent, je ne sois descendu au-dessous de Claveret.

» Et, pour réparer des offenses si sensibles, vous croyez faire assez de m'exhorter à vous répondre sans outrage, de peur, dites-vous, de nous repentir après tous deux de nos folies. Vous me mandez impérieusement que, malgré nos gaillardises passées, je sois encore votre ami, afin que vous soyez encore le mien ; comme si votre amitié me devait être fort précieuse après cette incartade, et que je dusse prendre garde seulement au peu de mal que vous m'avez fait, et non pas à celui que vous m'avez voulu faire... Je ne suis point homme d'éclaircissement ; vous êtes en sûreté de ce côté-là... »

Sur ce passage, M. Guizot fait la remarque suivante : « Il y a évidemment pour Corneille deux espèces d'honneur bien distinctes, qu'il lui paraît d'autant plus ridicule de confondre, que l'une des deux n'est pas à son usage. L'homme qui, dans *le Cid*, avait porté si haut les devoirs que l'honneur impose aux braves, ne se croyait point obligé de l'être et regardait son courage en ce genre comme tout-à-fait étranger à la question. Corneille n'était plus alors ni le comte de Gormas, ni Rodrigue, mais un homme dont la gloire consistait à faire de beaux vers, et non à se battre ; capable de braver le mécontentement d'un ministre pour soutenir les vers qui le faisaient admirer de tous, et non de s'exposer à un coup d'épée pour établir une réputation de courage qui ne faisait rien à personne. Il lui paraissait bizarre qu'une telle idée se mêlât à une discussion littéraire ; il confondait dans le même mépris le défi de Scudéry et ses arguments, ne daignait pas plus répondre à l'un qu'aux autres, et ne se croyait pas plus déshonoré pour être moins vaillant qu'un homme d'épée, qu'il ne pouvait l'être pour ne pas pas faire un métier qui n'était pas le sien ; tant il était convaincu que ce n'était pas à sa bravoure que s'attachait l'honneur du nom de Corneille ! »

Il me paraît que M. Guizot, dans cette remarque, du reste approbative, a, si je l'ose dire, la main un peu lourde. « Corneille, dit-il, ne se croyait point obligé d'être brave. » Cela semblerait indiquer qu'on suppose qu'il eût été incapable de se battre en duel, même pour un motif sérieux. Supposition gratuite. Par ces mots : « Je ne suis point homme d'éclaircissement », il professe simplement qu'il n'entre pas dans ce qu'on appelle « le point d'honneur », chose qui ne regarde que les gentilshommes ; et que, quant à lui, il ne croit pas avoir à demander raison, contre la loi et les édits du Roi, de tel ou tel mot, plus ou moins blessant dans l'intention de Scudéry, mais qui ne le touche point lorsqu'il ne s'agit que de poésie bonne ou mauvaise. A notre avis, Corneille satisfait aux deux espèces d'honneur, en terminant ainsi : « Quand vous me demanderez mon amitié avec des termes plus civils, j'ai assez de bonté pour ne vous la refuser pas, et pour me taire sur les défauts de votre esprit, que vous étalez dans vos livres. Jusque-là, je suis assez glorieux pour dire que je ne vous crains ni ne vous aime. »

Il me semble, pour moi, que cela est assez net e assez digne. Je trouve donc que M. Guizot, au lieu de dire que Corneille « ne se croyait point obligé d'être brave », aurait dû simplement dire que, dans cette conjoncture, il n'y avait point lieu à l'être ou à ne l'être pas, attendu que des coups d'épée, dans une discussion littéraire, ne sont pas des arguments. Ce qui reste vrai, mais nullement blâmable, ni à reprendre si peu que ce soit, c'est que Corneille, après les grands coups d'épée de ses héros dans sa tragi-comédie, redevenait le bourgeois bonhomme et d'un sens exact, le Rouennais de sang-froid. Autre chose est le théâtre, avec ses rôles tout en dehors et poussés à l'effet, autre chose est la vie réelle et privée. De même qu'il y a, dans l'éloquence, ce que l'on nomme les mœurs oratoires, où l'on paraît orné de toutes les vertus sans avoir l'air d'y songer, il y a dans les sentiments dramatiques un certain grossissement nécessaire, comme dans les décors. La vie réelle est autre, sans être inférieure.

A cette *Lettre apologétique* de Corneille, Scudéry répliqua indirectement par une *Lettre à l'illustre Académie,* où il la priait de prononcer sur la valeur de ses critiques et le mérite de l'ouvrage critiqué. En même temps il remerciait Corneille de l'avoir fait connaître comme l'auteur des *Observations,* et n'en reniait point la paternité.

Quant à Claveret, qui, pour avoir colporté l'ouvrage de Mairet, avait reçu de Corneille le coup de boutoir que nous venons de voir, il publia à son tour un pamphlet, dans lequel il démontra que Guillem de Castro était le véritable auteur du *Cid*. Faisant allusion aux bons offices de M. de Châlon, il disait, assez joliment : « Il ne vous était pas bien difficile de faire un beau bouquet de jasmin d'Espagne, puisqu'on vous en a apporté les fleurs toutes cueillies dans votre cabinet. » Après avoir parlé de l'orgueil du poète, il finissait par des personnalités agressives : « Reconnaissez, en échange, que vous êtes en prose le plus impertinent de ceux qui savent parler ; que la froideur et la stupidité de votre style sont telles, que votre entretien fait pitié à ceux qui souffrent vos visites ; et que, pour le regard des belles lettres, vous passez dans le beau monde pour le plus ridicule de tous les hommes. Ce sont des vérités qui seront toujours confirmées parmi les plus honnêtes gens de Paris de l'un et de l'autre sexe, où l'on débite des histoires de votre mauvaise grâce (maladresse) à faire rire la mélancolie même, et pour lesquelles vous avez raison de vous enfuir (à Rouen) dès que vous avez vendu vos denrées poétiques. — Je ne vous dis point ceci parce que vous nous avez mandé que vous n'étiez pas homme d'éclaircissement, mais parce qu'il n'y a point d'outrage que je ne puisse vous dire avec justice, après l'audace que vous avez eue de m'attaquer en public si sottement. Corrigez votre plaidoyer, monsieur du Cid, et ne croyez point que, pour être plus mauvais auteur que vous à ce que vous dites, je manque à parer tous les coups qui me viendront de votre part. »

La première partie de ce passage nous amène à dire quelques mots de la personne de Corneille, de son aspect, de sa physionomie. Elle était, à ce qu'il paraît, des plus simples et des plus ordinaires.

« La première fois que je le vis, dit Vigneul-Marville, je le pris pour un marchand de Rouen. »

« M. Corneille, dit Fontenelle, était assez grand et assez plein, l'air fort simple et fort commun. » C'est-à-dire, pareil au commun des hommes, au premier venu.

Cependant il avait, selon le même auteur, « le visage assez agréable, un grand nez, la bouche belle, les yeux pleins de feu, la physionomie vive, des traits fort marqués et propres à être transmis à la postérité dans une médaille ou dans un buste. »

Tout le monde est d'accord que La Bruyère faisait allusion à Corneille dans le passage suivant : « Un autre est simple et timide, d'une ennuyeuse conversation; il prend un mot pour un autre... Il ne sait pas réciter ses pièces, ni lire son écriture. »

Vigneul-Marville dit encore : « Sa conversation était si pesante, qu'elle devenait à charge dès qu'elle durait un peu. Il n'a jamais parlé bien correctement la langue française. » — Et Fontenelle : « Sa prononciation n'était pas tout à fait nette; il lisait ses vers avec force, mais sans grâce. »

On disait qu'il ne fallait l'entendre qu'à l'Hôtel de Bourgogne, c'est-à-dire par la bouche des comédiens. Et il le savait si bien, lui-même, qu'il écrivait à Pélisson :

Et l'on peut rarement m'écouter sans ennui
Que quand je me produis par la bouche d'autrui.

On attribua faussement à Corneille une réplique intitulée : *l'Ami du Cid à Claveret*, et divers autres pamphlets en faveur de l'auteur du *Cid*. Mairet, qui s'y trouvait attaqué, lança successivement plusieurs réponses, d'un ton peu mesuré. Alors le tour que prenaient ces disputes fit sentir au Cardinal la nécessité de les arrêter. Il interposa donc son autorité, et Bois-Robert, par son ordre, écrivit à Mairet une lettre, dont voici une partie :

... « Vous lirez le reste de ma lettre comme un ordre que je vous envoie par le commandement de Son Éminence. Je ne vous cèlerai pas qu'Elle s'est fait lire avec un plaisir extrême tout ce qui s'est fait sur le sujet du *Cid*, et que particulièrement une lettre qu'Elle a vue de vous lui a plu jusques à tel point, qu'elle lui a fait naître l'envie de voir tout le reste.

» Tant qu'Elle n'a trouvé dans les écrits des uns et des autres que des contestations d'esprit agréables et des railleries innocentes, je vous avoue qu'Elle a pris bonne part au divertissement ; mais, quand Elle a reconnu que, de ces contestations, naissaient enfin des injures, des outrages et des menaces. Elle a pris aussitôt la résolution d'en arrêter le cours.

» Pour cet effet, quoiqu'Elle n'ait point vu le libelle que vous attribuez à M. Corneille, présupposant, par votre réponse que je Lui lus hier soir, qu'il devait être l'agresseur, Elle m'a commandé de lui remontrer le tort qu'il se faisait et de lui défendre de sa part de plus faire de réponse, s'il ne lui voulait déplaire. Mais, d'ailleurs (c'est-à-dire, d'autre part), craignant que, des tacites menaces que vous lui faites, vous ou quelqu'un de vos amis n'en veniez aux effets, qui tireraient des suites ruineuses à l'un et à l'autre, Elle m'a commandé de vous écrire que, si vous voulez avoir la continuation de Ses bonnes grâces, vous mettiez toutes vos injures sous le pied [1], et ne vous souveniez plus que de votre ancienne amitié, que j'ai charge de renouveler sur la table de ma chambre à Paris, quand vous serez tous rassemblés.

» Jusqu'ici j'ai parlé par la bouche de Son Éminence; mais, pour vous dire ingénuement ce que je pense de toutes vos procédures, j'estime que vous avez suffisamment puni le pauvre M. Corneille de ses vanités, et que ses faibles défenses ne demandaient pas des armes si fortes et si pénétrantes que les vôtres. Vous verrez un de ces jours, son *Cid* assez mal-mené par *les Sentiments de l'Acadé-*

---

1. Comme pour les éteindre.

mie ; l'impression en est déjà bien avancée ; et, si vous venez à Paris dans un mois, je vous l'enverrai. »

Je laisse de côté les pièces ou pamphlets qui n'ont de remarquable que la grossièreté : car la bataille fut enragée ; mais je dois parler de la plus piquante de toutes les dissertations auxquelles *le Cid* donna naissance. C'est une sorte de résumé de l'opinion des spectateurs désintéressés, sous ce titre : « le Jugement du *Cid*, composé par un Bourgeois de Paris, marguillier de sa paroisse. » En voici quelques passages :

« Je me suis résolu, dit-il, en attendant le Jugement de l'Académie, à faire voir le mien, qui est, ce me semble, le sentiment des honnêtes gens d'entre le peuple (le public).

» Je n'ai jamais lu Aristote, et ne sais point les règles du théâtre ; mais je règle le mérite des pièces selon le plaisir que j'y reçois. Celle-ci a je ne sais quoi de charmant dans son accident extraordinaire... »

Alors il fait brièvement l'analyse de cette tragi-comédie, puis il réplique avec un bon sens gai et piquant aux Observations de Scudéry, et de tous les critiques à la suite, et ajoute aux autres raisons cet argument sonnant, que la pièce, malgré tout ce qu'on lui reproche, « n'a pas laissé de valoir aux comédiens plus que les dix meilleures des autres auteurs ».

Cependant ce bourgeois judicieux et spirituel, tout en admirant beaucoup *le Cid* et après avoir très bien répondu à ses injustes détracteurs, présente ensuite pour sa part un certain nombre de critiques assez malicieuses et d'observations fines, dont le détail ici malheureusement serait trop long. « Je veux », dit-il, « faire voir à Scudéry que nous autres, qui sommes du peuple, savons un peu les fautes des pièces mêmes que nous approuvons, encore que nous n'ayons point lu Aristote. »

Il ne manque pas de blâmer Corneille de l'orgueil auquel il s'est laissé emporter dans l'*Épitre à Ariste*.

Bref, ce *Jugement d'un Bourgeois* contient, en seize pages, beaucoup d'idées ; c'est pétillant de bon sens et d'esprit, et ce soi-disant marguillier n'admire pas en aveugle. C'est un amateur comme ceux qui, autrefois, au parterre de la Comédie, jugeaient les pièces librement avec l'instinct seul du bon sens.

Avant d'en venir aux *Sentiments de l'Académie sur le Cid*, il ne faut pas omettre de mentionner une lettre de Balzac à Scudéry au sujet de ses *Observations*, dans laquelle, tout en accordant beaucoup de louanges au mérite de sa critique, il cherche à lui faire comprendre que les succès de par Aristote ne sont pas les seuls qu'on doive priser, et que « savoir l'art de plaire ne vaut pas tant que savoir plaire sans art ».

Scudéry en avait donc appelé à l'Académie. C'était probablement le Cardinal qui avait, sous main, poussé à cette démarche. En tout cas elle n'était pas faite pour lui déplaire. L'Académie était à la dévotion de son tout-puissant protecteur. Cependant elle répugna quelque temps à intervenir, craignant d'indisposer contre elle le public, et refusa d'abord, prenant pour prétexte que « M. Corneille ne demandait point ce jugement, et que, d'après ses statuts, elle ne pouvait juger d'un ouvrage que du consentement de son auteur ». Le Cardinal vit qu'il fallait lever ce prétexte en obtenant le consentement de Corneille.

« Pour cet effet, — dit Pélisson, — M. de Bois-Robert lui écrivit plusieurs lettres, lui faisant savoir la proposition de M. de Scudéry à l'Académie. Lui, qui voyait bien qu'après la gloire qu'il s'était acquise, il y avait vraisemblablement en cette dispute beaucoup plus à perdre qu'à gagner pour lui, se tenait toujours sur le compliment, et répondait :

« Que cette occupation n'était pas digne de l'Aca-
» démie ; qu'un libelle, qui ne méritait pas de réponse,
» ne méritait point son jugement ; que la conséquence
» en serait dangereuse, parce qu'elle autoriserait l'en-
» vie à importuner ces Messieurs, et qu'aussitôt qu'il
» aurait paru quelque chose de beau sur le théâtre,
» les moindres poëtes se croiraient bien fondés à faire
» un procès à son auteur par-devant leur Compagnie. »
» Enfin, pressé par Bois-Robert, qui lui donnait

assez à entendre le désir, c'est-à-dire l'ordre du Cardinal, Corneille, après avoir dit, dans une lettre du 13 juin 1637, les paroles que nous venons de rappeler, ajouta celles-ci : « Messieurs de l'Aca-
» démie peuvent faire ce qui leur plaira. Puisque
» vous m'écrivez que Monseigneur serait bien aise
» d'en voir leur jugement, et que cela doit divertir
» Son Éminence, je n'ai rien à dire. »

Cela ressemblait moins à un consentement libre qu'à une résignation forcée. Aussi Corneille, plus tard, se défendra-t-il d'avoir jamais accepté aucun arbitrage sur *le Cid*. En effet, il ne l'avait pas accepté, il l'avait subi.

Quoi qu'il en soit, le Cardinal trouva cette réponse suffisante pour donner un fondement régulier à la juridiction de l'Académie. Celle-ci pourtant se défendait encore d'entreprendre ce travail, sentant bien que la faveur publique était pour *le Cid*. Enfin, le Cardinal, impatienté de ces retards qui ressemblaient à un refus de service, s'en expliqua, disant à un de ses « domestiques » :

« Faites savoir à ces messieurs que je le désire, et que, comme ils m'aimeront, je les aimerai. »

L'Académie n'eut plus qu'à s'exécuter. Elle fit plusieurs projets successifs et les soumit à son tout-puissant patron. Il était difficile à contenter, et y mettait en marge des notes de sa main. Dans quelques-unes il laisse percer ses sentiments : par exemple, à côté du passage où il est dit que les contestations littéraires, telles que celles dont le *Pastor fido* et la *Jérusalem* ont été l'occasion, n'ont pas peu servi à perfectionner la langue et le goût, il écrivit : « L'applaudissement et le blâme du *Cid* n'est qu'entre les ignorants et les doctes, au lieu que les contestations sur les deux autres pièces ont été entre les gens d'esprit. »

Ainsi, suivant Son Éminence, il n'y avait que les ignorants qui pussent admirer *le Cid*. — Ce passage, toutefois, a été maintenu dans le texte de l'Académie, malgré la note du Cardinal.

Un auteur illustre, homme de beaucoup d'esprit et de fantaisie, s'est avisé récemment de contester la jalousie du Cardinal poète. Le fidèle exposé que nous venons de faire la démontre jusqu'à l'évidence. Suivant lui, cette jalousie de confrère n'est qu'une légende mesquine et avilissante, et il attribue uniquement à un motif politique les critiques suscitées contre *le Cid* par le grand ministre. Au moment, dit-il, où il employait tout son génie à assurer la suprématie de la France sur l'Espagne, une pièce qui glorifiait celle-ci pouvait nuire au succès de sa politique : de là sa persécution du *Cid*. Nous conviendrons, si l'on veut, qu'une pièce qui glorifiait l'Espagne ne devait pas plaire à Richelieu autant qu'à Anne d'Autriche, et il n'est pas impossible qu'il ait ressenti, à cette occasion, « une mauvaise humeur analogue à celle de Napoléon Ier proscrivant le livre dans lequel madame de Staël exaltait l'*Allemagne* au moment même où celle-ci soulevait contre nous une coalition européenne[1]. » Mais, si ce motif fut pour quelque chose dans la malveillance du Cardinal-ministre à l'égard du *Cid*, prétendre que ce fut le motif unique est un paradoxe que l'esprit le plus vif ni l'imagination la plus brillante ne sauraient faire accepter. C'est une hypothèse gratuite : il n'y a rien qui la justifie, ni dans les lettres confidentielles de Bois-Robert, ni dans celles de Chapelain, ni dans celles du Cardinal lui-même, publiées par M. Avenel, ni dans les Mémoires contemporains. — Dira-t-on que Richelieu n'avait à faire ses confidences politiques à personne? — Mais ses confidences littéraires non plus, je suppose? Or, tandis que ce motif politique, qui n'aurait rien eu que d'honorable, ne se laisse deviner nulle part, sa jalousie littéraire, qui l'est fort peu, perce dans tous les faits et les textes que nous venons de rappeler. Ce n'est donc point là une légende; c'est un ensemble de faits précis et incontestables. La jalousie littéraire du Cardinal est malheureusement hors de doute. On peut être un très grand ministre et n'être pas toujours exempt de petitesses. La vie de Richelieu, quand on l'étudie avec impartialité, en offre plus d'un exemple.

Un autre critique, M. Marty-Laveaux, éditeur spécial de Corneille dans la belle collection des grands écri-

---

1. Gustave Merlet, *Etudes littéraires*, Paris, Hachette, 1876.

vains français publiée par la maison Hachette, avait précédemment proposé l'explication suivante : « *Le Cid,* au moment où il parut, pouvait exciter de légitimes inquiétudes et augmenter les embarras d'une situation déjà difficile. La pièce entière était une apologie exaltée de ces maximes du point d'honneur qui, malgré les édits sans cesse renouvelés et toujours plus sévères, multipliaient les duels dans une effrayante proportion. » Soit. Mais, en admettant que l'homme d'État ait pu trouver la pièce de Corneille inopportune et périlleuse par ce côté comme par l'autre, ce n'est là qu'une explication subsidiaire, qui ne détruit ni n'atténue le fait trop prouvé de la jalousie de l'auteur de *Mirame.*

Dans le temps que *les Sentiments de l'Académie* allaient paraître, Corneille écrivit ces lignes, où il est difficile de ne pas voir une ironie contenue et une certaine tristesse amère, que cependant Pélisson a voulu prendre pour du respect : « J'attends avec beaucoup d'impatience *les Sentiments de l'Académie,* afin d'apprendre ce que dorénavant je dois suivre. Jusque-là, je ne puis travailler qu'avec défiance, et n'ose employer un mot en sûreté. »

Déjà il avait laissé percer l'espoir que le public pourrait ne pas ratifier l'arrêt du haut tribunal littéraire, et, tout en paraissant se soumettre d'avance à la sentence des beaux esprits qui le composaient « il souhaitait, disait-il, à leur œuvre le même succès qu'à sa pièce ».

Enfin *les Sentiments de l'Académie* parurent. C'était Chapelain qui avait tenu la plume. On avait essayé de laisser la balance égale entre Corneille, qui plaisait au public, et Scudéry, l'homme agréable au Cardinal, en ne donnant tort absolument ni à l'un ni à l'autre. Il avait dû en coûter à l'Académie de déclarer, par exemple, que « le sujet du *Cid* n'était pas bon ». Y en eut-il jamais un plus beau depuis que le théâtre existe ? Les impossibilités prétendues sont justement les oppositions, les antinomies, qui constituent l'essence même de l'œuvre dramatique et qui produisent des luttes si belles entre les personnages et dans le cœur de chacun d'eux.

L'Académie, d'ailleurs, rendait hommage à l'habileté de Corneille, et « ne coupait, disait-elle, quelques branches de ses lauriers que pour les faire pousser davantage en une autre saison ». Mais elle condamnait avec Scudéry l'entraînement excessif de la passion de Chimène. Toutefois elle ajoutait que cette passion « a assez d'éclat et de charme pour avoir fait oublier les règles à ceux qui ne les savent guère bien, ou à qui elles ne sont guère présentes ».

Cette phrase regarde le public, dont elle tend à expliquer et à excuser l'engouement, et en même temps elle semble paraphraser l'annotation du Cardinal que nous avons citée tout-à-l'heure ; elle en ôte seulement la mauvaise humeur, sans avoir l'air d'y songer.

Allant plus loin et n'excusant plus seulement le

public, l'Académie finissait par dire : « Sans mentir, les savants mêmes doivent souffrir avec quelque indulgence les irrégularités d'un ouvrage qui n'aurait pas eu le bonheur d'agréer si fort au commun s'il n'avait des grâces qui ne sont pas communes. »

Et ceci : « Après tout, il faut avouer qu'encore qu'il (l'auteur) ait fait choix d'un sujet défectueux, il n'a pas laissé de faire éclater en beaucoup d'endroits de si beaux sentiments et de si belles paroles, qu'il a en quelque sorte imité le Ciel, qui, en la dispensation de ses trésors et de ses grâces, donne indifféremment la beauté du corps aux méchantes âmes et aux bonnes. Il faut confesser qu'il y a semé un bon nombre de vers excellents et qui semblent avec quelque justice demander grâce pour ceux qui ne le sont pas... Enfin nous concluons qu'encore que le sujet du *Cid* ne soit pas bon, qu'il pèche dans son dénouement, qu'il soit chargé d'épisodes inutiles, que la bienséance y manque en beaucoup d'endroits aussi bien que la bonne disposition du théâtre (ceci vise les manquements à l'unité de lieu), et qu'il y ait beaucoup de vers bas et de façons de parler impures (incorrectes), néanmoins la naïveté et la véhémence de ses passions, la force et la délicatesse de plusieurs de ses pensées, et cet agrément inexplicable qui se mêle dans tous ses défauts, lui ont acquis un rang considérable entre tous les poèmes français de ce genre qui ont le plus donné de satisfaction. Si son auteur ne doit pas toute sa réputation à son mérite, il ne la doit pas toute à son bonheur ; et la nature lui a été assez libérale pour excuser la fortune si elle lui a été prodigue. »

A tout prendre, c'est beaucoup qu'un pareil témoignage, si l'on songe à quel point l'Académie était gênée. Ces aveux que lui arrache la force de la vérité, malgré le vif désir qu'elle a de ne point déplaire au Cardinal, n'en ont que plus de prix. C'est un jugement mesquin et chiche, où la louange est distillée goutte à goutte et comme à regret ; nous pouvons cependant imaginer que ni le Cardinal, ni Scudéry avec son ver luisant, ne durent être fort contents de cette cote mal taillée.

Du reste ni Scudéry, ni l'Académie, tout en cherchant les défauts avec zèle, et même là où ils n'étaient point, ne s'aperçurent de l'entorse géographique, non plus que de l'entorse historique. Ni l'un ni l'autre ne remarquèrent non plus le peu de vérité générale quant à la couleur locale, eu égard au temps de l'action et des personnages. Nous devons bien avouer que Rodrigue et Chimène sont des esprits terriblement subtils et façonnés, pour des personnages du xie siècle : car enfin, n'oublions pas que Ruy Diaz de Bivar est mort en 1099. Or, on dirait que l'un et l'autre ont fait leur rhétorique et leur philosophie. Les belles stances que déclame Rodrigue, et dont nous avons cité une ou deux, ces belles stances si artistement balancées dans leurs antithèses, n'en sont pas moins, pour cela même, assez artificielles : plus j'aurais poursuivi la citation, plus le défaut serait apparu. — Voilà pour Rodrigue ; — sans compter ses vantardises, un peu excessives, mais qui ne nous déplaisent point, parce que les actions suivent les paroles : c'est, avons-nous dit, le *Mata-Moros* héroïque, mis sur la scène la même année que le *Mata-Moros* grotesque, et par la même main. — Quant à Chimène, pareillement, on l'aime comme elle est, et on l'adore, quoi qu'en disent Scudéry et l'Académie ; mais toujours est-il que l'héroïsme et la douleur de cette jeune fille d'environ dix-sept ans s'expriment avec des raffinements et un gongorisme inouïs, — outre l'emphase castillane et lyrique, — lorsqu'elle apostrophe ses propres yeux et leur dit :

Pleurez, pleurez, mes yeux, et fondez-vous en eau !
La moitié de ma vie a mis l'autre au tombeau,
Et m'oblige à venger, après ce coup funeste,
Celle que je n'ai plus sur celle qui me reste !

Dans cette antithèse géminée, qui du reste est traduite de l'espagnol, véritablement on a besoin de quelque attention pour se reconnaître au travers de ces subtilités étranges ; on est obligé, pour ainsi dire, d'en interpréter les termes l'un après l'autre, et presque de les numéroter, pour s'y retrouver. Voyons un peu :

La moitié de ma vie,

c'est-à-dire, mon amant, mon fiancé,

>   a mis l'autre au tombeau,

c'est-à-dire, a mis au tombeau l'autre moitié de ma vie, mon père,

> Et m'oblige à venger, après ce coup funeste,
> Celle que je n'ai plus,

c'est-à-dire, mon père,

>   sur celle qui me reste,

c'est-à-dire, sur mon fiancé ; et, par conséquent, à faire périr et à retrancher celle qui me reste, afin de venger celle que je n'ai plus ; de telle sorte qu'il ne me restera plus rien. Oui, le compte est exact, mais il est, en vérité, un peu trop bien fait, la balance joue avec trop d'art, les abstractions se répondent trop bien l'une à l'autre. Cela ressemble à des équations algébriques.

Tout cela, bien entendu, n'empêche pas que Chimène et Rodrigue ne soient adorables, et qu'on n'ait mille fois raison, tout en étudiant de près le chef-d'œuvre, de s'en laisser enchanter et ravir.

Après Scudéry et l'Académie, pour clore ces débats, la parole est à Boileau d'abord, et à La Bruyère ensuite.

Boileau, avec grâce et avec amour, inspiré qu'il est par le sujet même, s'écrie :

> En vain contre le Cid un ministre se ligue !
> Tout Paris pour Chimène a les yeux de Rodrigue ;
> L'Académie en corps a beau le censurer,
> Le public révolté s'obstine à l'admirer.

Quant à La Bruyère, j'ai cité précédemment trois lignes de son jugement sur le *Cid*, mais il faut lire le passage tout entier : « Quelle prodigieuse distance, dit-il, entre un bel ouvrage et un ouvrage parfait ou régulier ! Je ne sais s'il s'en est encore trouvé de ce dernier genre. Il est peut-être moins difficile aux rares génies de rencontrer le grand et le sublime que d'éviter toute sorte de fautes. *Le Cid* n'a eu qu'une voix pour lui à sa naissance, qui a été celle de l'admiration ; il s'est vu plus fort que l'autorité et la politique, qui ont tenté vainement de le détruire ; il a réuni en sa faveur des esprits toujours partagés d'opinions et de sentiments, les Grands et le Peuple ; ils s'accordent tous à le savoir de mémoire et à prévenir au théâtre les acteurs qui le récitent. *Le Cid* enfin est l'un des plus beaux poèmes que l'on puisse faire ; et l'une des meilleures critiques qui aient été faites sur aucun sujet, est celle du *Cid*.

» Quant une lecture vous élève l'esprit, et qu'elle vous inspire des sentiments nobles et courageux, ne cherchez pas une autre règle pour juger de l'ouvrage, il est bon, et fait de main d'ouvrier. »

SIXIÈME LEÇON

CORNEILLE EST REJETÉ VERS LES SUJETS ANTIQUES. HORACE, ETC.

Corneille, découragé par les persécutions que lui avait attirées son chef-d'œuvre, s'en retourna à sa province, dans son petit faubourg de Rapaume, à Rouen, et l'on put croire qu'il avait renoncé au théâtre. Balzac écrit à Chapelain, le 15 janvier 1639 : « Corneille ne fait plus rien, Scudéry a du moins gagné cela en le querellant, qu'il l'a rebuté du métier, et lui a tari sa veine. Je l'ai, autant que j'ai pu, réchauffé et excité à se venger en faisant quelque nouveau *Cid* qui attire les suffrages de tout le monde ; mais il n'y a pas moyen de l'y résoudre, et il ne parle plus que de règles, et que des choses qu'il eût pu répondre aux Académiciens, s'il n'eût point craint de choquer les puissances. »

Pendant trois ans il ne fit rien représenter.

Quand il se décida à reparaître, on vit qu'il avait abandonné les sujets modernes pour les sujets anciens : premier résultat regrettable des persécutions qu'il avait subies. *Le Cid* est de 1636; *Horace*, de 1639. Quelle fut, entre ces deux dates, l'attitude de Corneille à l'égard du Cardinal? Le pauvre grand poète, craignant de renouveler à ses dépens la fable du Pot de terre contre le Pot de fer, fut bien forcé d'y mettre moins de fierté castillane que de prudence normande.

Nous avons dit qu'en faisant imprimer *le Cid*, au commencement de 1637, il avait cru de son devoir de le dédier à la nièce du Cardinal. Dans cette dédicace, il la remercie de sa générosité « qui ne s'arrête pas, dit-il, à des louanges pour les ouvrages qui lui agréent..., mais qui emploie son crédit en leur faveur. » Il ajoute qu' « il en a ressenti les effets, et qu'il lui a de grandes obligations ».

Ce fut pourtant après cette dédicace que le Cardinal laissa ou fit persécuter l'auteur du *Cid* et pressa l'Académie de le censurer. Nous avons suffisamment parlé de ce jugement par ordre. On voit, dans une lettre de Corneille à Bois-Robert, en date du 23 décembre 1637, qu'il avait eu d'abord l'idée de répliquer aux *Sentiments de l'Académie*, et d'en appeler à l'opinion publique. Bois-Robert, dont on a vu ci-dessus [1] la triste lettre à l'un des plus acharnés adversaires du grand poète,

1. Page 151.

le détourna de ce projet, et Corneille se rendit à ses conseils. « Maintenant, dit-il, que vous me conseillez de n'y répondre point, vu les personnes qui s'en sont mêlées, il ne faut point d'interprète pour entendre cela. Je suis un peu plus de ce monde qu'Héliodore, qui aima mieux perdre son évêché que son livre[1] ; et j'aime mieux les bonnes grâces de mon maître que toutes les réputations de la terre. Je me tairai donc. » Puis il remercie Bois-Robert « du soin qu'il a pris de lui faire parvenir les libéralités de Monseigneur ».

Fontenelle fait à ce propos une remarque singulière : « Richelieu, dit-il, récompensait, comme ministre, ce même mérite dont il était jaloux comme poète ; et il semble que cette grande âme ne pouvait pas avoir de faiblesse qu'elle ne réparât en même temps par quelque chose de noble. » — Grande âme ! c'est bientôt dit. En vérité, est-il si grand et si noble, de la part d'un ministre tout-puissant qui opprime un auteur pauvre, de lui acheter son silence ? Si Corneille se crut obligé d'en passer par là, on peut trouver des circonstances atténuantes dans la situation étroite où il se trouvait, et aussi dans les mœurs et habitudes du temps : il ne faut pas juger les choses et les gens du XVIIe siècle avec les idées et les sentiments du

1. Le roman des *Amours de Théagène et de Chariclée*, que Racine, dans sa jeunesse, aimait tant, qu'à force de le lire (dans le texte grec), il le savait par cœur. C'est, dit Sainte-Beuve, « une espèce d'*Estelle et Némorin* d'un Florian grec ».

XIX⁰. — On a même prétendu qu'il prit le parti, lui l'auteur du *Cid*, de rentrer dans la compagnie des cinq auteurs, et que, oubliant comment il avait été admonesté pour avoir changé quelque chose aux idées du Cardinal en travaillant à la comédie des *Tuileries*, il accepta encore de travailler à *l'Aveugle de Smyrne* et à la *Grande Pastorale*, qui furent jouées en 1637, un an après *le Cid*. Mais il est probable que ces deux pièces, quoique jouées après *le Cid*, avaient été composées auparavant, et que Corneille ne reprit point son licol. En tout cas, il n'y a certes point lieu de louer le Cardinal, et ce qu'il a fait voir dans toute cette affaire du *Cid*, c'est justement le contraire d'une grande âme.

Quoi qu'il en soit, ce fut seulement, avons-nous dit, en 1639, que Corneille revint au théâtre, non plus avec un sujet moderne et une tragi-comédie, mais avec la tragédie d'*Horace*. Et la preuve que ce laps de trois ans, qu'il avait jugé nécessaire pour laisser à l'orage le temps de se calmer, n'était pas trop long, c'est que, à peine sa pièce nouvelle eut-elle été jouée, encore avec un succès unanime, et eut-elle été imprimée, que le bruit se répandit qu'on allait de nouveau voir paraître des Observations et un Jugement, sur cette pièce comme sur la précédente. Était-ce encore Scudéry, et l'Académie, à l'instigation du Cardinal, qui allaient reprendre la plume? Corneille, qui avait quelque lieu de le soupçonner, écrivit à un de ses amis, pour parer le coup, ce mot spirituel et piquant, qui ne manqua pas d'être répété : « Horace fut condamné par les Duumvirs, mais il fut absous par le Peuple. » L'auteur quelconque des Observations annoncées les remit dans son portefeuille et garda le silence.

De plus, après avoir dédié *le Cid* à la nièce du Cardinal, Corneille crut devoir dédier *Horace* au Cardinal lui-même, pour achever de l'apaiser, en faisant par là amende honorable, et pour prévenir le retour de ses sourdes hostilités. On ne peut se défendre d'une certaine tristesse en lisant cette dédicace :

A MONSEIGNEUR
LE CARDINAL DE RICHELIEU

Monseigneur,

» Je n'aurais jamais eu la témérité de présenter à Votre Éminence ce mauvais portrait d'Horace, si je n'eusse considéré qu'après tant de bienfaits que j'ai reçus d'Elle, le silence où mon respect m'a retenu jusqu'à présent passerait pour ingratitude, et que, quelque juste défiance que j'aye de mon travail, je dois avoir encore plus de confiance en Votre bonté. C'est d'elle que je tiens tout ce que je suis, et ce n'est pas sans rougir que, pour toute reconnaissance, je vous fais un présent si peu digne de Vous et si peu proportionné à ce que je Vous dois... » Etc.

Le plus clair de cette grande bonté du Cardinal consistait en ce qu'il donnait à Corneille une pension de cinq cents écus (quinze cents francs). On peut croire que les remerciements hyperboliques du poète n'étaient faits qu'à contre-cœur : car, dans sa préface du *Cid*, il laisse percer son ressentiment, et ce ressentiment, comme nous le verrons bientôt, ne pourra s'empêcher d'éclater encore dans la suite. Provisoirement le chêne est debout, le roseau plie. L'auteur de la dédicace dit qu'il a fait de son mieux : « Un si beau sujet eût demandé sans doute une main plus habile pour être traité avec plus de grâces; mais, du moins, il a reçu de la mienne toutes celles qu'elle était capable de lui donner, et qu'on pouvait raisonnablement attendre d'une muse de province qui, n'étant pas assez heureuse pour jouir souvent des regards de Votre Éminence, n'a pas les mêmes lumières à se conduire qu'ont celles qui en sont continuellement éclairées (les cinq auteurs). Et certes, Monseigneur, ce changement visible qu'on remarque en mes ouvrages depuis que j'ai l'honneur d'être à Votre Éminence, qu'est-ce autre chose qu'un effet des grandes idées qu'Elle m'inspire quand Elle daigne souffrir que je Lui rende mes devoirs? Et à quoi peut-on attribuer ce qui s'y mêle de mauvais, qu'aux teintures grossières que je reprends quand je demeure abandonné à ma propre faiblesse?... »

Est-ce assez de courbettes? Pas encore. Et le

malheureux poète redouble les coups d'encensoir. C'est le Cardinal qui fait tout : c'est lui qui « a ennobli le but de l'art », et c'est lui qui « en facilite les connaissances aux poètes ». Et l'auteur reprend, comme un prédicateur, chacun de ces deux points : Son Éminence a ennobli le but de l'art, puisque « au lieu de plaire au peuple », comme le prescrivaient les maîtres anciens, et comme ils s'en contentaient, — ici n'apercevez-vous pas un sourire involontaire sur ces lèvres normandes ? — elle leur a donné pour but de lui plaire et de la divertir; « et qu'ainsi nous ne rendons pas un petit service à l'État, puisque, contribuant à Vos divertissements, nous contribuons à l'entretien d'une santé qui lui est si précieuse et si nécessaire. — Vous nous en avez facilité les connaissances, puisque nous n'avons plus besoin d'autre étude pour les acquérir que d'attacher nos yeux sur Votre Éminence quand elle honore de sa présence et de son attention le récit (la récitation) de nos poèmes. C'est là que, lisant sur Son visage ce qui Lui plaît et ce qui ne Lui plaît pas, nous nous instruisons avec certitude de ce qui est bon (la cane et le canard, par exemple, ou *Mirame*, ou *Europe*) et de ce qui est mauvais, et tirons des règles infaillibles de ce qu'il faut suivre et de ce qu'il faut éviter. C'est là que j'ai souvent appris en deux heures ce que mes livres n'eussent pu m'apprendre en dix ans ; c'est là que j'ai puisé ce qui m'a valu l'applaudissement du public... » Etc.

Un tel degré d'adulation ressemblerait à une ironie continue, si une telle supposition était admissible alors. Hélas! non, Corneille, avec tout le sérieux et tout le prosternement possible, essaye de se faire pardonner son chef-d'œuvre : il feint d'en rapporter tout le mérite à son maître en Apollon, et les fautes à lui-même, humble disciple.

Quant à ces mots : « Depuis que j'ai l'honneur d'être à Votre Éminence », et à ceux de la Lettre à Scudéry : « Monseigneur le Cardinal, votre maître et le mien », il faut ne pas perdre de vue les idées et mœurs féodales qui se continuaient encore à cette époque et auxquelles tout le monde se soumettait sans peine. Les gentilshommes eux-mêmes, quand ils étaient dénués de fortune, se faisaient volontiers les suivants, les domestiques (c'était l'expression du temps) de gentilshommes plus aisés, qu'ils acceptaient ou prenaient pour maîtres, c'est-à-dire pour suzerains. Le futur cardinal de Retz, par exemple, lorsqu'il était encore simple abbé de Gondi, voyageant en Italie, menait à sa suite sept ou huit gentilshommes, dont quatre chevaliers de Malte, attachés à sa maison ou domestiques, c'était tout un. La Rochefort, cousin germain et ami de cet abbé, était domestique du duc d'Orléans. Pélisson parle de plusieurs académiciens domestiques du chancelier Séguier. Devons-nous donc nous étonner, après cela, qu'un petit bourgeois sans fortune, un petit avocat du barreau de Rouen, se sentant poète et ayant besoin de loisirs pour composer et écrire de belles œuvres, acceptât d'être domestique lui aussi, ou attaché à la maison, du ministre tout-puissant dont les libéralités, quoique fort minces et achetées si cher, mais surtout la protection, c'est-à-dire le désarmement, lui paraissaient indispensables pour pouvoir continuer à écrire et à exister ?

Il ne faut donc point s'attacher à ces détails qui sont sans importance. C'est l'ensemble de la dédicace qui, fût-elle sincère, aurait encore l'inconvénient de passer les bornes de la flatterie usitée en ces temps-là. « Le malheur des temps de despotisme, dit ici un homme aussi modéré qu'honnête [1], est de pousser à la dissimulation les plus fermes esprits. »

Et voici maintenant peut-être une circonstance aggravante, — car nous étudions en toute sincérité et nous ne dissimulons rien. — Le Cardinal étant mort deux ans après la représentation de cette tragédie d'*Horace*, et le roi Louis XIII n'ayant survécu que six mois à son ministre, Corneille, par une nouvelle faiblesse, moins excusable encore, ne put se retenir de laisser éclater enfin ses sentiments véritables, dans le sonnet suivant :

Sous ce marbre repose un monarque sans vice,
Dont la seule bonté déplut aux bons François :
Ses erreurs, ses écarts vinrent d'un mauvais choix,
Dont il fut trop longtemps innocemment complice.

---

1. M. Adolphe Regnier.

L'ambition, l'orgueil, la haine, l'avarice,
Armés de son pouvoir, nous donnèrent des lois ;
Et, bien qu'il fût en soi le plus juste des rois,
Son règne fut toujours celui de l'injustice.

Fier vainqueur au dehors, vil esclave en sa Cour,
Son tyran et le nôtre à peine perd le jour,
Que jusque dans sa tombe il le force à le suivre,

Et, par cet ascendant ses projets confondus,
Après trente-trois ans sur le trône perdus,
Commençant à régner, il a cessé de vivre.

Un tel sonnet, rapproché d'une telle dédicace, fait un contraste douloureux qui éclaire d'une désolante lumière la situation extrêmement pénible où se trouvait le grand poète sourdement persécuté par son tout-puissant rival. On voudrait douter que ce sonnet fût de Corneille ; mais M. Adolphe Regnier, l'excellent éditeur, malheureusement n'en doute point. Toutefois la question vaut bien qu'on s'y arrête. Il y eut d'abord un quatrain de Corneille, composé à l'occasion de la mort du Cardinal, qui eut lieu le 4 décembre 1642. Ce quatrain est curieux au point de vue de la versification, parce qu'il est tout en rimes masculines :

Qu'on parle mal ou bien du fameux Cardinal,
Ma prose ni mes vers n'en diront jamais rien
Il m'a fait trop de bien pour en dire du mal·
Il m'a fait trop de mal pour en dire du bien.

On ne peut qu'applaudir à ces sentiments. Et ces

quatre vers-là paraissent bien authentiques : c'est Pélisson qui les publia le premier dans sa *Relation contenant l'histoire de l'Académie française*, qui parut en 1653. « Corneille les fit, dit-il [1], après la mort du Cardinal, qu'il considérait d'un côté comme son bienfaiteur, et de l'autre comme son ennemi. »

On se demande comment Corneille ne s'en tint pas à cette résolution si sage, et comment, après ce quatrain, il publia le sonnet en question, qui le dément d'une manière si étrange. Ce sonnet fut, dit-on, composé à l'occasion de la mort de Louis XIII, qui arriva cinq mois après, le 14 mai 1643. Mais il y a lieu de remarquer qu'il ne fut pas imprimé du vivant de Corneille, et que, à supposer qu'il soit de lui, il ne fut transmis que par la mémoire de quelques contemporains, puis dans des copies peu exactes, qui ne sont pas d'accord entre elles. Reste cependant l'ensemble des idées et des sentiments, qui ne varie point, et qui constitue ce qu'on peut nommer le corps du délit. M. Adolphe Regnier, dans sa grande édition de Corneille [2], le donne d'après une transcription de la main de Gaignières [3],

---

1. Pages 218 et 219.
2. Paris, Hachette, *les Grands écrivains de la France*.
3. « François-Royer de Gaignières, gouverneur des ville, château et principauté de Joinville... (titre probablement honorifique, puisque le titulaire habitait Paris)... avait rassemblé à l'hôtel de Guise, qu'il habitait, manuscrits, imprimés, estampes, dessins, tableaux, sculptures, médailles, cartes géographiques, un monde de science et d'art, extraordinaire pour le temps... C'était un vrai curieux, de fortune assez bornée,

signée *P. Corneille*, qui lui a été signalée par
M. Ludovic Lalanne, un des conservateurs de la
Bibliothèque de l'Institut. Elle se trouve à la Bibliothèque nationale, *Fonds* Gaignières, 1001, *Mélanges, pièces galantes, satiriques, etc.*, page 14.
Gaignières étant mort en mars 1715, ce texte est
le plus ancien de ceux que l'on possède. Mais,
d'autre part, il y a lieu d'observer que Gaignières
était très vieux lorsqu'il mourut et que, par conséquent, son autographe peut remonter à une date
moins éloignée de celle de la mort de Corneille, qui
arriva en 1684. Voltaire a admis ce sonnet dans les
notes de son *Commentaire,* à propos de l'Épître dédicatoire d'*Horace* : l'antithèse entre le sonnet et la
dédicace était bien tentante ! La grande édition
Regnier-Hachette en donne six versions différentes.
On vient d'entendre celle de Voltaire. Il y en a
une autre, qui se trouve sur un « feuillet ajouté

mais dont l'ardeur ingénieuse et le savoir multipliaient les ressources... Il voulut par ses collections éclairer tout l'ensemble de l'histoire de France. Il voyagea dans le pays et fit voyager des artistes... Il consacra le plus pur de sa fortune à ces dépenses... Le Père de Montfaucon lui fit plus d'un emprunt pour son grand travail... Quatre ans avant sa mort, arrivée en mars 1715, Gaignières fit don de ses collections à Louis XIV... Un arrêt du Conseil d'Etat, en date du 6 mars 1717, ordonna le dépôt de la plus grande partie à la Bibliothèque... » (Feuillet de Conches, *Causeries d'un Curieux*, tome II, page 455 et suivantes.) — Cf. Saint-Simon, *Mémoires*, tome XVII, page 310 et suivantes. Et le *Mercure* d'avril 1702, racontant une visite que le duc de Bourgogne avait faite à Gaignières « dans sa belle et agréable maison, vis-à-vis les Incurables ».

(remarquez encore ce détail) à certains exemplaires des *OEuvres diverses* (de Corneille), de 1738. »
Ce feuillet porte au verso le *Placet au Roi sur le retardement de sa pension* [1].

Tel est l'état de la question. Or il est de principe en justice que le doute profite à l'accusé, et l'accusé, ici, c'est le grand Corneille. Si donc, d'après ce que je viens de vous exposer fidèlement, l'authenticité de ce sonnet qu'on lui attribue ne paraît pas suffisamment prouvée, la conséquence est que nous devons, provisoirement, décharger sa mémoire de cette imputation qui tendrait à la ternir, ledit sonnet démentant d'une part, à la distance de quelques mois seulement, la modération louable du quatrain, que rien ne l'obligeait d'écrire, et, de l'autre, faisant un contraste si tranché et si peu honorable avec les adulations outrées de l'*Épître dédicatoire d'Horace*. Plus est grave l'opinion de M. Regnier en pareille matière, plus je crois qu'il

---

[1]. Ce texte se trouve à la Bibliothèque Nationale :

> Sous ce tombeau repose un Roi qui fut sans vice,
> Dont la seule bonté fit tort aux bons François,
> Et qui pour tout péché ne fit qu'un mauvais choix,
> Dont il fut à la fois et victime et complice.
>
> L'ambition, l'orgueil, la fraude, l'avarice,
> Saisis de son pouvoir, nous donnèrent des lois ;
> Et, bien qu'il fût en soi le plus juste des rois,
> Son règne fut pourtant celui de l'injustice.
>
> Craint de tout l'univers, esclave dans sa Cour,
> Son tyran et le nôtre à peine sort du jour,
> Que jusque dans sa tombe il le force à le suivre.
>
> Jamais de tels malheurs furent-ils entendus?
> Après trente-trois ans sur le trône perdus,
> Commençant à régner, il a cessé de vivre.

est de mon devoir de déclarer que, tout bien pesé, j'incline fort à ne point la partager. L'homme qui a écrit le quatrain, sans que rien l'y forçât, a-t-il pu écrire le sonnet quelques mois après? Il y a là, ce me semble, une invraisemblance morale qui va jusqu'à l'impossibilité.

Les critiques et Observateurs du *Cid,* comme parle l'Académie dans ses *Sentiments,* avaient reproché à Corneille de n'être qu'un traducteur, de manquer d'invention. Il répondit en composant les cinq actes d'*Horace* avec trois ou quatre pages de Tite-Live, les cinq actes de *Cinna* avec deux pages de Sénèque. C'est à quoi Boileau fait allusion lorsqu'il dit :

Au Cid persécuté Cinna doit sa naissance.

C'est ainsi que Sophocle, avec neuf vers du deuxième chant de l'*Iliade,* — 717 à 725, — compose toute une tragédie, *Philoctète,* une de ses plus belles ; c'est ainsi que Molière, avec une petite ode d'Horace, *Donec gratus eram tibi,* fait sa comédie du *Dépit amoureux.*

Étudions la différence des procédés du drame et des procédés de la tragédie, les avantages du premier système et les inconvénients du second.

Vous connaissez le sujet d'*Horace,* tel qu'il nous été transmis par l'histoire plus ou moins fabuleuse de Tite-Live : pour terminer une guerre entre Rome et Albe, on convient de choisir trois Romains et trois Albains qui lutteront ensemble, l'issue de la lutte décidera laquelle des deux nations doit obéir à l'autre. Deux des trois Horaces qui représentent Rome sont tués d'abord ; mais le troisième, resté seul, vient cependant à bout de vaincre les trois Curiaces. Au moment où il revient, fier de sa victoire, il est accueilli par les malédictions imprudentes de sa sœur Camille, qui était fiancée à l'un des Curiaces : il la tue. Cité pour ce meurtre devant le tribunal des Duumvirs, et condamné par eux, il est absous par le Peuple. Voilà ce que donnait l'histoire : sujet assez mince, et que Corneille, gêné à la fois par les règles arbitraires et par les conditions matérielles du théâtre de cette époque, était forcé d'amincir encore en un sens, mais pour l'accroître d'autant dans un autre.

En effet, à peu près de même que Rome et Albe, dans cette légende, se font représenter chacune par trois hommes seulement, Corneille à son tour fait représenter, pour ainsi dire, les trois Horaces par un seul, les trois Curiaces par un seul aussi.

Déjà, dans *le Cid*, notre poète, au lieu de donner à Don Diègue trois fils comme avait fait Guillem de Castro d'après la Chronique et le Romancero, ne lui en a donné qu'un seul, Rodrigue. Simplification, mais abstraction, tel est le caractère de la tragédie du XVIIe siècle. Elle est ultra-idéaliste : toute l'action se passe dans l'âme des personnages. De notre temps c'est trop souvent l'excès contraire : il y a plus d'allées et de venues que d'action véritable.

Pourquoi Corneille procéda-t-il ainsi ? Premièrement, s'il eût mis sur la scène trois Horaces frères et trois Curiaces, la difficulté de créer six caractères différents, au lieu de deux, et de faire agir ces six personnages, outre tous les autres, eût été considérable. Je crois, cependant, qu'elle n'eût arrêté ni Guillem de Castro, ni Shakspeare. En second lieu, il eût été plus difficile encore de trouver, en ce temps-là, autant d'acteurs capables de les jouer. On manquait même de comparses, ainsi que l'atteste le passage suivant de l'*Examen du Cid* par Corneille : « J'ai négligé, au troisième acte, de donner à Don Diègue, pour aide à chercher son fils, aucun des cinq cents amis qu'il avait chez lui. Il y a grande apparence que quelques-uns d'eux l'y accompagnaient, et même que quelques autres le cherchaient pour lui d'un autre côté ; mais ces accompagnements inutiles de personnages qui n'ont rien à dire, puisque celui qu'ils accompagnent a seul l'intérêt de l'action, ces sortes d'accompagnements, dis-je, ont toujours mauvaise grâce au théâtre, et d'autant plus que les comédiens n'emploient à ces personnages muets que leurs moucheurs de chandelles et leurs valets, qui ne savent quelle posture tenir. »

Dans le théâtre de nos jours, qui n'a pas les mêmes impossibilités matérielles, ni les mêmes abstractions et conventions morales, on trouverait tout-à-fait étrange de ne voir paraître dans la pièce qu'un seul des trois Horaces et qu'un seul des trois Curiaces ; on admettrait difficilement, ou pour mieux dire on n'admettrait pas du tout cette réduction excessive et invraisemblable ; on voudrait absolument voir les trois Horaces et les trois Curiaces, sauf à faire parler l'un des trois, de chaque côté, plus que les deux autres.

Ce n'est pas tout que cette réduction des trois Horaces en un, et des trois Curiaces en un : pour continuer ce système d'abstraction, la lutte même de ces deux hommes substitués aux six comme les six aux deux nations entières, cette lutte, déjà réduite à ce point, se passera-t-elle du moins en action ? Nullement. Elle se passera toute en récits, ou, pour mieux dire, en fragments de récits ; et les intervalles de ces fragments seront remplis par des conversations. J'appelle conversations des dialogues qui ne servent pas à l'action dramatique, qui ne font rien ni pour le nœud ni pour le dénouement, et qu'on pourrait supprimer sans nuire à la pièce, si ce n'est que les actes en deviendraient trop courts.

Mais, en revanche, le poète supplée par la grandeur des sentiments et la force des caractères à l'insuffisance de l'action.

Il s'agit encore ici, comme dans *le Cid*, d'une lutte entre l'amour et le devoir. En effet, un des Curiaces vient d'être fiancé à Camille, sœur du jeune Horace, lorsque la querelle de leurs nations, et l'honneur auquel ils sont appelés de représenter chacune d'elles, vient les forcer à combattre les uns contre les autres : péripétie analogue à celle que produit, dans *le Cid*, la querelle entre les pères des deux fiancés. Curiace dit :

J'aime encor mon honneur, en adorant Camille,

comme Rodrigue pourrait dire :

J'aime encor mon honneur en adorant Chimène.

Le même sentiment d'héroïsme qui remplit la tragi-comédie du *Cid*, anime également la tragédie d'*Horace*. Il éclate d'abord dans le beau dialogue entre Horace et Curiace, lorsqu'ils viennent d'être désignés pour combattre en face l'un de l'autre. Horace est âpre, impitoyable, un peu sauvage; c'est un Romain fils de la louve, un louveteau :

Albe vous a nommé, je ne vous connais plus.

Curiace a des sentiments non moins nobles, non moins fermes, mais sa fermeté, à lui, n'exclut pas l'humanité :

Je vous connais encore, et c'est ce qui me tue.

Ce même sentiment d'héroïsme éclate surtout à l'arrivée du vieil Horace :

> Qu'est ceci, mes enfants? écoutez-vous vos flammes,
> Et perdez-vous encor le temps avec des femmes?
> Prêts à verser du sang, regardez-vous des pleurs?
> Fuyez, et laissez-les déplorer leurs malheurs!...

Cette grandeur véritable n'est point farouche comme celle du jeune Horace ; elle ne rougit point d'être sensible. En effet, tout en interrompant les adieux des deux jeunes hommes pour les envoyer au combat, et tout en les exhortant à bien faire, le vieux Romain leur dit :

> Allez, vos frères vous attendent ;
> Ne pensez qu'aux devoirs que vos pays demandent.

CURIACE

> Quel adieu vous dirai-je, et par quels compliments...

Il va ajouter : « Vous saluerai-je? » C'est-à-dire : « Vous appellerai-je encore mon beau-père? Suis-je encore votre gendre? » — Le vieil Horace l'interrompt et, avec une émotion contenue, mais d'autant plus touchante, lui répond :

> Ah! n'attendrissez point ici mes sentiments!
> Pour vous encourager, ma voix manque de termes;
> Mon cœur ne forme point de pensers assez fermes;
> Moi-même, en cet adieu, j'ai les larmes aux yeux;
> Faites votre devoir, et laissez faire aux dieux!

Voilà le langage de l'héroïsme véritable, qui n'exclut pas l'humanité. Il a, d'ailleurs, répondu d'avance à la question de Curiace, en le nommant, lui et Horace, « mes enfants », au moment même où il les envoie combattre l'un contre l'autre.

Le combat s'engage dans l'intervalle du deuxième au troisième acte, et continue pendant le troisième. Mais tout se passe en récits. Lorsque Julie quitte Sabine et Camille en leur disant :

> Adieu, je vais savoir comme enfin tout se passe,

on lui crierait presque : « Attendez ! j'y vais avec vous. » De ces récits substitués à l'action résultent plusieurs invraisemblances très graves, rachetées, il est vrai, par de grandes beautés morales et oratoires. Les beautés appartiennent au poète ; les défauts, au système dramatique. Ainsi est-il admissible que le vieil Horace n'assiste pas au combat de ses trois fils ? C'est sur cette invraisemblance radicale que repose toute la pièce. Cet artifice, en effet, donne lieu à la méprise de Julie au sujet du combat inachevé, et aux péripéties qui en résultent. Deux des trois Horaces ont été tués, le troisième prend la fuite devant les trois Curiaces : est-il admissible que Julie quitte à ce moment même le rempart d'où elle assiste au combat, pour s'empresser d'aller porter au père cette sinistre nouvelle, lorsque, en restant une ou deux minutes de plus, elle eût vu comme tout le monde que cette fuite n'était qu'un stratagème habile pour diviser la lutte et vaincre successivement les trois adversaires ? Mais, sans cet incident, qu'on peut appeler aussi un stratagème de l'auteur, analogue à celui de son héros, nous n'aurions pas l'admirable désespoir du vieil Horace trompé par ce récit, nous n'aurions pas le sublime *Qu'il mourût*. Toujours est-il qu'on achète bien cher, par une véritable impossibilité morale, cette scène admirable :

LE VIEIL HORACE

Nous venez-vous, Julie, apprendre la victoire ?

JULIE

Mais plutôt du combat les funestes effets !
Rome est sujette d'Albe, et vos fils sont défaits ;
Des trois, les deux sont morts ;
   (Montrant Sabine)
      son époux seul vous reste.

LE VIEIL HORACE

O d'un triste combat effet vraiment funeste !
Rome est sujette d'Albe ! et pour l'en garantir
Il n'a pas employé jusqu'au dernier soupir !
Non, non, cela n'est point, on vous trompe, Julie :
Rome n'est pas sujette, ou mon fils est sans vie :
Je connais mieux mon sang, il sait mieux son devoir.

JULIE

Mille, de nos remparts, comme moi l'ont pu voir :
Il s'est fait admirer tant qu'ont duré ses frères ;
Mais, comme il s'est vu seul contre trois adversaires,
Près d'être enfermé d'eux, sa fuite l'a sauvé.

LE VIEIL HORACE

Et nos soldats trahis ne l'ont point achevé ?
Dans leurs rangs à ce lâche ils ont donné retraite ?

JULIE

Je n'ai rien voulu voir après cette défaite.

CAMILLE

O mes frères !

LE VIEIL HORACE

Tout beau ! ne les pleurez pas tous :
Deux jouissent d'un sort dont leur père est jaloux :
Que des plus nobles fleurs leur tombe soit couverte ;
La gloire de leur mort m'a payé de leur perte :
Ce bonheur a suivi leur courage invaincu,
Qu'ils ont vu Rome libre autant qu'ils ont vécu,
Et ne l'auront point vue obéir, qu'à son prince,
Ni d'un État voisin devenir la province.
Pleurez l'autre, pleurez l'irréparable affront
Que sa fuite honteuse imprime à notre front ;
Pleurez le déshonneur de toute notre race
Et l'opprobre éternel qu'il laisse au nom d'Horace !

JULIE

Que vouliez-vous qu'il fît contre trois ?

LE VIEIL HORACE

Qu'il mourût !
Ou qu'un beau désespoir alors le secourût.

Voltaire, à tort, trouve faible ce dernier vers après l'éclair du *Qu'il mourût !* Mais on lui a répondu, fort justement, qu'après ce cri du patriotisme romain, le père à son tour laisse parler son cœur. « C'est Rome qui a prononcé *Qu'il mourût* ; c'est la nature qui, ne renonçant jamais à l'espérance, ajoute tout de suite :

Ou qu'un beau désespoir alors le secourût !

Je veux bien que Rome soit ici plus sublime que la nature... Mais la nature n'est pas *faible* quand elle dit ce qu'elle doit dire... Non seulement ce vers n'est pas répréhensible, mais il est assez heureux [1]. » Nous sommes donc, sur ce point, du sentiment de La Harpe ; mais non sur la suite, qui regarde l'artifice dramatique de l'erreur de Julie : qu'il soit ingénieux, on ne le nie pas ; qu'il ait été nécessaire pour pouvoir composer une tragédie avec un événement aussi peu fertile en matière que celui d'un simple combat, nous l'admettons ; mais qu'on ne vienne point nous dire que c'est là « une simple méprise très naturelle [2] ». Oh ! que non pas ! Elle est, au contraire, tout ce qu'il y a de moins naturel et de plus invraisemblable. Julie est de la maison et de la famille ; elle ne doit avoir et n'a en effet que des sentiments d'affection pour tous ceux qui la composent : on ne saurait donc invoquer cette raison que les mauvaises nouvelles trouvent toujours de prompts messagers ; il n'y a aucune malice dans son fait. Par conséquent, on en revient toujours à se demander comment elle a pu quitter dans un tel instant le rempart et la vue du combat.

L'invraisemblance redouble et s'aggrave lorsqu'on voit que le père n'est pas encore détrompé à l'acte suivant. Est-il possible que le père des Horaces

1. La Harpe.
2. Idem.

n'ait reçu aucune information nouvelle? Comment lui seul ignore-t-il ce que sait Rome tout entière : que cette fuite de son fils était une ruse, et que cette ruse a été couronnée de succès, et que son fils, vainqueur, a vengé la mort des deux autres, et donné à Rome la suprématie sur Albe? Comment est-il possible que Julie, qui avait été si prompte à apporter la mauvaise nouvelle, ne l'ait pas été autant à donner la nouvelle meilleure qui a dû lui arriver de toutes parts ? Que répondre à cela, sinon que le poète, enfermé dans le système dramatique de Heinsius et de l'abbé d'Aubignac, n'a pas trouvé d'autre moyen pour développer un sujet trop exigu, et qui, même ainsi, ne lui a fourni que trois actes; de sorte qu'à ce premier sujet il a dû en coudre un second, le meurtre de Camille tuée par son frère, pour faire le quatrième acte ; et un autre encore, les plaidoyers et le jugement, pour remplir le cinquième?

Il faut donc absoudre le grand Corneille d'avoir fait comme son héros, d'avoir trompé le spectateur par une ruse : il divise l'action pour la prolonger et venir à bout de ses cinq actes, comme Horace divise son combat, pour le prolonger aussi et venir à bout de ses trois adversaires.

On doit, d'ailleurs, reconnaître qu'il obtient ainsi des péripéties qui donnent lieu à des développements très éloquents et à des vers sublimes.

Permettez-moi, pour plus de netteté, de résumer en une sorte de bilan, les défauts et les beautés de cette tragédie.

Les défauts sont :

1° Les récits substitués à l'action ;

2° Les conversations de remplissage ;

3° Les invraisemblances résultant des artifices imaginés pour étendre le sujet ;

4° Le manque d'unité de ce sujet, composé de trois actions diverses et successives ; à savoir : le combat des trois contre trois, avec ses péripéties ; le meurtre de Camille ; la mise en jugement du jeune Horace.

Les beautés sont :

Au deuxième acte, l'admirable dialogue de Curiace et d'Horace ;

Au troisième, la grande péripétie causée par la nouvelle erronée de la défaite *(Qu'il mourût)* ;

Au quatrième, le récit de la fin du combat et de la victoire d'Horace ; puis les imprécations de Camille contre son frère qui a tué son fiancé ;

Au cinquième, le beau plaidoyer du vieil Horace pour son fils ;

Enfin et surtout, l'esprit d'héroïsme qui remplit la pièce et qui se communique des personnages aux spectateurs, et cette éloquence poétique qui est un des traits de physionomie de notre théâtre classique du xviie siècle.

En terminant cette analyse d'*Horace*, notons que, dans l'année 1639, où il composa cette tragédie, Corneille perdit son père. Qui sait s'il ne trouva pas dans sa douleur même et dans son amour filial, par le besoin d'honorer cette chère mémoire, quelques-uns des beaux traits dont il peignit le vieil Horace?

Il y a lieu peut-être de rapprocher ici Corneille et Shakspeare, en comparant les caractères du vieil Horace et du jeune Horace, d'une part, avec ceux de Talbot et de son fils, de l'autre, dans le drame d'*Henri VI*, et de faire voir que, si les deux systèmes dramatiques sont bien différents, le souffle héroïque est le même.

Talbot, blessé sur le champ de bataille près de Bordeaux, exhorte son fils à se retirer plutôt que de se faire prendre. Le jeune homme refuse obstinément.

TALBOT

Cher enfant, monte le plus vif de nos chevaux, et je vais te dire le moyen d'échapper par une course rapide. Allons, pas un moment à perdre!

LE FILS

Mon nom est-il Talbot? suis-je votre fils? Et vous voulez que je fuie! Oh! si ma mère vous est chère, ne déshonorez pas son nom et sa vertu, en faisant de moi un fils indigne de vous deux! Le monde dirait: « Il n'est pas du sang de Talbot, celui qui a fui lâchement, quand le noble Talbot restait! »

TALBOT

Fuis pour venger ma mort, si je suis tué.

LE FILS

Qui fuit ainsi, ne reviendra jamais au combat.

TALBOT

Si nous restons tous deux, nous périrons tous deux.

LE FILS

Eh bien! que ce soit moi qui reste, et vous, mon père, sauvez-vous. Grande serait votre perte ; grand doit être le soin de votre vie. Mon mérite est inconnu, et on ne perd rien en moi. Les Français seraient peu fiers de ma mort, ils le seraient de la vôtre. En vous toutes nos espérances seraient perdues. La fuite ne peut ternir la gloire que vous avez acquise; elle me déshonorerait, moi qui n'ai pas fait mes preuves. Tout le monde dira que vous n'avez fui que pour mieux vaincre ; mais, de moi, on dirait : « Il a eu peur. » Plus d'espoir que jamais je tienne ferme, si à la première affaire je fuis et me sauve. Mon père, je demande à genoux la mort, plutôt qu'une vie préservée par l'infamie!

TALBOT

Tu veux donc qu'une même tombe ensevelisse toutes les espérances de ta mère ?

LE FILS

Oui, plutôt que de déshonorer le sein qui m'a porté!

TALBOT

Au prix de ma bénédiction, je t'ordonne de partir.

LE FILS

Pour combattre l'ennemi, oui ; mais non pour le fuir.

TALBOT

Si tu vis, ton père ne meurt pas tout entier.

LE FILS

Ce que j'en sauverais serait déshonoré.

TALBOT

La gloire que tu n'as pas encore, tu ne peux la perdre.

LE FILS

J'ai la vôtre ! Irai-je la flétrir par ma fuite ?

TALBOT

L'ordre de ton père sera ta justification.

LE FILS

Tué, vous ne serez pas là pour me rendre témoignage. — Si la mort est imminente, sauvons-nous ensemble.

TALBOT

Laisser mes soldats combattre et mourir sans moi ? Jamais une telle infamie ne souillera ma vieillesse !

LE FILS

Et vous voulez qu'elle souille ma jeunesse ? Il n'est pas plus possible de séparer votre fils de vous, que vous ne pouvez vous-même vous partager en deux. Restez, partez : faites ce qu'il vous plaira ; je ferai ce que vous ferez. Je ne veux pas vivre, si mon père meurt.

TALBOT

Eh bien! reçois donc ici l'adieu de ton père, cher fils, dont la vie doit s'éteindre dans cette journée! Viens combattre et mourir ensemble; et que des champs français nos deux âmes s'envolent ensemble vers le ciel!

Assurément cela est digne de Corneille. Et cependant me permettrez-vous d'ajouter que, dans Corneille, un père n'eût jamais commencé par conseiller à son fils la fuite? Le vieil Horace commence par: *Qu'il mourût!...* Que conclure de cette différence? C'est que Shakspeare, tout en sachant aussi bien que Corneille donner à ses héros des sentiments sublimes, se tient plus près que lui de la nature. Et c'est ce que fait aussi Euripide dans le rôle d'Iphigénie, plus près de la nature que ce même personnage dans la tragédie de Racine. Et c'est que fait aussi Homère : dans l'*Iliade*, le brave et intrépide Ajax, au milieu d'un combat, ayant un grand nombre de Troyens contre lui, n'hésite point à reculer et à fuir, afin de se réserver pour des occasions meilleures. Il fuit donc, « semblable, dit le poète, à un âne, que poursuivent des paysans ». De même, dans Shakspeare, le père dit d'abord au fils de s'échapper pour le moment, afin de pouvoir prendre sa revanche plus tard. Mais Corneille est tout d'une pièce, droit et debout dans l'idéal.

La grandeur morale, qui anime la tragédie d'*Horace*, fait de cette œuvre, malgré les défauts résultant du système dramatique imposé au poète, une de ses plus belles, la plus belle peut-être après *le Cid*, mais à une grande distance cependant, quoi qu'on ait voulu dire. Si dans *Horace* il y a l'héroïsme, il y avait dans *le Cid* l'héroïsme et l'amour; il y avait Chimène en face de Rodrigue; et la tendresse et la grâce familière, et le sourire mêlé aux pleurs; il y avait les mœurs chevaleresques, plus proches des spectateurs modernes, plus analogues à leur nature; il y avait ce charme, cette fleur de jeunesse, qui dans *Horace* n'apparaissent qu'à peine, en la physionomie de Curiace, et peut-être en celle de Camille, encore bien farouche cependant.

Bref, par la persécution du *Cid*, nous voilà voués aux Romains. Quatorze ans après seulement, Corneille essayera de revenir au drame espagnol et hasardera quelques timides réclamations en faveur de ce genre mixte, moins monotone que la tragédie. Pour le moment, c'en est fait, la tyrannie absurde des trois unités triomphe : très grand malheur pour le théâtre français. Le *Cid* entrait dans la voie vraie, dans la voie moderne, celle du *drame*, sous le nom de tragi-comédie. Persécuté pour son chef-d'œuvre, Corneille s'arrête, puis rebrousse chemin, se jette dans la voie fausse, dans les sujets anciens, dans la tragédie pure, genre de convention et système abstrait. Au lieu d'une physionomie nationale, notre théâtre du dix-septième siècle prend un caractère archéologique, composite et artificiel. En transportant sur la scène française les personnages romains et grecs, les auteurs sont forcés de les accommoder au goût de la nation et de la Cour, de les modifier volontairement et involontairement. Transactions malheureuses, dans lesquelles on a dépensé beaucoup de génie et d'esprit pour faire des pièces et des personnages qui ne sont, à vrai dire, ni anciens ni modernes, ni romains ni français, ni grecs ni parisiens, mais qui se font pardonner et se sauvent par de belles analyses morales des passions et par le style.

Toujours est-il qu'en admirant ce que ces grands poètes ont fait, on ne peut s'empêcher de regretter ce qu'ils auraient pu faire bien au-delà, dans un système dramatique moins arbitraire et moins étroit.

SEPTIÈME LEÇON

LE MENTEUR

ALARCON, CORNEILLE

Lorsqu'avant le chef-d'œuvre de Corneille, *le Cid*, nous avons étudié ses essais dramatiques, vous avez vu qu'il s'était fait connaître d'abord comme poète comique à peu près exclusivement, — par une demi-douzaine de pièces qui ne faisaient prévoir, ni au public, ni à lui-même, qu'il serait un jour beaucoup plus célèbre en qualité de poète tragique. Vous vous rappelez *Mélite, Clitandre, la Veuve ou le Traître puni, la Galerie du Palais ou l'Amie rivale, la Suivante, la Place Royale.* Cinq de ces pièces sont des comédies pures ; *Clitandre* seul est une tragi-comédie. Enfin, à vingt-neuf ans, Corneille donne une tragédie, *Médée,* imitée de Sénèque, un Espagnol du temps de Néron ; puis, à trente ans, *le Cid*, imité d'un autre Espagnol, Guillem de Castro. C'est alors, alors seulement, qu'il devient célèbre aussi comme poète tragique.

Cependant il n'a pas renoncé au genre comique : six ans après, en 1642, il redonne une comédie, qui est son chef-d'œuvre en ce genre, comme *le Cid* dans l'autre : *le Menteur*. Cette pièce est imitée encore d'un Espagnol, Alarcon. « Étant, dit-il, obligé (c'est-à-dire redevable) au genre comique de ma première réputation, je ne pouvais l'abandonner tout à fait sans quelque espèce d'ingratitude. Il est vrai que, comme, alors que je me hasardai à le quitter, je n'osai me fier à mes seules forces, et que, pour m'élever à la dignité du tragique, je pris l'appui du grand Sénèque, à qui j'empruntai tout ce qu'il avait donné de rare à sa *Médée*, ainsi, quand je me suis résolu de repasser du héroïque [1] au naïf, je n'ai osé descendre de si haut sans m'assurer d'un guide, et me suis laissé conduire au (par le) fameux Lope de Vega (ceci est une erreur, nous allons l'expliquer), de peur de m'égarer dans les détours de tant d'intriques *(sic)* que fait notre Menteur. »

Cette dernière raison n'est que spécieuse ; la vraie raison, c'est qu'il trouvait la pièce de bonne

---

1. Le *h*, à cette époque, était encore aspiré dans *héroïque*, comme dans *héros*.

prise, comme celle du *Cid*. Plus tard, dans l'*Examen du Menteur*, il s'en expliquera un peu plus franchement.

Ainsi le génie de Corneille, et peut-être M. de Châlon, le poussaient vers l'Espagne. C'est à la littérature espagnole, il faut le reconnaître, que la nôtre est redevable, en grande partie, de plusieurs de ses chefs-d'œuvre : *le Cid, le Menteur, Don Juan, Gil Blas* ; et c'est avec le secours de l'Espagne que Corneille a eu la double gloire d'ouvrir la voie, en France, à la vraie comédie, comme à la vraie tragédie. En effet, « il y a, dit Voltaire, autant de distance de *Mélite* au *Menteur* que de toutes les comédies de ce temps-là à *Mélite*. Ainsi Corneille a réformé la scène tragique et la scène comique ».

Voici maintenant l'explication de l'erreur que nous avons tout à l'heure signalée. Corneille avait rencontré dans un recueil de pièces espagnoles, dont plusieurs étaient de Lope de Vega, une pièce intitulée : *la Verdad sospechosa*, « la Vérité suspecte », c'est-à-dire la vérité rendue ou devenue suspecte, la vérité décréditée par les mensonges. — Il y a sur cette idée une fable de Phèdre [1], imitée par La Fontaine. — Corneille crut que cette pièce,

1. *Lupus et Vulpes, judice Simio*, dont la morale est contenue dans les deux premiers vers :

Quicumque turpi fraude semel innotuit,
Etiam si verum dicat, amittit fidem.

C'est tout à fait le sens du titre de la comédie d'Alarcon.

comme les autres du même recueil, était de Lope de Vega, dont le nom retentissait par-dessus les Pyrénées jusqu'en France. Cela peut-être l'engagea à faire une imitation de cette comédie.

« Ce n'est ici, continue-t-il, qu'une copie d'un excellent original qu'il (Lope) a mis au jour sous le titre de *la Verdad sospechosa*; et, me fiant sur notre Horace, qui donne liberté de tout oser aux poètes ainsi qu'aux peintres, j'ai cru que, nonobstant la guerre des deux couronnes, il m'était permis de trafiquer en Espagne. Si cette sorte de commerce était un crime, il y a longtemps que je serais coupable, je ne dis pas seulement pour *le Cid*, où je me suis aidé de Guillem de Castro, mais aussi pour *Médée* et pour *Pompée* même, où, pensant me fortifier du secours de deux Latins, j'ai pris celui de deux Espagnols, Sénèque et Lucain étant tous deux de Cordoue. Ceux qui ne voudront pas me pardonner cette intelligence avec nos ennemis, approuveront du moins que je pille chez eux; et, soit qu'on fasse passer ceci pour un larcin, ou pour un emprunt, je m'en suis trouvé si bien, que je n'ai pas envie que ce soit le dernier que je ferai chez eux. ».

Tout cela est agréablement tourné, et prévient, cette fois, avec adresse le reproche de plagiat. Il vous souvient que Corneille n'avait pas été toujours aussi prudent.

A qui appartenait cette pièce espagnole, *la Verdad sospechosa*? Ce n'était pas à Lope de

Vega, comme l'avait cru d'abord Corneille ; ce n'était pas non plus à Francesco de Rojas, comme le crut un critique de l'époque impériale, Victorien Fabre. Elle est l'œuvre de Juan Ruiz de Alarcon, qui avait fait représenter cette pièce quelques années avant *le Cid*.

Corneille, plus tard, reconnut son erreur. Dans l'*Examen du Menteur*, qu'il fit vers 1660, il s'exprime ainsi : « Cette pièce est en partie traduite, en partie imitée de l'espagnol. Le sujet m'en semble si spirituel et si bien tourné, que j'ai dit souvent que je voudrais avoir donné les deux plus belles que j'aye faites, et qu'il fût de mon invention. On l'a attribué au fameux Lope de Vega ; mais il m'est tombé depuis peu entre les mains un volume de Don Juan d'Alarcon, où il prétend que cette comédie est à lui, et se plaint des imprimeurs qui l'on fait courir sous le nom d'un autre. Si c'est son bien, je n'empêche pas qu'il ne s'en ressaisisse. De quelque main que parte cette comédie, il est constant qu'elle est très ingénieuse, et je n'ai rien vu dans cette langue qui m'aye satisfait davantage. J'ai tâché de la réduire à notre usage et dans nos règles... »

Né vers le commencement du dix-septième siècle, au Mexique, de sang espagnol, Juan Ruiz de Alarcon y Mendoza vint en Europe vers 1621, occupa à Madrid une charge de l'ordre judiciaire, se mêla aussi de finances, et, en même temps, com-

posa des comédies. Il en publia une vingtaine, en
deux volumes, l'un en 1628 à Madrid, l'autre en
1634 à Barcelone, et mourut en 1639. Quelques
mauvaises épigrammes de ses contemporains donnent
lieu de croire qu'il n'était ni beau ni bien
fait : l'une dit que cet orgueilleux « prend sa bosse
pour le mont Hélicon » ; l'autre, que « Pélion et
Ossa mis l'un sur l'autre n'égaleraient point la
bosse de sa vanité. » Il paraîtrait que ce bossu
homme d'esprit avait autant d'orgueil que de talent.
Dans une de ses préfaces, il parle au public
(al volgo) en ces termes : « Canaille ! bête féroce !
c'est à toi que je m'adresse ! Je ne dis rien
aux gentilshommes, qui me traitent mieux que je
ne désire. Je te livre mes pièces : fais-en ce que tu
fais des bonnes choses : sois injuste et stupide à
ton ordinaire. Elles te regardent en face et te bravent :
leur mépris pour toi est souverain. Elles ont
traversé tes jongles (le parterre). Elles iront te
chercher dans tes repaires. Si tu les trouves mauvaises,
tant pis pour toi : c'est qu'elles sont bonnes.
Si elles te plaisent, tant pis pour moi : c'est qu'elles
ne valent rien. Paye-les, brute, je me réjouirai de
t'avoir coûté quelque chose. »

Dans une autre préface, plus fine et plus discrète,
celle de 1634, — à laquelle Corneille vient de faire
allusion, — Alarcon réclame la propriété de la comédie
que nous allons étudier, et de quelques autres,
usurpées par des libraires, et publiées, dit-il,

sous des noms plus illustres. Par un singulier jeu du hasard, que fait remarquer M. Demogeot [1], Alarcon dans cette revendication « nomme, sans le savoir, son illustre imitateur français, quand il se plaint de voir quelques-unes de ses œuvres et, entre autres, *la Verdad sospechosa,* parer de leurs plumes d'autres corneilles »; comme nous dirions : d'autres geais; mais l'Espagnol dit : *plumas de otras cornejas.*

Au reste, cette préface est, avons-nous dit, de l'année 1634, et l'imitation de Corneille n'arrive qu'en 1642; et Alarcon, probablement, ne connaissait même pas l'existence de Corneille.

La pièce espagnole est à la fois une comédie de caractère et une comédie d'intrigue assez compliquée, un imbroglio de galanterie. Corneille n'a gardé de l'intrigue que ce qui lui a paru indispensable; il a fait une réduction, comme pour le *Cid.* Ni le goût français extrêmement amoureux de la simplicité et de la clarté, ni les terribles règles des trois unités (qu'il viole un peu cependant) ne lui permettaient, sans doute, d'oser davantage. Il faut dire tout de suite et sans vouloir y insister, que le peu qu'il a conservé de l'intrigue espagnole ne produit pas une action suffisante : la pièce a beau changer plusieurs fois de lieu; elle piétine plutôt qu'elle ne marche. La plupart des défauts et des

---

[1] *Histoire des Littératures étrangères,* Espagne.

obscurités qu'on y remarque proviennent de cette réduction et de ce raccourci forcé. Dans la pièce espagnole, qui se déploie à l'aise, tout s'explique beaucoup mieux.

Il y a, d'ailleurs, dans l'une comme dans l'autre, des scènes de nuit, des méprises peu vraisemblables, qu'il serait trop long d'analyser. Mais quelques parties excellentes, un dialogue naturel et facile, l'imagination féconde et plaisante du Menteur, les récits bien faits, les descriptions brillantes où se joue sa fantaisie, l'élégance du style, l'agrément et la gaieté, assurèrent à la pièce française, comme à la pièce espagnole, un succès des plus vifs.

Je n'entreprendrai point le parallèle complet de l'une et de l'autre, cela nous entraînerait trop loin; quelques rapprochements suffiront.

Corneille fait son possible pour « dépayser le sujet et l'habiller à la française ». Chez Alarcon, la scène est à Madrid; chez notre poète, elle est à Paris. A Madrid, elle présente, selon les besoins de l'action, six tableaux divers; à Paris elle est, au premier acte, dans le jardin des Tuileries; aux actes suivants, à la Place Royale, d'abord dans la maison de Clarice, puis dans la Place elle-même. Vous n'avez pas oublié que la Place Royale, récemment bâtie, était alors le quartier à la mode; nous l'avons dit et expliqué à propos de la comédie de Corneille portant précisément ce titre: *la Place Royale*.

Voilà pour le lieu de la scène. — Quant à la durée de l'action, elle est à peu près de trente-six heures dans la pièce française : ici, par conséquent, comme dans *le Cid*, Corneille se soustrayait tout doucement au joug des fameuses unités, et en cela se montrait novateur autant qu'on le pouvait être alors.

Le héros d'Alarcon, le jeune Garcia, sort des écoles de Salamanque; dans Corneille, le jeune Dorante arrive de l'Université de Poitiers, où il vient de faire son droit. Il demande à son valet, Cliton, Parisien de vieille roche et qui n'a jamais quitté la grand'ville, de le mettre un peu au courant des habitudes, des usages, de la mode.

Car Paris, après tout, est bien loin de Poitiers.
Le climat différent veut une autre méthode ;
Ce qu'on admire ailleurs est ici hors de mode.
J'en voyais, là, beaucoup passer pour gens d'esprit,
Et faire encore état de Chimène et du Cid,
Estimer de tous deux la vertu sans seconde,
Qui passeraient ici pour gens de l'autre monde
Et se feraient siffler, si dans un entretien
Ils étaient si grossiers que d'en dire du bien !
Chez les provinciaux, on prend ce qu'on rencontre ;
Et là, faute de mieux, un sot passe à la montre ;
Mais il faut à Paris bien d'autres qualités :
On ne s'éblouit point de ces fausses clartés ;
Et tant d'honnêtes gens que l'on y voit ensemble
Font qu'on est mal reçu, si l'on ne leur ressemble.

Vous voyez, par le passage sur Chimène et le

Cid, que Corneille, en 1642, six années après la bataille, avait encore sur le cœur les persécutions et les injures que son chef-d'œuvre lui avait attirées. Paris cependant, contrairement à ce qu'on semble dire ici, avait accueilli *le Cid* avec un enthousiasme qui durait toujours. Sur qui donc tombe cette ironie ? Ce ne peut être que sur l'Académie française qui avait critiqué *le Cid* par ordre du Cardinal, et tenu la balance à peu près égale entre Corneille et Scudéry. Plus tard l'auteur du *Cid* supprima ce passage, sans doute quand il fut reçu à l'Académie, ou quand il songea à s'y présenter.

A la tirade de Dorante, destinée à faire plaisir aux Parisiens, Cliton réplique par une autre qui est faite pour ne pas mécontenter les provinciaux :

Connaissez mieux Paris, puisque vous en parlez.
Paris est un grand lieu plein de marchands mêlés :
L'effet n'y répond pas toujours à l'apparence ;
On s'y laisse duper autant qu'en lieu de France ;
Et, parmi tant d'esprits plus polis et meilleurs,
Il y croît des badauds autant et plus qu'ailleurs.
Dans la confusion que ce grand nombre apporte,
Il y vient de tous lieux des gens de toute sorte ;
Et dans toute la France il est fort peu d'endroits
Dont il n'ait le rebut aussi bien que le choix.
Comme on s'y connaît mal [1], chacun s'y fait de mise,
Et vaut communément autant comme il se prise ;
De bien pires que vous s'y font assez valoir...

---

1. C'est-à-dire, comme les gens se connaissent peu entre eux dans cette grande ville...

« De bien pires que vous », c'est-à-dire de moins élégants et de moins bien tournés; demi-plaisanterie, ou litote: Dorante est, au contraire, très bien tourné et très élégant. Son premier soin a été de se faire habiller de pied en cap au goût du jour. Aussi ne reste-t-il pas longtemps sans rencontrer une bonne fortune. Et voici comment l'action s'engage; c'est l'exposition même de la pièce: pendant qu'il cause avec Cliton, surviennent à l'entrée du jardin des Tuileries deux jeunes femmes, Clarice et Isabelle ; la première fait un faux pas et manque de tomber ; Dorante s'élance, lui présente la main pour la soutenir; la conversation s'engage: et, quoiqu'il la voye pour la première fois, il lui déclare qu'il l'aime depuis longtemps, et qu'il n'a quitté que pour elle les guerres d'Allemagne, où il se distinguait par sa vaillance et dont il lui fait de superbes descriptions. — Dans l'espagnol, Don Garcia dit qu'il arrive du Pérou, où il s'est fort enrichi, et se pose comme une sorte de nabab. Il vient pareillement de rencontrer les deux jeunes dames dans un lieu qui est le rendez-vous de la belle compagnie à Madrid, les Argenteries, *las Platerias*, ou la rue des Orfèvres. L'action débute de la même manière, ou à peu près : Doña Jacinta fait un faux pas et tombe (chez Corneille, elle manque seulement de tomber); le jeune Garcia saisit l'occasion de donner la main à la dame pour la relever, et aussitôt s'engage une conversation fort alambiquée, dans le goût espagnol du temps. Les métaphores castillanes sont des plus emphatiques. En voici un échantillon :

DON GARCIA

Souffrez, Señora, que cette main vous relève, si toutefois je suis digne d'être l'Atlas d'un ciel incomparable.

DOÑA JACINTA

Puisqu'il vous est donné d'y atteindre, vous devez être Atlas en effet.

DON GARCIA

Autre chose est d'y atteindre, autre chose de l'avoir mérité. Qu'ai-je gagné à toucher la beauté qui m'enflamme, si je n'ai obligation de cette faveur qu'au hasard, et non à votre volonté ? De cette main, il est vrai, j'ai pu toucher le ciel ; mais que m'en revient-il, si c'est parce que le ciel est tombé, et non parce que j'ai été élevé jusqu'à lui ?

DOÑA JACINTA

A quelle fin prend-on la peine de mériter ?

DON GARCIA

A fin de parvenir.

DOÑA JACINTA

Mais parvenir sans passer par les moyens, n'est-ce pas heureuse fortune ?

DON GARCIA

Sans doute !

DOÑA JACINTA

Pourquoi donc vous plaindre du bien qui vous est échu, si, n'ayant pas eu le mériter, vous n'en avez que plus de bonheur?

DON GARCIA

C'est que, les intentions étant ce qui donne leur signification aux actes, soit de faveur, soit de dommage, votre main touchée n'est pas une faveur pour moi, si vous l'avez souffert sans l'avoir voulu. Laissez-moi donc regretter qu'en ce bonheur qui m'est échu, j'aie rencontré la main sans le cœur, la faveur sans la volonté...

Etc.

La conversation que Corneille a calquée sur celle-là est un peu moins emphatique, mais presque aussi entortillée. — Acte I, scène 2.

Dorante est un esprit fantaisiste, une imagination gaie, qui se plaît à la fiction et ment pour le plaisir, au risque de se créer des embarras. Dès la première occasion, il vient de faire déjà deux bons mensonges. En voici d'autres, tout de suite après : lorsque les deux dames le quittent, — non sans que Clarice lui ait donné quelque encouragement, ce qui est peut-être un peu bien rapide, — il aperçoit venir deux de ses amis, qu'il n'a pas vus depuis longtemps; ils s'entretiennent d'une fête sur l'eau, donnée la nuit dernière à une dame, on ignore par qui; Dorante aussitôt prend la balle au bond, s'en attribue l'honneur, et sur-le-champ en improvise une description pleine de fantaisie et de grâce. Idée prise de l'espagnol, mais très joliment développée. C'est à la scène V du premier acte :

Comme à mes chers amis, je vous veux tout conter :
J'avais pris cinq bateaux pour mieux tout ajuster...
Etc.

Voilà l'agrément de cette comédie : il réside principalement dans l'imagination des détails, et parfois dans la poésie du style; il est dans l'esprit brillant, la verve élégante, le bien dire, la grâce, le tour. Car, pour le fond de la pièce, il est très mince, et, en vérité de peu d'intérêt : l'intrigue roule sur une méprise de nom, qui n'amène que des situations très froides.

La question morale du mensonge est laissée dans l'ombre à dessein pendant la plus grande partie de la pièce, comme n'étant pas propre à l'égayer : elle ne vient en lumière qu'à la fin, par la grande scène du père. Jusque-là, le valet Cliton fait bien quelques objections à Dorante sur ses menteries ; mais il est facile de voir que c'est seulement pour amener des effets comiques ou des répliques plaisantes, comme lorsque Dorante lui répond par ces vers pleins de relief où il lui expose le plaisir qu'il trouve à semer ainsi mille inventions qui déconcertent d'autres hâbleurs :

J'aime à braver ainsi les conteurs de nouvelles ;
Et, sitôt que j'en vois quelqu'un s'imaginer
Que ce qu'il veut m'apprendre a de quoi m'étonner,
Je le sers aussitôt d'un conte imaginaire,
Qui l'étonne lui-même et le force à se taire.
Si tu pouvais savoir quel plaisir on a lors
De leur faire rentrer leurs nouvelles au corps !

Cependant ce n'est encore là qu'un prétexte et un jeu d'esprit : Dorante, en effet, ne se borne pas à mystifier les conteurs de nouvelles ; c'est lui, au contraire, qui le plus souvent, sans provocation, en invente, et des plus extraordinaires, et c'est lui qui mériterait qu'on les lui fît rentrer au corps.

Voici en deux mots l'imbroglio, assez banal, de la pièce. Géronte, père de Dorante, a formé le dessein de lui faire épouser Clarice, que celui-ci ne connaît point. Dorante, qui l'a rencontrée par hasard comme on vient de le voir, mais qui croit qu'elle se nomme Lucrèce (tandis qu'il croit que Lucrèce se nomme Clarice), refuse le mariage proposé par son père, et, pour excuse, imagine de lui dire qu'il est marié. Il s'agit d'expliquer à l'improviste comment il a été amené brusquement à ce mariage, sans avoir eu le temps de l'en prévenir. C'est là le second morceau remarquable de la comédie, il se trouve à la scène V du deuxième acte (comme la fête sur l'eau à la scène V du premier). Il est trop long pour que nous puissions le lire ici ; je vous y renvoie. Ce récit, avec l'autre, fit et fera toujours le succès de la pièce. La grâce de la fantaisie et la précision des détails, dans ce conte que Dorante est censé inventer à l'instant même, la vivacité des descriptions qui met les choses sous les yeux, la fertilité, l'enjouement, le style, tout cela, si nouveau alors, et qui le paraît encore après deux cents ans, charma et enleva les spectateurs.

Le père, qui semble assez bonhomme pour le moment, mais qui se déploiera plus tard dans sa grandeur, se résigne au fait accompli de ce mariage contracté à son insu, et même exprime à son fils le désir de faire venir sa bru, le plus tôt possible, de Poitiers à Paris. Là-dessus, autre invention de Dorante à la minute : la jeune femme est dans une position intéressante et ne peut voyager ; son père, à elle, ne le permettrait point !...

J'ai laissé, en chemin, d'autres menteries. Alcippe, jaloux et croyant avoir pour rival Dorante après son récit de la fête sur l'eau, le provoque en duel. Heureusement un ami survient et, par un éclaircissement, les réconcilie ; ce qui n'empêche pas Dorante, un peu après, de raconter qu'il a tué Alcippe, dans ce duel qui n'a pas eu lieu ; ou du moins qu'il l'a laissé pour mort sur le terrain. Mais, Alcippe reparaissant au moment même, Cliton dit à son maître ce joli vers, souvent cité et en quelque sorte devenu proverbe :

Les gens que vous tuez se portent assez bien.

Ce sont vingt traits de cette sorte, ce style aisé, plaisant, gai, plein de grâce, et si bien assorti au personnage, qui ravirent Paris et la Cour. Et puis des maximes d'un tour heureux, comme celle-ci :

Tel donne à pleines mains, qui n'oblige personne ;
La façon de donner vaut mieux que ce qu'on donne.

Et cette autre, qui est la signification du titre de la pièce espagnole, *la Verdad sospechosa* :

DORANTE
Je disais vérité.

CLITON
Quand un menteur la dit,
En passant par sa bouche, elle perd son crédit.

A la fin tous les mensonges de Dorante, par leur nombre même, et par ses étourderies, ses manques de mémoire, ou autrement, se découvrent l'un après l'autre. Le père, indignement trompé pour sa part, et blessé d'avoir été ridiculement pris pour dupe par son fils, vient lui faire de graves reproches. Ici seulement apparaît l'intention morale de la pièce. Vous connaissez tous l'admirable scène où la comédie, sans forcer le ton, s'élève jusqu'à l'accent tragique, et où Géronte enfin, si bonhomme d'abord, parle comme ferait Don Diègue lui-même. C'est encore à Alarcon que Corneille est redevable de cette scène; mais, en la réduisant un peu et en la dégageant de quelques longueurs, il l'a rendue plus belle et plus éclatante. Vous trouverez peut-être intéressant de rapprocher et de comparer l'auteur espagnol et l'auteur français. Voici d'abord la scène d'Alarcon. Chez lui, le père se nomme Don Beltran.

DON BELTRAN
Êtes-vous gentilhomme, Garcia?

DON GARCIA
Je suis votre fils.

DON BELTRAN
Et suffit-il d'être mon fils pour être gentilhomme?

DON GARCIA
Je le pense, seigneur.

DON BELTRAN
Vous vous trompez. Celui-là seul est gentilhomme, qui agit en gentilhomme. Où est la source de la noblesse des grandes maisons? Dans les illustres actions de leurs chefs. Des hommes sans naissance, dont les actions furent grandes, ont illustré leurs héritiers. C'est la bonne ou la mauvaise conduite qui fait les mauvais et les bons. Est-ce vrai?

DON GARCIA
Que ce soient les grandes actions qui donnent la noblesse, je ne le nie pas; mais vous ne niez pas non plus que sans elles la naissance la donne aussi.

DON BELTRAN
Si celui qui est né sans illustration peut l'acquérir, n'est-il pas évident que celui qui la possédait de naissance peut la perdre?

DON GARCIA

Il est vrai.

DON BELTRAN

Donc, si vous commettez de honteuses actions, quoique vous soyez mon fils, vous cessez d'être gentilhomme ; si vos vices vous déshonorent publiquement, le blason paternel importe peu, les illustres aïeux ne servent de rien. Comment se fait-il que la renommée vienne apporter jusqu'à mes oreilles vos mensonges et vos fourberies qui faisaient scandale à Salamanque ? Quel gentilhomme ! et quel néant ! Noble ou vilain, si ce seul mot : « Vous en avez menti », déshonore un homme, que sera-ce donc de mentir réellement et de vivre sans honneur selon les lois humaines et sans avoir le droit de vous venger de celui qui vous dit ce mot ? D'ailleurs avez-vous l'épée assez longue et la poitrine assez dure pour pouvoir vous venger quand c'est toute une ville qui vous le dit ? Se peut-il qu'un homme ait des sentiments si bas que de devenir esclave de ce vice, sans plaisir et sans profit ? Le plaisir amorce les voluptueux ; le pouvoir de l'or subjugue les avares ; la gourmandise, les gloutons ; l'oisiveté et l'appât du gain, les joueurs ; la vengeance, l'homicide ; la gloriole et la présomption, le spadassin ; le besoin pousse le voleur ; tous les vices enfin portent avec eux plaisir ou profit ; mais que tire-t-on du mensonge, si ce n'est l'infamie ou le mépris ?

DON GARCIA

Qui dit que je mens a menti.

DON BELTRAN

Ceci encore est un mensonge. Vous ne savez démentir qu'en mentant.

On aura remarqué peut-être que ce lieu-commun de morale sur les avantages des autres vices, au contraire du mensonge qui n'a que des inconvénients, est joli sans doute en lui-même, mais un peu long pour la situation, qui ne semble guère permettre qu'on s'attarde en de telles excursions gnomiques. Aussi Corneille a-t-il eu bien raison de retrancher ces branches gourmandes. Alarcon est moraliste avec amour, on pourrait presque dire prédicateur de morale; pour un auteur dramatique c'est un excès. En revanche le dernier trait de ce dialogue a son prix, et ne se trouve pas dans Corneille.

Voyons maintenant comment celui-ci, en réduisant et serrant la scène, lui a donné plus de jet, de vigueur, par conséquent encore plus de beauté.

GÉRONTE

Êtes-vous gentilhomme?... (Acte V, scène III.)

Je dis donc que, si Alarcon a la gloire d'être le créateur de cette belle scène, Corneille l'a encore agrandie en la réduisant. J'ajoute que son vers alexandrin héroïque y convient mieux, ce semble, que le vers plus court et moins ample du poète espagnol.

Comme nous sommes dans une comédie, quelques a-parté du valet Cliton, pendant cette scène de haut vol, piquent çà et là des notes comiques, qui nous font toucher terre d'un pied, afin de maintenir l'harmonie générale de la composition.

A tout prendre, la pièce, il faut en convenir, est plus faible de construction dans Corneille que dans Alarcon. Mais, dans cette architecture peu solide, le poète français a appliqué de belles colonnes avec de riches chapiteaux ; il a encastré de beaux bas-reliefs artistement et finement fouillés ; de sorte que l'insuffisance du fond disparaît sous la richesse des détails, la nouveauté, l'entrain et la gaieté du style.

Ajoutez-y ce qu'on nomme aujourd'hui actualité, élément qui contribua au succès de cette pièce, comme de plusieurs autres que Corneille avait données auparavant. Les transformations de la capitale sous Louis XIII, les constructions nouvelles de la Place-Royale, de l'île Saint-Louis, du Pré-aux-Clercs, du Palais-Cardinal, célébrées en vers élégants, avec une sorte d'enthousiasme poétique ; le jardin des Tuileries, à la porte duquel ces dames descendent de carrosse, et où se fait leur rencontre imprévue avec Dorante, ainsi que ce faux pas, cet heureux faux pas, mais insuffisant au gré de Voltaire comme point de départ de la pièce entière ; les descriptions de ce Paris nouveau, et les décors, sans doute faits exprès ; tout cela formait un cadre et comme des intermèdes qui charmaient les spectateurs contemporains ; lorsque par exemple le père disait au fils :

Dorante, arrêtons-nous : le trop de promenade

Me mettrait hors d'haleine et me ferait malade..
Que l'ordre est rare et beau de ces grands bâtiments!

DORANTE

Paris semble à mes yeux un pays de romans
J'y croyais ce matin voir une île enchantée :
Je la laissai déserte et la trouve habitée;
Quelque Amphion nouveau, sans l'aide des maçons
En superbes palais a changé ses buissons.

GÉRONTE

Paris voit tous les jours de ces métamorphoses;
Dans tout le Pré-aux-Clercs tu verras mêmes choses;
Et l'univers entier ne peut rien voir d'égal
Aux superbes dehors du Palais-Cardinal :
Toute une ville entière avec pompe bâtie
Semble d'un vieux fossé[1] par miracle sortie,
Et nous fait présumer, à ses superbes toits,
Que tous ses habitants sont des dieux ou des rois.

S'il en faut croire l'auteur d'un recueil d'anecdotes, François de Neufchâteau, cette comédie du *Menteur* aurait été pour Molière une révélation. « Oui, mon cher Despréaux, disait Molière à Boileau, je dois beaucoup au *Menteur*. Lorsqu'il parut, j'avais bien l'envie d'écrire (Molière, né en 1622, avait 20 ans lors du *Menteur*), mais j'étais incertain

---

1. Ce vieux fossé était, je pense, celui du rempart qui bornait Paris du côté de la Butte des Moulins et du fond duquel en quelque sorte le Cardinal, ce *nouvel Amphion*, avait fait sortir l'hôtel Richelieu et ses dépendances. Nous avons connu encore la petite rue du Rempart, à l'endroit, en face le Théâtre Français, où commence aujourd'hui l'Avenue de l'Opéra, qui a fait disparaître la fameuse Butte, sur laquelle se trouvait la maison où est mort Corneille, rue d'Argenteuil.

de ce que j'écrirais ; mes idées étaient confuses : cet ouvrage vint les fixer. Le dialogue me fit voir comment causaient les honnêtes gens ; la grâce et l'esprit de Dorante m'apprirent qu'il fallait toujours choisir un héros de bon ton ; le sang-froid avec lequel il débite ses faussetés me montra comment il fallait établir un caractère ; la scène où il oublie lui-même le nom supposé qu'il a imaginé m'éclaira sur la bonne plaisanterie ; et celle où il est obligé de se battre par suite de ses mensonges, me prouva que toutes les comédies ont besoin d'un but moral. Enfin, sans *le Menteur*, j'aurais peut-être fait quelques pièces d'intrigue, *l'Étourdi*, *le Dépit amoureux*; mais peut-être n'aurais-je jamais fait *le Misanthrope*. » A quoi Despréaux aurait répondu : « Embrassez-moi, mon cher Molière, voilà un aveu qui vaut la meilleure comédie. »

Cette anecdote a bien la mine d'une broderie de fantaisie, comme celle qui nous montre Louis XIV faisant partager à Molière sa collation. Quoi qu'il en soit, sur ce mot : « J'aurais peut-être fait *l'Étourdi* », je remarquerai que précisément *l'Étourdi* est un menteur aussi, et un menteur qui, comme celui de Corneille, oublie le détail de ses mensonges et s'y embrouille. Toutefois, si l'on se rappelle que *le Menteur* est de 1642, et *l'Étourdi* de 1653, mais surtout que la première comédie de Molière qui ne soit pas une comédie d'intrigue, *les Précieuses ridicules*, arrive seulement en 1659, il serait très juste de reconnaître, comme Molière dans cette légende, que Corneille est véritablement le père du théâtre français, dans la comédie aussi bien que dans la tragédie, — et dans la tragi-comédie.

Deux ans après *le Menteur*, Corneille donna une nouvelle pièce, intitulée *la Suite du Menteur* (1644). Ces sortes de *suites* sont rarement heureuses. Celle-ci, dans la première moitié, promettait de l'être ; mais elle ne tint pas parole dans la seconde. C'est encore un imbroglio imité de l'Espagne, d'une action assez intéressante d'abord, mais qui languit ensuite. Ce défaut n'est pas suffisamment racheté par quelques jolis vers clair-semés, tels que ceux-ci. Mélisse, croyant avoir à se plaindre de Dorante, qu'elle aime, se hâte en même temps de l'excuser ; sur quoi Lise, sa suivante, fait cette réflexion :

> L'amour excuse tout dans un cœur enflammé,
> Et tout crime est léger dont l'auteur est aimé.

Elle conseille à sa maîtresse de demander à Dorante une explication ; Mélisse lui répond :

> Je possède son cœur, je ne veux rien de plus,
> Et je perdrais le temps en débats superflus.
> Quelquefois en amour trop de finesse abuse.
> S'excusera-t-il mieux que mon cœur ne l'excuse ?

Vers charmant, plein de tendresse et de grâce.
Il y a dans toute cette pièce, comme dans la précédente, un tour de dialogue aisé, un ton de

plaisanterie et de légèreté agréable ; mais, en somme, elle est des plus faibles; et c'est peut-être pour la faire passer, que l'auteur crut devoir la mettre en quelque sorte sous l'invocation de la précédente, en l'appelant *la Suite du Menteur*.

En 1750, le poète italien Goldoni imita *le Menteur* de Corneille, et ajouta plusieurs détails de son invention : entr'autres, deux choses assez amusantes. La première, c'est un homme qui, répétant bonnement comme vérités les contes que le Menteur lui a faits, est pris lui-même pour un affreux menteur, et injurié. La seconde, c'est un valet qui veut faire comme son maître, mentir aussi, et qui s'embrouille dans ses mensonges ridicules.

Ainsi, l'idée de cette pièce, après être venue d'Espagne en France, passa de France en Italie. D'autres occasions se présenteront d'étudier ces migrations d'idées entre les divers peuples.

En résumé, Corneille est fort redevable à Alarcon, mais non pas autant qu'à Guillem de Castro. La page immortelle de sa comédie, c'est l'apostrophe du père au fils, c'est ce lieu-commun sur la vraie noblesse, celle de l'âme et non du blason, thème souvent traité par les moralistes, par les poètes comiques, par Juvénal, par Boileau, par Molière, ici par Alarcon et par Corneille ; mais qui ne l'a jamais été avec plus de vigueur, plus de précision, ni plus d'éclat, que par celui-ci. C'est le coup de griffe du lion.

Au théâtre, il ne faut pas faire fi du lieu-commun. En général, c'est le lieu-commun qui saisit la foule, et par la foule il faut entendre tous les publics, aussi bien lettrés qu'illettrés. Que dit Polyeucte contre le paganisme ? Des lieux-communs. Que disent Cinna et Maxime, pour et contre la démocratie ? Des lieux-communs. Mais par le style ces lieux-communs deviennent resplendissants et éternels. L'éloquence et la poésie ne vivent bien souvent que de lieux-communs, autrement dit de vérités moyennes, qui flottent vaguement dans l'esprit de la foule et auxquelles le beau langage des orateurs et le style des poètes viennent donner la forme précise qui les tire au dehors et les révèle. Comme le coup de hache de Vulcain, selon la Fable, fit sortir du cerveau de Jupiter Pallas armée, étincelante, ainsi les grands poètes, à coups de style, font sortir de la tête du Peuple sa pensée revêtue d'une armure immortelle. Par cette sorte d'accouchement merveilleux, ils lui donnent des enfants plus beaux que lui, mais dans lesquels il se reconnaît.

HUITIÈME LEÇON

RETOUR DE CORNEILLE AUX VOIES MODERNES

DON SANCHE D'ARAGON, ETC

Vous avez vu comment Corneille, en France, fut le père de la comédie aussi bien que de la tragédie; comment en même temps il avait conçu l'idée de fondre ensemble l'un et l'autre genre sous le nom de tragi-comédie, c'est-à-dire de faire des pièces mixtes, analogues à ce qu'on nomme aujourd'hui le drame : d'abord *Clitandre*, ensuite *le Cid*. Vous avez vu aussi quelle émotion et quelle émeute, quel enthousiasme d'un côté, de l'autre quelle tempête de critiques, cette dernière pièce, si neuve, si hardie, souleva contre son auteur. Le pauvre grand homme plia sous l'orage, et, laissant de côté les sujets modernes, revint aux sujets anciens, se jeta dans les bras des Romains.

Il fit toutefois, comme on l'a dit avec esprit, une Rome un peu castillane. Et, la plupart du temps, sous le nom de Romains, c'était encore des Espagnols qu'il imitait : Sénèque et Lucain étaient de Cordoue. Chez l'un, il trouva le germe de *Cinna* ; chez l'autre, les éléments de *Pompée*.

Cependant les sujets modernes l'attiraient. *Polyeucte* est sur la limite de la société antique et du moyen âge. Puis Corneille revint à l'Espagne moderne par *Don Sanche d'Aragon*, qui est la reprise de la veine du *Cid*. Le Cardinal était mort, et quatorze années s'étaient écoulées depuis ce triomphe trop éclatant. Il y a aussi *Héraclius*, où l'Espagne à son tour revint à Corneille, en la personne de Calderon : nous expliquerons ce point. — Il y a encore, d'autre part, *Nicomède* qui est également une sorte de drame, où la familiarité et l'ironie se mêlent à la grandeur, dans ce genre mixte vers lequel l'instinct et le génie de Corneille le ramenaient toujours, et dont toujours les pédants l'écartaient.

C'est de ces trois pièces, *Héraclius*, *Don Sanche*, et *Nicomède*, et d'une ou deux autres encore, que je parlerai brièvement aujourd'hui.

Je dirai peu de chose d'*Héraclius*, tragédie curieuse cependant, qui contient des situations originales et de beaux vers, mais dont l'analyse serai pénible et obscure. Corneille lui-même avoue, avec une naïveté où l'on croit voir percer une sorte de contentement bizarre, que « ce poème est si embarrassé, qu'il demande une merveilleuse attention ».

Voltaire semble avoir cru, dans son *Commentaire sur Corneille*, que cette pièce était imitée de celle de Calderon qui a pour titre : « En cette vie tout est vérité et tout est mensonge. *En esta vida todo es verdad y todo mentira.* » Déjà on a réfuté l'erreur étrange de Voltaire au sujet du *Cid* de Diamante. Ceci est une nouvelle erreur, ou plutôt, pour dire le mot propre, une contre-vérité que notre très regretté maître et ami M. Viguier a également percée à jour dans une dissertation érudite et piquante, vrai modèle du genre, comme tous les écrits, trop rares, qui sont sortis de sa plume.

Sur les indications données par Corneille dans la préface d'*Héraclius*, ce critique si fin nous fait assister, pour ainsi dire, à l'embryogénie de la pièce, à la formation et au développement des diverses parties qui la composent. La conclusion à laquelle il arrive et qu'il a rendue absolument évidente, c'est que l'inventeur, cette fois, est bien réellement Corneille ; et l'imitateur, Calderon, qui a seulement ajouté à l'ouvrage toutes sortes de bizarreries, et nombre de complications nouvelles.

Il y en avait, cependant, déjà bien assez dans la tragédie de Corneille. Les situations, ai-je dit, sont originales ; oui, mais parfois bien difficiles à comprendre. C'est, je crois, à cette pièce de Corneille que Boileau fait allusion dans son *Art poétique*, lorsqu'il recommande au poète d'éviter un sujet trop compliqué

> Et qui, débrouillant mal une pénible intrigue,
> D'un divertissement nous fait une fatigue.

En effet, les vers et le style d'*Héraclius* se ressentent parfois de l'obscurité du sujet. Comme on demandait un jour à Corneille l'explication d'un certain passage dont les vers sont énigmatiques, « Tout ce dont je peux vous assurer, dit-il, c'est que, quand je les ai écrits, je les ai compris. » — Vous connaissez le mot attribué par plaisanterie à un autre grand poète dans une circonstance analogue: « Lorsque j'ai écrit ces vers, il n'y a que Dieu et moi qui les ayons compris. Aujourd'hui, il n'y a plus que Dieu. »

Après *Héraclius*, qui est de 1647, mentionnons seulement, en 1650, *Andromède*, tragédie à machines et à décors, espèce d'opéra-féerie, tiré des *Métamorphoses* d'Ovide. Je n'en marquerai que le commencement et la fin. L'indication donnée par l'auteur pour le prologue est en ces termes:

« L'ouverture du théâtre présente de front aux yeux des spectateurs une vaste montagne, dont les sommets inégaux, s'élevant les uns sur les autres, portent le faîte jusque dans les nues. Le pied de cette montagne est percé à jour par une grotte profonde qui laisse voir la mer en éloignement. Les deux côtés du théâtre sont occupés par une forêt d'arbres touffus et entrelacés les uns dans les autres. Sur un des sommets de la montagne, paraît Melpomène, la muse de la Tragédie, et, à l'opposite dans le ciel, on voit le Soleil s'avancer dans un char tout lumineux, tiré par les quatre chevaux qu'Ovide lui donne. »

A la fin de la pièce, on voyait monter au ciel les deux couples d'amants; et voici comment Corneille, dans son *Argument* ou sommaire, s'en explique, avec sa naïveté habituelle : « Nos globes célestes, où l'on marque pour constellations Céphée, Cassiope, Persée et Andromède, m'ont donné jour à les faire enlever tous quatre au ciel sur la fin de la pièce, pour y faire les noces de ces amants, comme si la terre n'en était pas digne. »

Les machines de la pièce avaient été faites par un italien nommé Torrelli. Ce spectacle eut un grand succès.

Andromède était un sujet d'opéra si heureux que, trente-deux ans après Corneille, Quinault le reprit, sous le titre de *Persée*, et ce fut Lulli qui en fit la musique. — N'oublions pas un autre opéra, ou comédie-ballet lyrique, *Psyché*, où Corneille eut pour collaborateurs Quinault et Molière.

Si je mentionne ces pièces en passant, c'est afin de ne pas vous laisser perdre de vue la variété du génie de Corneille, qui sans cesse mettait sur le théâtre des formes nouvelles : comédie, tragédie, tragi-comédie, opéra, pièces à machines, etc. Aujourd'hui bien des gens ne voient en lui qu'un auteur de tragédies ; mais le genre tragique n'est qu'un des aspects de ce fécond et infatigable poète qui créait sans cesse des moules nouveaux. Ainsi fera également Molière. C'est dans cette variété touffue qu'éclate la puissance du génie.

Venons à *Don Sanche d'Aragon*, qui est de 1651, quatorze ou quinze années après *le Cid*.

Le Cardinal étant mort en 1642, l'année du *Menteur*, Corneille se hasarda à rentrer dans les voies du drame mixte, à sujets modernes, et donna cette pièce : *Don Sanche d'Aragon*. Dans la préface, sous forme d'*Epître* « à Monsieur de Zuylichem, conseiller et secrétaire de Monseigneur le prince d'Orange », que fait-il ? En réalité, il ébauche la théorie du drame moderne ; mais avec combien de précautions et d'explications ! Il croit devoir se mettre encore à couvert sous l'exemple des anciens, même pour innover dans un genre absolument différent du leur :

« Monsieur,

» Voici un poème d'une espèce nouvelle, et qui n'a point d'exemple chez les anciens. Vous connaissez l'humeur de nos Français: ils aiment la nouveauté... »

Cependant il ajoute et fait voir, par des citations latines, que les Grecs et les Romains l'aimaient aussi. Puis il explique comment et pourquoi il n'a pu nommer sa pièce ni tragédie, ni comédie purement et simplement, ni tragi-comédie, appellation qu'il avait donnée au *Cid*. Quel nom prendre cependant, lorsque l'on croit devoir mêler le ton familier à l'héroïque et mettre en scène des personnages autres que les princes? N'est-il pas permis, après tout, d'en choisir de moins élevés? « Je ne comprends point, dit-il, ce qui défend de descendre plus bas, quand il se rencontre des actions qui le méritent, et je ne puis croire que l'hospitalité violée en la personne des filles de Scédase, qui n'était qu'un paysan de Leuctres[1], soit moins digne de la scène que l'assassinat d'Agamemnon par sa femme, ou la vengeance de cette mort par Oreste sur sa propre mère; quitte pour chausser le cothurne un peu plus bas:

Et tragicus plerumque dolet sermone pedestri.

» Et la tragédie elle-même, souvent, admet un langage plus terre-à-terre pour exprimer ses douleurs. »

Ici encore et pour la troisième fois dans cette épître, il se met à l'abri derrière l'*Art poétique* d'Horace, au moment même où il se hasarde de nouveau à prêcher pour l'innovation et la liberté. Puis il continue ainsi :

1. Allusion à une pièce d'Alexandre Hardy, intitulée *Scédase, ou l'Hospitalité violée.* Voir, sur ce poète, p. 265.

« Je dirai plus, Monsieur : la tragédie doit exciter de la pitié et de la crainte... Or n'est-il pas vrai que la crainte pourrait être excitée plus fortement par la vue des malheurs arrivés aux personnes de notre condition, à qui nous ressemblons tout à fait, que par l'image de ceux (des malheurs) qui font trébucher de leurs trônes les plus grands monarques, avec qui nous n'avons aucun rapport, qu'en tant que nous sommes susceptibles des passions qui les ont jetés dans le précipice ; ce qui ne se rencontre pas toujours. »

Bref, il a cru devoir, dit-il, nommer sa nouvelle pièce *Comédie héroïque,* et il explique encore très longuement pourquoi, — sollicitant l'approbation et de ce Hollandais, M. de Zuylichem, et, par lui, celle de son savant compatriote M. Heinsius, « un si grand homme », comme il l'appelle. Ce M. Heinsius (en hollandais Heinse) était un commentateur de la *Poétique* d'Aristote, et un des oracles du temps sur les règles de l'art dramatique. Il y a tout une dynastie des Heinsius, savants de père en fils.

Voilà, en abrégé, cette Épître-préface, très intéressante, très curieuse, qui nous donne la limite et l'alignement forcé du romantisme de Corneille. Il n'aurait pas mieux demandé, sans doute, que de se donner carrière, de suivre son instinct, de prendre l'essor, de déployer ses ailes, au lieu de rester entre les barreaux de toutes ces prétendues règles, cloîtré dans les compartiments des genres.

Mais on le trouvait déjà téméraire, insubordonné, révolutionnaire, à l'égard de toutes les autorités du temps. Un siècle après, Voltaire lui-même n'était-il pas encore du côté de celles-ci? Voltaire si libre d'esprit en tout le reste, mais élève des Jésuites et du père Porée pour la tragédie, tient pour les vieux genres bien distincts, tragédie d'un côté, comédie de l'autre ; côté du rire, côté des pleurs ; la vie humaine coupée en deux. Voici la note que, dans son *Commentaire*, si étroit, si mesquin, il croit devoir mettre à cette Épître-préface de *Don Sanche d'Aragon* :

« Ce genre purement romanesque, dénué de tout ce qui peut émouvoir (nous allons voir cela) et de tout ce qui fait l'âme de la tragédie, fut en vogue avant Corneille. *Don Bernard de Cabrera, Laure persécutée*, et plusieurs autres pièces, sont dans ce goût. C'est ce qu'on appelait comédie héroïque, genre mitoyen, qui peut avoir ses beautés... Ces espèces de comédies furent inventées par les Espagnols. Il y en a beaucoup dans Lope de Vega. Celle-ci est tirée d'une pièce espagnole intitulée : *El palacio confuso*, et du roman de *Pélage*. »

Corneille, qui ordinairement indique ses sources, n'a point indiqué celles-là. Il est probable, en tout cas, que *Don Sanche d'Aragon* est d'origine espagnole. C'est là que Corneille aime à revenir : la littérature espagnole est pour lui une mine inépuisable [1].

1. Un jour mademoiselle Rachel, me montrant une magnifique

Empruntée ou non à l'Espagne, cette pièce est bien espagnole en soi : elle respire la magnanimité et l'héroïsme ; en même temps elle est animée d'un souffle populaire, qui dès lors plaisait à la France. Malheureusement, il s'en faut de beaucoup qu'elle soit partout d'égale force. Il n'y a guère de bon que le premier et le cinquième acte ; le reste est languissant. Aussi avait-on essayé, au Théâtre-Français, il y a quelques années, de réduire la pièce en trois actes : entreprise un peu audacieuse, dont j'ignore le succès.

Ce drame commence de la manière la plus intéressante. La reine de Castille, Isabelle, pour contenter les vœux de son peuple, doit se marier. Elle va choisir, ce jour-là même, un époux. Les États, sur sa demande, lui ont désigné trois seigneurs, trois comtes, qui paraissent les plus dignes d'être distingués par elle ; mais elle s'est réservé le droit de choisir, soit un des trois, soit n'importe qui. Tous les trois, avertis de cette réserve, y ont consenti. Sur ces entrefaites, voici l'incident qui se produit, dès la troisième scène : un soldat de fortune, nommé Carlos, qui s'est distingué dans les guerres contre les Maures, entre dans la salle et va pour prendre place en même temps que les trois seigneurs. La fierté de ceux-ci s'en indigne ; mais.

édition de Corneille que lui avaient donnée les Marseillais, me disait : « Corneille, c'est mon sac ! plus j'y fouille, plus j'y trouve ! » Ce mot, Corneille lui-même eût pu le dire de la littérature espagnole.

la Reine, tenant compte de ce que Carlos s'est illustré par plusieurs exploits, comme un nouveau Cid, trouve bon qu'il prenne séance à côté d'eux. Voilà le canevas de la scène ; en voici le développement et la progression attachante :

« Ici, dit le texte, les trois Reines [1] prennent chacune un fauteuil ; et, après que les trois comtes et le reste des Grands qui sont présents se sont assis sur des bancs préparés exprès, Carlos, y voyant une place vide, s'y veut seoir, et don Manrique l'en empêche. »

DON MANRIQUE

Tout beau, tout beau, Carlos ! D'où vous vient cette
audace ?
Et quel titre en ce rang a pu vous établir ?

CARLOS

J'ai vu la place vide, et cru la bien remplir.

DON MANRIQUE

Un soldat bien remplir une place de comte ?

CARLOS

Seigneur, ce que je suis ne me fait point de honte.
Depuis plus de six ans il ne s'est fait combat
Qui ne m'ait bien acquis ce grand nom de soldat...
. . . .

On m'appelle soldat ; je fais gloire de l'être ;
Au feu Roi par trois fois je le fis bien paraître :
L'étendard de Castille, à ses yeux enlevé,

[1] Isabelle, reine de Castille ; Léonor, reine d'Aragon Elvire, princesse d'Aragon.

Des mains des ennemis par moi seul fut sauvé ;
Cette seule action rétablit la bataille,
Fit rechasser le Maure au pied de sa muraille,
Et, rendant le courage aux plus timides cœurs,
Rappela les vaincus, et défit les vainqueurs.
Ce même Roi me vit, dedans l'Andalousie,
Dégager sa personne en prodiguant ma vie,
Quand, tout percé de coups sur un monceau de morts,
Je lui fis si longtemps bouclier de mon corps
Qu'enfin, autour de lui ses troupes ralliées,
Celles qui l'enfermaient furent sacrifiées ;
Et le même escadron qui le vint secourir
Le ramena vainqueur, et moi prêt à mourir.
Je montai le premier sur les murs de Séville,
Et tins la brèche ouverte aux troupes de Castille.
Je ne vous parle point d'assez d'autres exploits,
Qui n'ont pas pour témoins eu les yeux de mes rois :
Tel me voit et m'entend, et me méprise encore,
Qui gémirait sans moi dans les prisons du Maure.

DON MANRIQUE

Nous parlez-vous, Carlos, pour Don Lope et pour moi ?

CARLOS

Je parle seulement de ce qu'a vu le Roi,
Seigneur ; et qui voudra parle à sa conscience. —
Voilà dont le feu Roi me promit récompense ;
Mais la mort le surprit comme il la résolvait.

La Reine confirme hautement le témoignage de Carlos : le Roi, dit-elle, s'il eût vécu, n'eût certes pas manqué d'acquitter cette dette ; elle la reprend pour son compte. Et c'est pourquoi elle invite Carlos à s'asseoir auprès des trois seigneurs.

Don Lope ose répliquer à la Reine qu'au moins faut-il que Carlos dise auparavant de qui il est fils. Pour lui, il ne conteste ni les services publics de ce soldat, ni les services privés qu'il a, ainsi que Don Manrique, reçus de sa vaillance ; mais enfin la vaillance ne suffit pas pour avoir droit de s'asseoir à cette place, si l'on n'est point de noble sang. Que Carlos nomme donc ses parents d'abord.

DON CARLOS

Seigneur, pour mes parents je nomme mes exploits :
Ma valeur est ma race, et mon bras est mon père.

DON LOPE

Vous le voyez, Madame, et la preuve en est claire,
Sans doute il n'est pas noble.

DONE ISABELLE

     Eh bien ! je l'anoblis,
Quelle que soit sa race et de qui qu'il soit fils !
Qu'on ne conteste plus.

DON MANRIQUE

    Encore un mot, de grâce !...

DONE ISABELLE

Don Manrique, à la fin c'est prendre trop d'audace :
Ne puis-je l'anoblir si vous n'y consentez ?

DON MANRIQUE

Oui ; mais ce rang n'est dû qu'aux hautes dignités :
Tout autre qu'un marquis ou comte le profane.

DONE ISABELLE, *à Carlos*

Eh bien ! seyez-vous donc, marquis de Santillane,
Comte de Peñafiel, gouverneur de Burgos. —
Don Manrique, est-ce assez pour faire seoir Carlos ?
Vous reste-t-il encor quelque scrupule en l'âme ?...

Il semble que l'auteur d'*Hernani* a eu quelque réminiscence, peut-être inconsciente, de ce mouvement, lorsque Charles-Quint, pardonnant à Hernani et lui donnant pour femme Doña Sol, dit à celle-ci :

Allons relevez-vous, duchesse de Segorbe,
Comtesse Albatera, marquise de Monroy...
    à Hernani :
Tes autres noms, Don Juan ?...

Sur les paroles de la reine Isabelle, Don Manrique et Don Lope se sont levés avec indignation au moment où Carlos s'est assis. Et même, Don Manrique, emporté par le dépit, va jusqu'à dire avec un ton d'amertume et de raillerie :

Achevez, achevez : faites-le roi, Madame.
Par ces marques d'honneur l'élever jusqu'à nous,
C'est moins nous l'égaler que l'approcher de vous :
Ce préambule adroit n'était pas sans mystère ;
Et ces nouveaux serments qu'il nous a fallu faire
Montraient bien dans votre âme un tel choix préparé.
Enfin vous le pouvez, et nous l'avons juré :
Je suis prêt d'obéir, et, loin d'y contredire,
Je laisse entre ses mains et vous et votre empire.
Je sors avant ce choix, non que j'en sois jaloux,
Mais de peur que mon front n'en rougisse pour vous.

DONE ISABELLE

Arrêtez, insolent ! Votre Reine pardonne
Ce qu'une indigne crainte imprudemment soupçonne,
Et, pour la démentir, veut bien vous assurer
Qu'au choix de ses États elle veut demeurer ;
Que vous tenez encor même rang dans son âme;
Qu'elle prend vos transports pour un excès de flamme ;
Et qu'au lieu d'en punir le zèle injurieux,
Sur un crime d'amour elle ferme les yeux.

Cette réplique de Done Isabelle n'est-elle pas jolie ? bien espagnole, et bien féminine ?

Mais voici encore de l'imprévu, et une progression saisissante. La reine Isabelle continue ainsi :

Soit que j'aime Carlos, soit que par simple estime
Je rende à ses vertus un honneur légitime,
Vous devez respecter, quels que soient mes desseins,
Ou le choix de mon cœur, ou l'œuvre de mes mains.
Je l'ai fait votre égal, et, quoiqu'on s'en mutine,
Sachez qu'à plus encor ma faveur le destine.
Je veux qu'aujourd'hui même il puisse plus que moi ·
J'en ai fait un marquis, je veux qu'il fasse un roi.
S'il a tant de valeur que vous-mêmes le dites,
Il sait quelle est la vôtre et connaît vos mérites,
Et jugera de vous avec plus de raison
Que moi qui n'en connais que la race et le nom.

à Carlos :

Marquis, prenez ma bague, et la donnez pour marque
Au plus digne des trois que j'en fasse un monarque.
Je vous laisse y penser tout ce reste du jour.
Rivaux ambitieux, faites-lui votre cour;

Qui me rapportera l'anneau que je lui donne
Recevra sur-le-champ ma main et ma couronne.

La Reine se retire. Les trois prétendants, restés en face de Carlos, lui demandent, avec une ironie de dépit, ce qu'il faut faire pour gagner ses bonnes grâces :

Vous êtes notre juge, il faut vous adoucir.

CARLOS, *hautain*.
Vous y pourriez peut-être assez mal réussir ;
Quittez ces contre-temps de froide raillerie.

DON MANRIQUE
Il n'en est pas saison, quand il faut qu'on vous prie.

CARLOS
Ne raillons ni prions, et demeurons amis...

Ici un nouveau coup de théâtre continue de développer avec éclat l'esprit chevaleresque de ce rôle. Carlos en effet poursuit ainsi :

Je sais ce que la Reine en mes mains a remis ;
J'en userai fort bien : vous n'avez rien à craindre ;
Et pas un de vous trois n'aura lieu de se plaindre.
Je n'entreprendrai point de juger entre vous
Qui mérite le mieux le nom de son époux ;
Je serais téméraire et m'en sens incapable ;
Et peut-être quelqu'un m'en tiendrait récusable.
Je m'en récuse donc, afin de vous donner
Un juge que sans honte on ne peut soupçonner ;
Ce sera votre épée et votre bras lui-même.

Comtes, de cet anneau dépend le diadème :
Il vaut bien un combat, vous avez tous du cœur
Et je le garde...

DON LOPE

A qui, Carlos ?

CARLOS

A mon vainqueur.
Qui pourra me l'ôter l'ira rendre à la Reine ;
Ce sera du plus digne une preuve certaine.
Prenez entre vous l'ordre et du temps et du lieu.
Je m'y rendrai sur l'heure, et vais l'attendre. Adieu.

Qu'on dise, si l'on veut, que c'est là une pièce d'un genre romanesque. Soit ! mais très théâtrale et très attachante assurément. Que nous font ces vaines distinctions de genre ?

Tous les genres sont bons, hors le genre ennuyeux.

Et celui-là, certes, ne l'est point. Quelle vive entrée en matière ! Quelle brillante attaque du sujet ! Puis quelle progression incessante ! Quelle série de coups surprenants ! On est saisi et enlevé. Romanesque, tant qu'on voudra ; mais grand et noble, brillant et généreux. Voltaire lui-même, du reste, en cet endroit, après bien des remarques injustes, est forcé d'admirer enfin et d'écrire cette ligne : « Cela est digne de la tragédie la plus sublime. » — Il est vrai qu'il essaye tout de suite après de se consoler de cet aveu en renvoyant la gloire de ces belles scènes à l'auteur espagnol, quel qu'il soit. « Dès qu'il s'agit de grandeur, dit-il, il y en a toujours dans les pièces espagnoles. Mais ces grands traits de lumière, qui percent l'ombre de temps en temps, ne suffisent pas ; il faut un grand intérêt : nulle langueur ne doit l'interrompre; les raisonnements politiques, les froids discours d'amour le glacent, et les pensées recherchées, les tours forcés, l'affaiblissent. » J'en demande bien pardon à Voltaire, mais dans quel passage de tout ce que nous avons vu jusqu'ici en cette pièce rencontre-t-on aucun des défauts qu'il signale ? S'ils se rencontrent dans d'autres œuvres de notre poète, à propos de quoi les rappelle-t-on ici, où jusqu'à présent tout n'est que grandeur.

C'est donc bien la reprise de la veine du *Cid*. Oui, mais, lors même qu'on se nomme Pierre Corneille, on ne fait *le Cid* qu'une fois. Il y a, dans de tels chefs-d'œuvre, autant de jeunesse et de bonheur que de génie. Corneille, lorsqu'il donna *le Cid*, avait trente ans; lorsqu'il donna *Don Sanche*, il en avait quarante-cinq; deux ans après, il allait donner *Pertharite*, dont la chute devait le frapper au cœur et le faire renoncer au théâtre une première fois. Au moment de *Don Sanche*, il n'était donc plus dans son printemps, il était dans son été; déjà même peut-être dans son été de la Saint-Martin. Il y a un temps où tout vient à nous, il y en a un autre où tout nous quitte et se retire. Corneille devait bientôt connaître celui-ci : à quarante-sept ans, pour se consoler de l'échec de *Pertharite* et faire pénitence, il allait se jeter dans la dévotion et se mettre à traduire en vers l'*Imitation de Jésus-Christ*. Il faut vous représenter tout cela à la fois. — Mais, pour l'instant, achevons en quelques mots l'analyse de *Don Sanche*, qui est, avec *Nicomède*, sur la limite des deux saisons de Corneille.

Don Alvar accepte le défi de Carlos ; les deux autres seigneurs refusent de croiser l'épée avec un aventurier dont la naissance est inconnue : si illustré que soit par sa bravoure ce soldat de fortune, après tout on ne sait d'où il sort.

Voilà le premier acte : charmant, vif, grandiose, bien coupé, bien posé, et des plus émouvants. Ah ! si la pièce continuait du même train dont elle commence, elle serait une des plus captivantes et des plus populaires du théâtre de Corneille. Mais il était bien difficile de se soutenir à cette hauteur. Nous devons aller jusqu'au cinquième acte retrouver un intérêt égal.

Au deuxième, on entrevoit que la Reine aime Carlos, peut-être sans se l'avouer à elle-même, mais sûrement sans vouloir laisser paraître cet amour ; et que, d'autre part, Done Elvire, princesse d'Aragon, l'aime aussi, — à peu près comme, dans *le Cid*, Chimène d'un côté, l'Infante de l'autre, aiment Rodrigue également. Et l'on pourrait appliquer à cette seconde situation comme à la première une observation morale de Napoléon. Assistant, sous le Consulat, à une représentation du *Cid* et s'apercevant qu'on avait supprimé le rôle de l'Infante, il en demanda la raison ; et, comme on lui répondit que le rôle avait été jugé inutile, « Tout au contraire ! s'écria-t-il, ce rôle est fort bien imaginé : Corneille a voulu nous donner la plus haute idée du mérite de son héros, et il est glorieux pour Rodrigue d'être aimé par la fille de son Roi en même temps que par Chimène. Rien ne relève ce jeune homme comme ces deux femmes qui se disputent son cœur. » On en peut dire autant ici de Carlos.

Toujours est-il que cet amour des deux princesses, à peine entrevu, est bien peu de chose pour remplir les trois actes du milieu. Il n'y a presque pas de nœud dans cette pièce : tout se réduit à différer le combat annoncé entre les prétendants. Il y a une seule petite péripétie, ménagée très économiquement pendant deux actes, de la manière suivante : à la fin du troisième, le bruit se répand que Don Sanche, prince d'Aragon, frère de Done Elvire, n'est pas mort, comme on l'avait cru, et qu'il est à Valladolid ; c'est le lieu où se passe la pièce. Pendant le quatrième acte, assez traînant comme les deux précédents, toutes les idées se portent sur Carlos : on pressent que c'est lui qui est Don Sanche. Il s'en défend, de bonne foi, mais sans dire de qui il est fils. Or il est, ou du moins se croit, fils d'un simple pêcheur, de chez qui il s'est enfui tout jeune, emporté par l'esprit d'aventure et la soif de la gloire, pour se faire soldat.

Au dernier acte, qui est très théâtral comme le premier, ce pêcheur le rencontre en public, le reconnait, l'embrasse devant la foule, en l'appelant son fils. La foule s'étonne, s'émeut : on prend le vieillard pour un imposteur qui veut se réclamer de l'illustre Carlos afin de profiter de son crédit, et on le fait jeter en prison, un peu vite, malgré ce que Carlos peut dire pour confirmer son témoignage. Alors Carlos vient réclamer hautement, devant la Reine et devant toute la Cour, ce père qu'on lui a enlevé. Il y a là des vers un peu montés de ton, mais de belles tirades à effet :

On me vole mon père, on le fait criminel !
On attache à son nom un opprobre éternel !
Je suis fils d'un pêcheur, mais non pas d'un infâme.
La bassesse du sang ne va pas jusqu'à l'âme ;
Et je renonce au nom de comte et de marquis
Avec bien plus d'honneur qu'aux sentiments de fils :
Rien n'en peut effacer le sacré caractère.
De grâce, commandez qu'on me rende mon père ;
Ce doit leur être assez de savoir qui je suis,
Sans m'accabler encor par de nouveaux ennuis.

Ce fils d'un pêcheur est une sorte de Gaspardo héroïque, d'un grand souffle et d'un flot inépuisable. Un peu après il reprend et poursuit ainsi :

Si ma naissance est basse, elle est du moins sans tache.
Puisque vous le savez, je veux bien qu'on la sache :
Sanche, fils d'un pêcheur, et non d'un imposteur,
De deux comtes jadis fut le libérateur ;
Sanche, fils d'un pêcheur, mettait naguère en peine
Deux illustres rivaux sur le choix de leur Reine ;
Sanche, fils d'un pêcheur, tient encore en sa main
De quoi faire bientôt tout l'heur du souverain [1] ;
Sanche enfin, malgré lui, dedans cette province,
Quoique fils d'un pêcheur, a passé pour un prince.
Voilà ce qu'a pu faire et qu'a fait à vos yeux
Un cœur que ravalait le nom de ses aïeux.
La gloire qui m'en reste, après cette disgrâce,
Éclate encore assez pour honorer ma race,
Et paraîtra plus grande à qui comprendra bien
Qu'à l'exemple du Ciel j'ai fait beaucoup de rien.

A l'exception de ce dernier vers, dont l'hyperbole excessive conviendrait mieux au capitan Matamore qu'à un vrai héros comme Carlos, tout ce qu'il dit a de la grandeur et est d'un effet brillant.

Le dénoûment est prévu : par des moyens quelconques, on reconnaît enfin que Carlos est réellement Don Sanche, fils de Fernand, roi d'Aragon, et qui a été substitué, dans son enfance, au fils de ce pêcheur. Aventure analogue à celle d'OEdipe et que, par conséquent, quoi que Voltaire ait voulu dire de ce genre de comédie héroïque et roma-

1. La bague de la Reine.

nesque, le genre tragique admet aussi. Corneille, si désireux de s'abriter toujours sous les exemples des anciens au moment même où il rentrait dans les voies modernes, aurait pu ajouter à son *Épître* apologétique ce rapprochement-là, s'il y avait songé.

Bref, rien ne s'oppose plus à ce que le fils du roi d'Aragon épouse la reine de Castille. Et ce mariage réunit la couronne de Castille à celle d'Aragon, — comme, à la fin du *Richard III* de Shakspeare, la Rose blanche s'alliant à la Rose rouge réunit York et Lancastre.

En résumé, il n'y a vraiment, dans ce drame, que le premier et le cinquième acte; mais ces deux-là éblouissent et séduisent. L'action, dans les autres, est trop insuffisante, et le style laisse parfois à désirer. Çà et là, cependant, on rencontre encore des vers frappés à la bonne marque et qui sont bien du vrai Corneille; ceux-ci, par exemple, que prononce la reine Isabelle :

J'ai fait Carlos marquis, et comte, et gouverneur :
Il doit à ses jaloux tous ces titres d'honneur;
M'en voulant faire avare, ils m'en faisaient prodigue,
Ce torrent grossissait, rencontrant cette digue;
C'était plus les punir, que le favoriser.

Ou bien encore les vers suivants :

Lorsque le déshonneur souille l'obéissance,
Les rois peuvent douter de leur toute-puissance;

Qui la hasarde alors n'en sait pas bien user,
Et qui veut pouvoir tout ne doit pas tout oser.

C'est ainsi que, même dans les œuvres inégales, Corneille se reconnaît toujours.

Une autre pièce qui appartient encore à ce genre mixte et demi-romantique, c'est *Nicomède*, représenté en 1652, drame dans lequel la politique domine un peu trop, mais qui, par le caractère brillant du personnage principal, a un charme particulier. Ce rôle de Nicomède était un de ceux que Molière se plaisait à jouer. Talma, à son tour, l'avait pris également en affection, à cause du mélange de familier et d'héroïque, d'ironie et de grandeur.

Corneille, au commencement de sa préface, laisse percer son contentement de la physionomie originale de cet ouvrage : « Voici, dit-il, une pièce d'une constitution assez extraordinaire. Aussi est-ce la vingt-et-unième que j'ai fait voir sur le théâtre : et, après y avoir fait réciter quarante mille vers, il est bien mal aisé de trouver quelque chose de nouveau sans s'écarter un peu du grand chemin, et se mettre au hasard de s'égarer. La tendresse et les passions, qui doivent être l'âme des tragédies, n'ont aucune part en celle-ci ; la grandeur de courage y règne seule, et regarde son malheur d'un œil si dédaigneux, qu'il n'en saurait arracher une plainte. Elle y est combattue par la politique, et n'oppose à ses artifices qu'une prudence généreuse, qui marche à visage découvert, qui prévoit le péril sans s'émouvoir, et ne veut point d'autre appui que celui de sa vertu, et de l'amour qu'elle imprime dans les cœurs de tous les peuples... »

Et, dans l'*Examen* de sa pièce, l'auteur dit encore avec une naïveté agréable : « Je ne veux point dissimuler que cette pièce est une de celles pour qui j'ai le plus d'amitié. »

Cela n'empêche pas qu'à tout prendre elle ne paraisse aujourd'hui un peu froide. Mais elle présente, parmi les personnages, deux caractères des plus intéressants : d'abord ce Nicomède, fils aîné du roi de Bithynie, Prusias ; puis Laodice, reine d'Arménie, aimée de ce jeune héros. Il se trouve que Nicomède a été élevé par Annibal, et est animé de son esprit. A ce caractère franc et noble le poète oppose celui d'un frère du second lit, Attale, qui a été élevé par les Romains et qui est asservi à leur politique, comme son père Prusias.

Remarquons à ce propos, qu'on rencontre dans le théâtre de Corneille deux sortes de vieillards : d'une part, les vieillards héroïques et sublimes, comme Don Diègue, ou le vieil Horace ; d'autre part, ceux qui sont tout le contraire, tels que le préfet ou gouverneur romain Félix, dans *Polyeucte*, et Prusias, dans la pièce dont nous parlons ici. L'un, Félix, est, pour dire le mot, un vieux misérable; l'autre, Prusias, est, pour dire encore la chose vraie, un vieil imbécile et un vieux poltron, qui a toujours peur que les hardiesses généreuses ou les ironies perçantes de son fils Nicomède ne lui suscitent des embarras avec les Romains, patrons de son autre fils Attale. Prusias se peint lui-même dans ce vers devenu célèbre :

Ah ! ne me brouillez pas avec la République.

Autrefois les ultra-classiques, entichés d'idées bizarres ou exagérées au sujet de la dignité et de la noblesse du style, critiquaient ce vers et cette expression, — indignes, selon eux, de la tragédie. Ils ne comprenaient pas ou ne voulaient pas admettre ce que Corneille, lui, concevait et sentait si bien, et se proposait de réaliser ; à savoir: la peinture de la vie humaine en sa complexité, en ses divers aspects, tantôt élevés, tantôt bas, au moyen de ces sortes de drames mixtes, familiers et héroïques, et aussi de ces expressions prises de la langue populaire ou bourgeoise, qui parfois surprennent, mais qui n'en sont pas moins justes et vraies. Les uns et les autres sont des manifestations de ce que je nomme son romantisme, qui va parfois même jusqu'au réalisme, notamment dans ces deux personnages si peu nobles et si tragi-comiques, le vieux Félix, un préfet de l'Empire, et le vieux Prusias, un roi valet.

Nous sommes bien forcés, dans la vie, de supporter les gens plats et lâches ; pourquoi donc ne les supporterait-on pas sur le théâtre ? Mais mettre sur la scène un roi comme Prusias en plein dix-septième siècle, cela pouvait sembler un peu irrévérent envers la monarchie. Et c'est encore un point par où Corneille devait paraître téméraire. Cela était en effet plus risqué que son gentil petit roi du *Cid*, si effacé, quoique galant homme et ne manquant pas d'esprit. C'était pis qu'un roi parricide et incestueux comme Œdipe, transmis d'ailleurs de la légende antique, et par là hors de la réalité. Celui-ci, Prusias, n'est que trop réel : sorte de vieux Cassandre tragique, ou, si vous voulez, d'Argant, venu vingt-trois ans avant celui de Molière, et mené par sa seconde femme Arsinoé comme le Malade imaginaire par Béline. — Cette marâtre, Arsinoé, déteste Nicomède, le fils du premier lit, et s'ingénie à le perdre. Je n'entrerai pas dans l'analyse du drame ; j'en citerai seulement quelques détails.

Au commencement de la pièce, Nicomède forme une ligue avec Laodice : pleins de sympathie l'un pour l'autre, ils veulent se protéger mutuellement contre les dangers de cette Cour pleine d'embûches. Aussitôt après, Laodice se trouve aux prises avec Attale : un dialogue bizarre, de galanterie ironique, s'engage entre eux. On y rencontre quelques vers assez ridicules. Attale offre son cœur à Laodice, et celle-ci lui répond :

Pour garder votre cœur, je n'ai pas où le mettre;
La place est occupée.

Mais la scène se relève bientôt après, par une discussion assez belle entre Nicomède et son frère Attale, qui ne le connaît pas, ayant été élevé à Rome dès quatre ans.

Attale, qu'en ôtage ont nourri les Romains,
Ou plutôt qu'en esclave ont façonné leurs mains,
Sans lui rien mettre au cœur qu'une crainte servile
Qui tremble à voir une aigle et respecte un édile !

Dans cette pièce, comme dans plusieurs autres, Corneille se plaît, un peu naïvement, à faire étalage d'une politique qu'il croit machiavélique. Né sous Henri IV, il avait pu connaître les derniers témoins et acteurs des guerres civiles et religieuses du seizième siècle, et s'entretenir quelquefois avec ces hommes, seuls survivants d'une génération batailleuse en théologie comme en politique, dont il transporta au théâtre la subtilité avec l'énergie et la flamme. Le public aussi conservait encore les impressions de la politique italienne et des mystères de la diplomatie espagnole, comme de quelque science occulte. Et puis cette pièce arrivait à l'époque de la Fronde, et l'on y découvrait des allusions tantôt malicieuses, tantôt généreuses, qui soulevaient des applaudissements. Tout cela aujourd'hui n'existe plus pour nous. La lanterne magique est éteinte.

LE ROMANTISME DES CLASSIQUES 251

Il y a cependant une scène politique don quelques passages ne manquent pas, encore à présent, d'intérêt : c'est celle où le roi Prusias fait confidence à Araspe, son capitaine des gardes, de l'inquiétude que lui inspire son fils Nicomède, devenu si populaire par ses victoires ; scène très dramatique, dans laquelle le confident, par une maligne admiration de Nicomède, verse de l'huile sur le feu et aggrave les défiances du Roi en faisant mine de les dissiper. — Il y aurait lieu de rapprocher cette perfidie de celle d'Iago à l'égard d'Othello, et de celle de Narcisse à l'égard de Néron, lorsque vous en aurez le loisir. — Voici un passage seulement du dialogue entre Prusias et Araspe :

PRUSIAS

Te le dirai-je, Araspe ? il m'a trop bien servi ;
Augmentant mon pouvoir, il me l'a tout ravi :
Il n'est plus mon sujet qu'autant qu'il le veut être ;
Et, qui me fait régner, en effet est mon maître.
Pour paraître à mes yeux son mérite est trop grand :
On n'aime point à voir ceux à qui on doit tant.
Tout ce qu'il a fait parle, au moment qu'il m'approche,
Et sa seule présence est un secret reproche :
Elle me dit toujours qu'il m'a fait trois fois roi,
Que je tiens plus de lui qu'il ne tiendra de moi ;
Et que, si je lui laisse un jour une couronne,
Ma tête en porte trois que sa valeur me donne.
J'en rougis dans mon âme ; et ma confusion,
Qui renouvelle et croît à chaque occasion,
Sans cesse offre à mes yeux cette vue importune
Que, qui m'en donne trois, peut bien m'en ôter une ;

Qu'il n'a qu'à l'entreprendre et peut tout ce qu'il veut.
Juge, Araspe, où j'en suis, s'il veut tout ce qu'il peut.

ARASPE

Pour tout autre que lui je sais comme s'explique
La règle de la vraie et saine politique :
Aussitôt qu'un sujet s'est rendu trop puissant,
Encor qu'il soit sans crime, il n'est pas innocent ;
On n'attend point alors qu'il s'ose tout permettre,
C'est un crime d'État que d'en pouvoir commettre...

La conclusion, assez transparente, c'est qu'il faut se défaire de Nicomède, puisqu'il est devenu dangereux. Quoique le cauteleux Araspe, dans son exorde, ait eu soin de dire que ses paroles ne s'appliquent pas au prince, on sent bien que c'est là une forme oratoire, et que cette précaution même, de le dire, indique précisément tout le contraire. Heureusement à l'heure où, par suite de ces machinations perfides, Nicomède paraît perdu, il est sauvé par un soulèvement du peuple qui se déclare pour lui.

Voilà, en gros, l'action assez faible et le dénouement un peu romanesque de la pièce. Mais tout cela paraissait vraisemblable alors, à cause des événements contemporains. Lorsque, pendant la Fronde, le prince de Condé et son frère avaient été arrêtés, le peuple avait fait des feux de joie ; puis, lorsqu'ils furent mis en liberté et rentrèrent dans Paris, ce même peuple les reçut comme en triomphe et les accompagna de ses acclamations. Ces circonstances et d'autres nous expliquent comment le public du temps se porta en foule aux représentations de *Nicomède*, y trouvant des allusions auxquelles l'auteur n'avait pas songé. Et puis le rôle brillant du héros, ce mélange de générosité et d'ironie, charmait les cœurs.

Ce drame fut le dernier grand succès de Corneille; il est le dernier exemple remarquable de ce genre mixte que nous étudions dans son théâtre. Il n'est pas cependant sa dernière tentative en cette voie.

Toujours attiré vers les sujets plus modernes, le grand poète, malheureusement sur son déclin, avait conçu l'idée de mettre aux prises trois mondes : l'empire romain, l'invasion barbare et le royaume de France naissant. S'il eût donné pour corps à cette idée une action intéressante, il eût rencontré un nouveau succès, au lieu d'une chute. Mais la fable ni l'exécution d'*Attila, roi des Huns,* ne répondirent au dessein grandiose. L'œuvre sombra. Elle n'a que des détails brillants. — La préface en est bien curieuse; elle débute ainsi :

« Le nom d'Attila est assez connu; mais tout le monde n'en connaît pas tout le caractère. Il était plus homme de tête que de main, tâchait à diviser ses ennemis, ravageait les peuples indéfendus, pour donner de la terreur aux autres et tirer tribut de leur épouvante, et s'était fait un tel empire

sur les rois qui l'accompagnaient, que, quand même
il leur eût commandé des parricides, ils n'eussent
osé lui désobéir. Il est malaisé de savoir quelle était
sa religion : le surnom de *Fléau de Dieu,* qu'il prenait lui-même, montre qu'il n'en croyait pas plusieurs
(dieux). Je l'estimerais Arien[1], comme les Ostrogoths
et les Gépides de son armée, n'était la pluralité
des femmes, que je lui ai retranchée ici. Il croyait
fort aux devins, et c'était peut-être tout ce qu'il
croyait. Il envoya demander par deux fois à l'empereur Valentinien sa sœur Honorie avec de grandes
menaces, et, en l'attendant, il épousa Ildione, dont
tous les historiens marquent la beauté, sans parler
de sa naissance. C'est ce qui m'a enhardi à la faire
sœur d'un de nos premiers rois, afin d'opposer la
France naissante au déclin de l'Empire [2]. Il est
constant qu'il mourut la première nuit de son
mariage avec elle. Marcellin dit qu'elle le tua elle-
même, et je lui en ai voulu donner l'idée, quoique
sans effet. Tous les autres rapportent qu'il avait
accoutumé de saigner du nez, et que les vapeurs
du vin et des viandes dont il se chargea fermèrent le
passage à ce sang qui, après l'avoir étouffé, sortit
avec violence par tous les conduits. Je les ai suivis
sur la manière de sa mort, mais j'ai cru plus à

1. « Les Ariens ne disaient pas précisément que Jésus-Christ
ne fût qu'un homme, quoiqu'on pût pousser leur doctrine à
cette conséquence. » E. Havet, Pascal, XXIV, 12.

2. Un grand destin commence, un grand destin s'achève.

propos d'en attribuer la cause à un excès de colère qu'à un excès d'intempérance. » Etc.

Corneille, sur ce saignement de nez, qui ne semble pas un thème bien tragique, s'en donne à cœur-joie. Il y revient à plusieurs reprises dans sa pièce, et s'évertue à ce sujet en périphrases poétiques assez bizarres ; par exemple, au commencement du second acte, Flavie, « dame d'honneur d'Honorie » (ce rôle était joué par Mademoiselle Molière, — Armande Béjard, femme de Molière) — dit à la princesse qu'Attila a tué son frère aîné Vléda, et ajoute :

Le sang qu'après avoir mis ce prince au tombeau
On lui voit chaque jour distiller du cerveau
Punit son parricide[1], et, chaque jour, vient faire
Un tribut étonnant à celui de ce frère :
Suivant même qu'il a plus ou moins de courroux,
Ce sang forme un supplice ou plus rude ou plus doux,
S'ouvre une plus féconde ou plus stérile veine ;
Et chaque emportement porte avec lui sa peine.

Ces vers préparent le dénouement de la pièce. En effet, au moment où Honorie excite Octar, « capitaine des gardes d'Attila », à le tuer :

Si tu veux vivre encor, va, cherche du courage !
Tu vois ce qu'à toute heure il immole à sa rage ;
Et ta vertu, qui craint de trop paraître au jour,
Attend, les bras croisés, qu'il t'immole à ton tour ?

1. *Fratricide* n'existait pas encore, et *parricide* était générique.

Fais périr, ou péris ; préviens, lâche, ou succombe ;
Venge toute la terre, ou grossis l'hécatombe !

beaux vers, dignes de l'auteur du *Cid*, — à ce moment, dis-je, un des princes vassaux d'Attila, Valamir, roi des Ostrogoths, vient annoncer sa mort :

Notre tyran n'est plus.

HONORIE
Il est mort ?

VALAMIR
Écoutez
Comme enfin l'ont puni ses propres cruautés,
Et comme heureusement le Ciel vient de souscrire
A ce que nos malheurs vous ont fait lui prédire.
A peine sortions-nous pleins de trouble et d'horreur,
Qu'Attila recommence à saigner de fureur,
Mais avec abondance ; et le sang qui bouillonne
Forme un si gros torrent, que lui-même il s'étonne.
Tout surpris qu'il en est, « S'il ne veut s'arrêter,
Dit-il, on me paîra ce qu'il m'en va coûter ! »
Il demeure à ces mots sans parole, sans force ;
Tous ses sens d'avec lui font un soudain divorce :
Sa gorge enfle et du sang dont le cours s'épaissit
Le passage se ferme ou du moins s'étrécit.
De ce sang renfermé la vapeur en furie
Semble avoir étouffé sa colère et sa vie...

Le récit de cette agonie dure vingt-six vers encore, dont voici seulement les quatre derniers :

Ce n'est plus qu'en sanglots qu'il dit ce qu'il croit dire ;
Il frissonne, il chancelle, il trébuche, il expire ;
Et sa fureur dernière, épuisant tant d'horreurs,
Venge enfin l'univers de toutes ses fureurs.

La pièce est vraiment ennuyeuse. Il y a seulement çà et là quelques lambeaux de pourpre Cornélienne, quelques brillants passages, comme celui où Attila se glorifie d'être l'instrument de la colère céleste :

Ce Dieu dont vous parlez, de temps en temps sévère,
Ne s'arme pas toujours de toute sa colère;
Mais, quand à sa fureur il livre l'univers,
Elle a, pour chaque temps, des déluges divers :
Jadis, de toutes parts faisant regorger l'onde,
Sous un déluge d'eaux il abyma le monde;
Sa main tient en réserve un déluge de feux
Pour le dernier moment de nos derniers neveux [1];
Et mon bras, dont il fait aujourd'hui son tonnerre,
D'un déluge de sang couvre pour lui la terre.

Le poète ingénu n'était sans doute pas mécontent de ces trois déluges, d'eau, de feu et de sang, mis en regard.

Attila parut en 1667, la même année que l'*Andromaque* de Racine : Corneille baissait, Racine montait. Mais, si Corneille ne lui eût frayé les voies, Racine se fût-il élevé si haut? Pour grand qu'il soit, il n'effacera jamais l'auteur du *Cid*. Disons donc avec madame de Sévigné : « Vive notre vieux Corneille ! »

1. *Dies iræ, die illa
Solvet sæclum in favilla,
Teste David cum Sibylla.*

La science, il est vrai, dit tout le contraire : le monde c'est-à-dire notre planète, périra, comme les autres, par le refroidissement, par l'extinction du feu central.

En résumé, chacune, ou peu s'en faut, des œuvres de ce grand poète est conçue dans un système différent ; on ne peut assez admirer la variété et la fécondité de son génie : il semble qu'après s'être servi une fois d'un moule dramatique, il le brise, et en crée un autre, cherchant toujours ce qui est le plus propre à charmer, émouvoir, élever ses contemporains, — ce qui est, selon la définition de Stendhal, l'essence même du romantisme.

Mais, quelles que soient cette variété et cette fécondité, combien eussent-elles été plus grandes encore si, au lieu d'être gênées par des règles arbitraires et par un système dramatique étroit et abstrait, elles eussent pu se déployer en toute liberté ! Nous avons vu comment les indignes persécutions soulevées par le succès du *Cid* firent que Corneille douta de lui-même, rebroussa chemin, quitta la voie moderne du drame tragi-comique ; comment son romantisme s'effaroucha d'abord, se tempéra ensuite, au lieu de se développer et de pousser toutes ses branches. Sans cette misérable critique, suscitée par la jalousie du Cardinal et des poètes rivaux, Corneille eût suivi cette veine, au lieu de la quitter tout à coup, pour la reprendre quinze ans plus tard. Et alors combien son théâtre, le théâtre français tout entier, eussent été différents, plus appropriés à notre nation, plus sympathiques à nos mœurs, à nos sentiments, que les sujets grecs et romains !

Certes, Corneille et Racine ont su encore, tout en étant gênés par tant d'entraves, produire des œuvres admirables. Mais que n'eussent-ils pas fait l'un et l'autre, s'ils avaient été libres comme Shakspeare ou Guillem de Castro? Assurément le génie et le goût français n'eussent toujours pas été les mêmes que le génie anglais ou le génie espagnol; mais, précisément en restant français, notre théâtre aurait eu ses éclosions et ses floraisons naturelles; il eût porté ses propres fruits; il eût été tout à fait neuf, au lieu de ne l'être qu'au second degré, ou au troisième, timidement, et seulement dans les limites autorisées par l'abbé d'Aubignac, ou par M. Heinsius, « un si grand homme », ou par Aristote, plus ou moins faussé et rétréci.

En un mot, notre xviie siècle aurait eu son Shakspeare; mais un Shakspeare français, travaillant pour un public français, un poète plus libre, plus hardi, plus moderne, héroïque et populaire à la fois, comme on l'entrevoit dans *Don Sanche*; idéal et national, comme on le devine dans *Nicomède* sous des noms romains; Corneille eût tenté dès lors et réalisé avec génie ce que Voltaire tenta plus tard, mais seulement avec esprit, avec adresse, et sans le grand souffle héroïque; il eût conçu et composé, il eût animé de son âme française et normande des drames tragicomiques, tirés de notre histoire; il les eût traités largement, avec l'heureux mélange du familier et du sublime, du sourire et des pleurs. Le grand arbre eût poussé sans gêne et sans contrainte ses racines dans notre sol et sa tête dans notre ciel. Les destinées de notre théâtre, de notre poésie tout entière, du génie français lui-même, eussent été changées.

NEUVIÈME LEÇON

ROTROU.

SAINT GENEST.

Parmi les cinq poètes du Cardinal, il y avait trois médiocrités, Bois-Robert, Guillaume Colletet, l'Estoile, et deux jeunes gens de génie, Corneille et Rotrou. Une vive sympathie unissait ces deux nobles cœurs. Dans la grande lutte soulevée par *le Cid*, Rotrou soutint Corneille de son admiration. Et, même lorsque celui-ci parut céder à la tempête, Rotrou resta fidèle à la tragi-comédie qui, à peu près comme le drame de nos jours, représentait la vie humaine dans sa complexité, dans ses alternatives et dans ses contrastes, mêlait ensemble discrètement l'élément tragique et l'élément comique; ou, les faisant succéder l'un à l'autre, en tirait, par ces oppositions, des effets d'autant plus puissants.

En dépit de toutes les théories, la pratique a démontré que ce mélange est nécessaire toutes les fois que l'œuvre dramatique s'adresse à un public nombreux : il faut que le comique, de temps en temps, nous délasse du pathétique. De même pour les changements de lieux et de décors : « le spectateur, en voyant la scène transformée, aime à sentir sa curiosité rafraîchie transportée sur un nouveau champ d'action » [1].

Voilà le drame, tel que l'a fait Guillem de Castro, tel que l'a fait Shakspeare, tel que Victor Hugo l'a exposé dans sa préface de *Cromwell*. La tragi-comédie du dix-septième siècle n'allait pas tout à fait si loin : elle se contentait de mêler ou de faire alterner, dans une intrigue souvent romanesque, les touches familières avec les poussées héroïques. C'est ce qu'avait fait l'auteur du *Cid*, lorsqu'on l'arrêta si malheureusement, et ce que Rotrou continua de faire, avec une grande liberté.

Quoique ni Rotrou, ni Corneille, ni Racine n'aient connu Shakspeare, — qui cependant à cette époque avait déjà produit tous ses chefs-d'œuvre (mais les communications avec l'Angleterre n'étaient pas alors aussi faciles qu'aujourd'hui), — on peut dire que le théâtre de Rotrou a quelque chose de Shakspearien, du moins dans la mesure que comportait l'esprit français. C'est ce que je

1. Viguier.

vais tâcher de mettre en lumière le plus simplement possible, en étudiant la pièce de *Saint Genest*.

On lit, dans les Vies des Saints, la légende suivante, concernant un certain *Ginesius*, nom que l'on a traduit en français Genès ou Genest. C'est un célèbre comédien. Un jour, il représente avec ses camarades devant l'empereur Dioclétien une pièce où il joue le personnage d'un nouveau converti. Il feint d'être malade, se couche au milieu du théâtre, et demande à être baptisé : « Allons, mes amis, je me sens lourd, je veux devenir léger. — Comment te ferons-nous léger, si tu es lourd? lui répondent ses camarades. Sommes-nous des menuisiers et devons-nous te mettre sous le rabot? » Cette plaisanterie provoque le rire des assistants. — « Insensés, leur dit alors Genès, je désire mourir chrétien. » On appelle un prêtre; les cérémonies du culte des chrétiens s'accomplissent sur la scène, comme c'était alors l'usage, dit la légende, pour railler la religion nouvelle. Genès se présente habillé de vêtements blancs, monte sur un socle qui avait servi à porter une statue de Vénus, et fait le discours suivant : « Écoute, Empereur, et vous tous, écoutez, armée, sages et peuple de cette ville. Toutes les fois que j'ai entendu seulement prononcer le nom de chrétien, j'en ai eu horreur, et j'ai insulté ceux qui étaient de cette religion. J'ai même exécré des parents et des proches à cause du nom du Christ, et j'ai publiquement tourné en dérision les pratiques de ses sectateurs. Mais, à présent, depuis que l'eau du baptême m'a touché, et que, interrogé, j'ai répondu que je croyais, j'ai vu vers moi descendre du ciel une main, et au-dessus de moi s'arrêter des anges radieux, qui m'ont rappelé tous mes péchés depuis mon enfance, et me les ont récités par cœur comme d'après un livre, et puis ils m'ont lavé avec cette eau, dans laquelle, en votre présence même, je viens d'être trempé, et ils m'ont ensuite montré à moi-même plus blanc que la neige. Maintenant donc, illustre Empereur, et vous peuple, qui avez ri de ces mystères, croyez avec moi que le véritable Seigneur est le Christ; qu'il est la lumière, qu'il est la vérité, qu'il est la miséricorde *(pietatem)*, et que par lui vous pourrez obtenir et mériter le pardon. » —Là-dessus, Dioclétien, furieux, ordonne de livrer Genès aux tortures, et finalement le fait décapiter [1].

1. On trouve dans les Vies des Saints les biographies de trois autres comédiens qui ont subi le martyre dans des circonstances identiques, et qui ont, comme disent les pieux narrateurs, passé du théâtre au ciel :

1° Ardalion, jouant en présence de l'empereur Maximien, reçoit le baptême sur la scène, puis s'avance et déclare que ce n'est point un jeu et qu'il est vraiment chrétien. L'empereur le fait mettre à mort.

2° Porphyre, en représentation devant Julien l'apostat, après avoir également reçu le baptême sur le théâtre, reproche à l'empereur son apostasie, et se confesse chrétien. Il est envoyé au supplice.

3° Galase, jouant, à Héliopolis, une pièce analogue, est mis par ses compagnons dans un bain d'eau tiède, pour ac-

Dès le ɪᴠᵉ siècle du christianisme, il y avait eu des essais de tragédie sacrée, par exemple *la Passion du Christ*, en grec Χριστὸς πάσχων, faite en grande partie avec des centons d'Euripide. Le théâtre du moyen âge représenta, sous le nom de Mystères, les principales scènes de l'Ancien et du Nouveau Testament, puis la vie et la mort des martyrs et des saints. Le théâtre de la Renaissance eut aussi ses tragédies sacrées. Au dix-septième siècle, les derniers types de ce genre de pièces sont : le *Polyeucte* de Corneille, sa *Théodore, vierge et martyre*, le *Saint Genest* de Rotrou, enfin l'*Esther* et l'*Athalie* de Racine.

A la suite de ces Mystères et après la Renaissance, avant qu'on se fût avisé qu'il y eût des règles dramatiques, le fameux poète Alexandre Hardy, auteur de huit cents pièces aujourd'hui oubliées, sorte de fournisseur des comédiens de Paris sous Henri IV et sous Louis XIII, les avait accoutumés, eux et le public, à une extrême fécondité, et à toutes sortes de sujets d'invention moderne. Rotrou suivit les mêmes errements, aventureux et libres, et, depuis l'âge de dix-neuf ans jusqu'à sa mort, ne laissa guère passer une année sans faire représenter une, deux, trois pièces, quel-

complir la cérémonie du baptême. Lorsqu'il en sort, il remet des vêtements blancs, selon l'usage, et fait profession de christianisme. La foule se précipite en fureur sur le théâtre, en arrache le comédien, le traine dans la rue et le lapide.

quefois quatre. Nous en avons, sous son nom, trente-cinq authentiques, et deux autres incertaines : le tout en vingt-deux ans.

Deux mots seulement sur sa vie et son caractère. Jean Rotrou était né à Dreux, en 1609, par conséquent, trois ans après Corneille. Cependant on dit que Corneille, par courtoisie et amitié, l'appelait « son père », peut-être parce que Rotrou, ayant débuté un an avant lui dans la carrière d'auteur dramatique, — par l'*Hypocondriaque*, en 1628, — lui avait donné quelques bons conseils, alors que le futur auteur du *Cid* se cherchait encore. En tout cas, Corneille, à son tour, rendit à Rotrou, par son seul exemple, autant qu'il pouvait lui devoir : car les plus belles pièces du « père » ne vinrent qu'après les chefs-d'œuvre du fils. Rotrou, avec une facilité extrême, se répandait dans tous les genres : sur ses trente-sept pièces, il y a seize tragi-comédies, huit tragédies, douze comédies, et une pastorale. Toutes ces pièces sont en cinq actes, en vers; c'était l'usage en ce temps-là. Toutes furent représentées de 1628 à 1650; par conséquent, dans le même temps que celles de Corneille, puisque *Mélite* est de 1629, le *Cid*, de 1636, et ainsi de suite. Il y a apparence que Corneille et Rotrou s'animaient l'un l'autre d'une généreuse émulation, et tour à tour se communiquaient la flamme. Mais ce fut après le *Cid*, *Horace*, *Cinna* et *Polyeucte*, que Rotrou, s'élançant sur les traces de son ami, produisit ses œuvres les plus fortes: entre autres, *Saint Genest* et *Venceslas*, où se trouve ce vers, d'un sentiment si exquis :

L'ami qui souffre seul fait une injure à l'autre.

Ainsi, après que le jeune Rotrou eut donné quelques bons conseils au jeune Pierre Corneille débutant, à son tour il reçut de belles inspirations de son ami devenu le grand Corneille : et, par conséquent, après que Corneille avait nommé Rotrou son père, Rotrou à son tour aurait pu, à plus juste titre, lui donner ce nom, puisque le talent de Rotrou n'atteignit sa maturité que sous les chauds rayons du génie de l'auteur du *Cid*, d'*Horace*, de *Cinna* et de *Polyeucte*. Rappelons, en effet, quelques dates :

1636, le *Cid* : Corneille a 30 ans ;

1639, *Horace*, *Cinna* : Corneille a 33 ans;

1640, *Polyeucte* : Corneille a 34 ans;

1646, *Saint Genest* : Rotrou a 37 ans; et c'est assurément *Polyeucte* qui donna à Rotrou l'idée de *Saint Genest*.

Rotrou était une de ces natures prime-sautières, expansives et impétueuses, qui se dépensent largement, dans le travail comme dans le plaisir. Il menait une vie assez dissipée. On raconte que, dans ses moments de sagesse, se méfiant de lui-même et de sa prodigalité, s'il recevait de l'argent des comédiens, il allait le répandre dans son grenier derrière les fagots. Forcé de le chercher plus tard écu par écu, il avait le temps de réfléchir avant de le dépenser. Vraie ou fausse, la légende donne une idée de ce que l'on disait et croyait de lui.

Devenu cependant le premier magistrat de sa ville natale, quelque chose comme sous-préfet de ce temps-là, il montra un grand dévouement pour ses concitoyens, si grand même qu'il en mourut. Une fièvre pourprée épidémique sévissait à Dreux : les amis et le frère de Rotrou l'engageaient à quitter la ville, foyer de la contagion ; il refusa. « Le salut de mes concitoyens m'est confié, dit-il, j'en réponds à ma patrie ; je ne trahirai ni l'honneur ni ma conscience. Ce n'est pas que le péril où je me trouve ne soit fort grand, puisque, au moment où je vous écris, on sonne pour la vingt-deuxième personne qui est morte aujourd'hui. Ce sera pour moi quand il plaira à Dieu. » Il resta donc et, atteint de la maladie, y succomba, en 1650, âgé de quarante et un ans. Voilà une mort qui vaut plusieurs belles tragédies.

Il avait, sans compter, semé son talent dans une sorte d'improvisation continuelle ; ne se gênant point d'ailleurs pour prendre ses sujets un peu partout, comme on faisait en ce temps-là, et encore aujourd'hui, je crois.

Or, en 1630, avait paru un recueil d'œuvres poétiques en latin, composées par un jésuite, homme de talent, Louis Cellot, *Ludovicus Cellotius*. Ce recueil contenait, entr'autres, quatre pièces de théâtre. Sur les quatre, Rotrou en prit deux : la première, dans laquelle se trouvait le drame que nous allons étudier, s'appelait *le Martyre d'Adrian*, avec des chœurs à la fin de chaque acte. De celle-là il a seulement élagué les formidables tirades de cent à cent cinquante vers ; mais il a pris les principales scènes, les personnages avec leurs noms, les plus beaux vers, les plus beaux traits, se contentant de les traduire. De la seconde, *Cosroès*, il n'a emprunté que le sujet. Inutile de nous arrêter à celle-ci.

Le *Martyre d'Adrian* de Louis Cellot est donc une des sources dans lesquelles Rotrou a puisé largement pour *Saint Genest*. D'autre part, un laïque, nommé Desfontaines (qu'il ne faut pas confondre avec l'abbé Desfontaines du dix-huitième siècle) avait publié, en 1645 ou 46, un an avant la pièce de Rotrou, ou la même année, une pièce intitulée : *l'Illustre comédien, ou le Martyre de saint Genest*. L'exemplaire de la Bibliothèque nationale est de 1646. Rotrou s'empara aussi de cette autre pièce, et la greffa sur la première. Et, comme il faut tuer ceux que l'on vole, il intitula sa pièce : *Le véritable Saint Genest*. Le titre complet est ainsi conçu (à cette époque, on ne craignait pas les longs titres) : *Le véritable Saint Genest, comédien païen représentant le Martyre d'Adrien*.

C'est si bien un drame à la Shakspeare que, absolument comme dans *Hamlet*, il y a deux pièces, l'une dans l'autre, et un théâtre sur le théâtre.

Voici le sujet en quelques mots : l'empereur Dioclétien, pour honorer un de ses coadjuteurs à l'Empire, Maximin César, revenu vainqueur de l'Inde, lui accorde la main de sa fille. A l'occasion de ce mariage, on donne des fêtes et une représentation dramatique.

Un célèbre acteur, Genest, vient au palais pour cette représentation, comme les comédiens au château d'Elseneur, dans la pièce de Shakspeare.

Ici déjà nous pouvons observer la veine familière que comporte le genre mixte de la tragi-comédie. L'Empereur cause avec Genest et lui demande quelles sont les pièces qui ont la vogue :

> Mais dis-nous quel ouvrage
> Aujourd'hui sur la scène a le plus haut suffrage,
> Quelle plume est en règne, et quel fameux esprit
> S'est acquis au théâtre un plus juste crédit.

Et alors, dans la réponse de Genest, Rotrou introduit, par une allusion généreuse, l'éloge indirect de Corneille, son ami, naguère indignement persécuté :

Nos plus nouveaux sujets, les plus dignes de Rome,
Et les plus grands efforts des veilles d'un grand homme
A qui les rares fruits que la Muse produit
Ont acquis sur la scène un légitime bruit

Et de qui certes l'art comme j'estime est juste,
Portent les noms fameux de Pompée et d'Auguste [1] :
Ces poèmes sans prix, où son illustre main
D'un pinceau sans pareil a peint l'esprit romain,
Rendront de leurs beautés votre oreille idolâtre,
Et sont aujourd'hui l'âme et l'amour du théâtre.

Éloge rare en son ingénuité sincère, de contemporain à contemporain, de poète à poète, d'artiste à artiste. Combien peu de gens savent louer, surtout un confrère, un rival ! On le fait quelquefois, mais avec faste, avec une emphase suspecte, ou bien avec des louanges malingres. Ici Rotrou le fait avec simplicité, et d'abondance de cœur. Peu lui importe la vraisemblance, soit historique, soit dramatique, il faut qu'il satisfasse son amitié et son admiration. D'ailleurs, au moment où il imite *Polyeucte*, cette louange est une dette, que sa loyauté se plaît à acquitter.

La princesse Valérie, qui, elle aussi, est un peu romantique à ce qu'il paraît, dans le sens de Stendhal, demande à Genest de choisir quelque sujet plus nouveau que Pompée et Auguste. Or, sur cette invitation, voici de quoi Genest s'avise : comme Maximin César compte volontiers parmi ses titres de gloire le fait d'avoir persécuté les chrétiens et condamné plusieurs d'entre eux au dernier supplice, on représentera, s'il lui plaît, devant lui les derniers moments et la mort d'un

---

1. *Cinna, ou la Clémence d'Auguste,* et *la Mort de Pompée.*

de ces rebelles exécutés par son ordre et qui avait nom Adrien. — (C'est ainsi que la tragédie de Cellot s'intercale dans celle de Desfontaines). — Pendant que Genest jouera le rôle d'Adrien le persécuté, Maximin César le persécuteur se verra lui-même représenté sous les traits de l'acteur Octave. Tout cela n'est-il pas piquant, singulier, curieux ? — Tel est le premier acte, sorte de prologue.

Au deuxième, un théâtre s'élève sur le théâtre même, pour représenter *le Martyre d'Adrien.* — Genest, tout en s'habillant et en repassant son rôle, donne quelques avis au peintre de décors :

Vous deviez, en la toile où vous peignez vos cieux,
Faire un jour naturel au jugement des yeux ;
Au lieu que la couleur m'en semble un peu meurtrie.

Le théâtre, dans ce temps-là, n'était éclairé que par des chandelles : on venait les moucher de temps à autre. Un tel éclairage aidait peu à la couleur, pour imiter la lumière des cieux. Aujourd'hui on a quatre rampes de gaz, deux horizontales, en bas et en haut ; deux verticales, dans les coulisses, et quelquefois davantage. Celles d'en haut, qu'on appelle les herses, éclairent si bien les ciels, qu'elles y mettent le feu de temps en temps, et brûlent les théâtres avec les spectateurs.

Pendant cette conversation de Genest avec le peintre de décors, survient une des comédiennes, Marcelle, qui, en achevant sa toilette, se plaint coquettement d'être importunée par la foule des galants qui remplissent sa loge, au point qu'elle a dû leur céder la place :

De ces faux courtisans toute ma loge est pleine ;
Et, lasse au dernier point d'entendre leurs douceurs,
Je les en ai laissés absolus possesseurs.

Genest ne paraît pas trop croire qu'elle soit si mécontente qu'elle dit de se voir ainsi assiégée, et se moque d'elle gentiment. — Tout cela encore, en guise de lever de rideau, n'est-il pas agréable et amusant?

L'idée mère de la pièce est celle que je vous ai montrée tout à l'heure, en deux ou trois exemplaires successifs, dans les Vies des Saints. Genest est chargé du rôle d'Adrien qui, comme saint Paul, après avoir persécuté les chrétiens pour l'empereur, était devenu chrétien lui-même ; l'excellent comédien païen, en étudiant son personnage de chrétien, s'en pénètre tellement, qu'il se convertit. Au moment où cette transformation commence à s'opérer en lui, une voix du Ciel se fait entendre et lui prédit cette conversion. C'est, je crois, une précaution dramatique pour guider un peu le spectateur, qui autrement ne saurait pas toujours se reconnaître entre la comédie et la réalité.

Poursuis, Genest, ton personnage ;
Tu n'imiteras point en vain...

Le rôle de Genest contient des vers presque aussi

beaux que les plus beaux de *Polyeucte* ; mais *Polyeucte*, ne l'oublions pas, avait été représenté six ans auparavant. Toujours est-il que Rotrou, dans plusieurs passages de *Saint Genest,* comme dans *Venceslas* presque tout entier, se montre le digne émule de son ami. Mais, si *Polyeucte* a pu inspirer à Rotrou *Saint Genest,* peut-être que Corneille n'aurait pas écrit *Nicomède* si Rotrou n'avait pas d'abord écrit *Venceslas*. Ainsi il y avait entre ces deux généreux poètes une aimantation mutuelle, comme plus tard entre Gœthe et Schiller.

Ce qui appartient bien en propre à Rotrou dans *Saint Genest,* et ce que Corneille n'avait pas osé risquer dans *Polyeucte,* c'est de faire parler non-seulement les chrétiens en chrétiens, mais les païens en païens, et plaider le pour et le contre du christianisme en plein théâtre. Je me garderai bien, moi, ici, de suivre Rotrou sur ce terrain-là, et de citer les passages anti-chrétiens de ses rôles, parceque peut-être il se trouverait quelqu'un pour m'attribuer, à moi, ce qu'aurait dit non pas même Rotrou, mais le personnage de sa pièce. C'était de sa part une grande hardiesse, en ces temps de fanatisme, que de pousser jusqu'à ce point l'impartialité dramatique. Corneille, dans *Polyeucte,* ne plaidant que la thèse chrétienne, mettait de son parti l'Église, le clergé, et tous leurs adhérents, qui alors étaient la majorité[1]. Peut-être cette hardiesse

---

1. Au mois de juillet 1882, M. B. Aubé a lu, à l'Académie

de Rotrou fut-elle cause que sa pièce resta longtemps comme enterrée ¹.

Après le premier acte du *Martyre d'Adrien*, qui fait le deuxième de la pièce de Rotrou, Dioclétien se lève en disant :

En cet acte Genest, à mon gré, se surpasse.

Et la cour va féliciter le grand comédien.

Je ne suivrai pas la pièce en détail, j'en marquerai seulement les principaux traits. Outre le rôle d'Adrien, joué par Genest, un autre caractère remarquable est celui de Flavius ou Flavie, ami d'Adrien : homme prudent et politique, militaire, officier de l'Empereur, de qui dépend sa fortune, Flavius voudrait bien sauver Adrien, mais

---

des Inscriptions, un travail en quatre chapitres sur la légende de Polyeucte et ses sources. Polyeucte, d'après les documents, aurait subi le martyre entre l'an 250 et l'an 260. L'un d'eux, chose intéressante, trahit l'intention d'effacer le souvenir du brisement des images des dieux, qu'on a rayé dans un passage, mais qu'on a, par mégarde, laissé subsister dans un autre. Cela confirme ce que déjà un autre savant, M. Edouard Le Blant avait essayé d'établir, à savoir que l'Eglise elle-même, après réflexion, n'approuvait pas l'acte de violence, le scandale, qui cependant a été la cause directe et immédiate du martyre de ce soldat fanatique, de sa mort courageuse, de sa glorification enfin, dans les *Acta Sanctorum* d'abord, dans la tragédie de Corneille ensuite. Genest est un héros beaucoup plus sympathique; mais Corneille a la poigne plus forte que Rotrou.

1. Et c'est moi qui l'ai déterrée. Quand j'étais élève à l'École Normale, je la signalai à Bocage, alors directeur de l'Odéon : il en fut ravi, la joua, et fit lui-même saint Genest. C'était, je crois, en 1842.

sans se compromettre. Sitôt qu'il l'aura trouvé inflexible, il exécutera sans pitié les ordres reçus, n'ayant plus affaire à un ami, mais à un rebelle. Il lui expose donc d'abord, avec tout le zèle dont il est capable, les raisons qui doivent le faire renoncer à sa téméraire résolution ; cette scène est le pendant de celle du vieil Océan avec Prométhée dans Eschyle. — Mais, trouvant Genest inébranlable, Flavius dès lors rompt une amitié devenue compromettante, et dit à ce révolutionnaire : « Mon ordre va plus loin. » Puis il le fait, bien à regret, charger de chaînes. — Ce Flavius n'est pas un caractère sympathique ; mais c'est un caractère vrai ; par conséquent, intéressant.

J'ai dit qu'il y avait deux pièces, l'une dans l'autre, comme dans *Hamlet*. Mais, dans *Hamlet*, la scène des acteurs, quelque dramatique qu'elle soit, n'est qu'un épisode ; ici la pièce fictive, *le Martyre d'Adrien*, contenue dans la pièce réelle, qui est la Conversion de Genest, en occupe les deuxième, troisième et quatrième actes ; et l'autre s'y mêle et s'y enlace étroitement. Et puis encore, au travers de ce double drame, serpentent comme des arabesques les intermèdes de la tragi-comédie : dans les entr'actes, l'Empereur et la Cour vont visiter les coulisses, et s'entretiennent, assez naïvement, de ce désordre de la scène, où l'ordre se rétablit soudain dès que le rideau va s'ouvrir, — car en ce temps-là il était double et s'ouvrait par le milieu [1]. Ainsi les petits détails de la réalité curieuse s'entremêlent aux choses héroïques avec une agréable liberté.

Adrien, le héros de la pièce fictive, vient d'être jeté dans un cachot, pour attendre l'heure du supplice ; nous l'y suivons. Dans cette pièce, le lieu change lorsque l'action le veut; non seulement d'un acte à l'autre, mais d'une scène à l'autre, comme dans Shakspeare. Rotrou, pour sa part, n'acceptait point l'entrave de l'unité de lieu. Quant à l'unité d'action, les ultra-classiques n'auraient pas manqué d'alléguer qu'elle était violée aussi dans *Saint Genest*, puisqu'il y a deux pièces l'une dans l'autre. Cependant, y eut-il jamais unité d'action plus réelle, malgré l'apparence ? C'est dans l'aventure même de Genest, c'est dans sa conversion miraculeuse, que réside cette unité : l'excellent comédien entre si bien dans son personnage qu'il se convertit comme lui; de telle sorte que les spectateurs de la pièce s'y trompent d'abord; mais bientôt il n'y a plus à en douter. Dès lors c'est une mort réelle qu'il va subir, et non plus une mort fictive. Il a l'enthousiasme du martyre ; il le laisse éclater au milieu de son rôle, et tout à coup parle pour son propre compte; s'adressant à son camarade, le comédien qui joue le rôle d'Anthyme, il l'appelle de son vrai nom, Lentulus ou Lentule, et lui dit :

[1]. Je l'ai connu tel encore, au théâtre des Variétés, à Paris.

Ah ! Lentule, en l'ardeur dont mon âme est press
Il faut lever le masque et t'ouvrir ma pensée :
Le Dieu que j'ai haï m'inspire son amour ;
Adrien a parlé, Genest parle à son tour ;
Ce n'est plus Adrien, c'est Genest qui respire
La grâce du baptême et l'honneur du martyre !
Mais Christ n'a point commis en vos profanes mains
Ce sceau mystérieux dont il marque ses saints :
Un ministre céleste, avec une eau sacrée,
Pour laver mes forfaits, fend la voûte azurée ;
Sa clarté m'environne et l'air de toutes parts
Résonne de concerts et brille à mes regards !
Descends, céleste acteur ; tu m'attends, tu m'appelles
Attends, mon zèle ardent me fournira des ailes ;
Du Dieu qui t'a commis dépars-moi les bontés.

Là-dessus, volant au-devant de sa propre vision,
Genest rentre brusquement dans la coulisse.

MARCELLE — l'actrice qui joue *Natalie*.
Ma réplique a manqué, ces vers sont ajoutés.

LENTULE

Il les fait sur-le-champ ; et, sans suivre l'histoire,
Croit couvrir, en rentrant, son défaut de mémoire.

L'Empereur et les autres spectateurs se méprennent d'abord, ne soupçonnant point le miracle qui vient de s'opérer dans l'esprit de Genest.

DIOCLÉTIEN.

Voyez avec quel art Genest sait aujourd'hui
Passer de la figure [1] aux sentiments d'autrui !

1. C'est-à-dire de la feinte.

Un soldat pour excuser le retard de Genest à rentrer en scène et dans son rôle d'Adrien martyr, fait cette réflexion naïve, sur ce qu'Adrien semble se dérober :

Ceux qu'on mande à la mort ne marchent pas sans peine.

Ainsi, comme il arrive à chaque instant dans la vie, le sourire vient se mêler à ces coups de théâtre si grandioses et si tragiques ; telle est la vérité du drame.

Les autres comédiens, espérant sauver cette singulière interruption, font vite revenir Genest et le poussent de nouveau sur la scène. Mais il n'y revient que pour continuer à célébrer avec enthousiasme le Dieu des chrétiens, et à demander le martyre. Maximin César croit qu'il est toujours dans son rôle ; la princesse Valérie le croit aussi et en témoigne son admiration :

Sa feinte passerait pour la vérité même !

Cependant Genest, de plus en plus exalté, se met à interpeller par leurs noms ses camarades, les exhortant à se convertir comme lui. L'étonnement des comédiens est à son comble ; ils s'imaginent toujours que Genest, troublé par un manque de mémoire, improvise quelques vers pour sauver la situation.

MARCELLE

Il ne dit pas un mot du couplet qui lui reste.

SERGESTE

Comment, se préparant avecque tant de soin...?

Alors ils disent au souffleur de lui venir en aide. Le souffleur n'est pas nommé, mais il est désigné.

LENTULE, *regardant derrière la tapisserie.*
Ho là! qui tient la pièce?

GENEST
Il n'en est plus besoin !
. . . .
Dieu m'apprend sur-le-champ ce que je vous récite,
Et vous m'entendez mal si dans cette action
Mon rôle passe encor pour une fiction...

Comprenant à la fin ce qui se passe, l'Empereur apostrophe l'insolent comédien :

Votre désordre enfin force ma patience !
Songez-vous que ce jeu se passe en ma présence ?

Saint Genest, — car on peut dès ce moment lui donner ce titre, — saint Genest poursuit avec enthousiasme sa profession de foi chrétienne. L'empereur alors ne contient plus sa colère :

Quoi! tu renonces, traître, au culte de nos Dieux?

SAINT GENEST
Je les tiens aussi faux qu'ils me sont odieux !
. . . .

Je vous ai divertis, j'ai chanté vos louanges ;
Il est temps maintenant de réjouir les anges !
Il est temps de prétendre à des prix immortels !
Il est temps de passer du théâtre aux autels !
Si je l'ai mérité, qu'on me mène au martyre :
Mon rôle est achevé, je n'ai plus rien à dire.

Là-dessus Dioclétien le livre au préfet pour le faire juger sommairement.

Notons encore, dans ce quatrième acte si tragique, un retour de tragi-comédie : le préfet Plancien, chargé d'instruire l'affaire, interroge, un à un, tous les comédiens, afin de rechercher s'il n'y a pas quelque autre chrétien parmi eux. Chacun se défend, en tremblant, d'un tel soupçon.

LE PRÉFET, à *Marcelle*

Que représentiez-vous ?

MARCELLE

Vous l'avez vu, les femmes.

. . . .

LE PRÉFET

Et vous ?
— Parfois les rois, et parfois les esclaves.
— Vous ?
— Les extravagants, les furieux, les braves.
— Et toi ?
— Les assistants.

C'est-à-dire le peuple, la foule, — représentés, chose assez drôle, par un seul acteur, — sans doute le chef des comparses plus ou moins absents, ces moucheurs de chandelles dont parlait Corneille.

Il les engage, pour prouver leur fidélité, à visiter leur camarade dans sa prison, et à le ramener, s'il est possible, au bon sens et à son métier.

Au cinquième acte, saint Genest, seul et enchaîné, dit des stances comme Polyeucte, mais non pas si belles :

    O fausse volupté du monde !...

Ainsi, c'était d'abord une pièce qu'on jouait; mais à présent voilà que la tragédie continue au naturel : le martyre fictif d'Adrien va être remplacé par le martyre réel de saint Genest.

Je ne veux pas pousser plus loin l'analyse; mais il y a encore bien des détails curieux. Par exemple, lorsque la comédienne Marcelle est envoyée par ses camarades pour tenter de ramener Genest à la raison et essayer de le fléchir (car, sans lui, sans l'appui de son grand talent, ils mourront de faim), — comme Genest ne lui répond qu'en l'exhortant à se convertir aussi, Marcelle qui, tout à l'heure, dans la pièce du *Martyre d'Adrien*, jouait le rôle de Natalie, chrétienne fervente, à présent parlant en son propre nom, se moque du Dieu des chrétiens :

O ridicule erreur, de vanter la puissance

D'un Dieu, qui donne aux siens la mort pour récompense,
D'un imposteur, d'un fourbe, et d'un crucifié!..
Qui l'a mis dans le ciel? Qui l'a déifié?
Un nombre d'ignorants et de gens inutiles,
De malheureux, la lie et l'opprobre des villes,
De femmes et d'enfants, dont la crédulité...
Etc.

La scène se termine par un dialogue qui peut soutenir la comparaison avec ceux de *Polyeucte*. C'est comme un duel de vers admirables et d'hémistiches flamboyants :

MARCELLE

César n'obtenant rien, ta mort sera cruelle.

GENEST

Mes tourments seront courts, et ma gloire éternelle.

MARCELLE

Quand la flamme et le fer paraîtront à tes yeux,...

GENEST

M'ouvrant la sépulture, ils m'ouvriront les cieux.

MARCELLE

O dur courage d'homme!

GENEST

O faible cœur de femme!

MARCELLE

Cruel! sauve tes jours!

GENEST

Lâche ! sauve ton âme !

MARCELLE

Une erreur, un caprice, une légèreté,
Aux plus beaux de tes ans, te coûter la clarté?

GENEST

J'aurai bien peu vécu, si l'âge se mesure
Au seul nombre des ans prescrit par la nature;
Mais l'âme qu'au martyre un tyran nous ravit
Au séjour de la gloire à jamais se survit!...

On souhaiterait qu'il y eût dans la pièce un plus grand nombre de ces dialogues drus et étincelants, et un peu moins de monologues et de tirades. Mais les tirades et les monologues plaisaient alors. Il n'y avait qu'un très petit nombre de bons comédiens, et dans les monologues ils n'avaient pas à craindre, comme dans les dialogues, que leur succès pût être compromis par les manques de mémoire ou les maladresses de l'interlocuteur; outre qu'ils y brillaient sans partage : c'est pourquoi acteurs et actrices les aimaient beaucoup. Le public aussi. Quant à la tirade, c'est une convention théâtrale; elle n'est guère dans la nature : des gens passionnés ne se permettent pas, l'un à l'autre, de longs développements. Une femme, dans la vie ordinaire, laisse rarement son interlocuteur achever même une seule phrase ; à plus forte raison, dans les moments pathétiques, ne laisserait-elle jamais faire un long discours. Les hommes eux-mêmes, non seulement dans les conversations, mais dans les assemblées délibérantes, où le silence attentif est un devoir, interrompent fréquemment leurs adversaires, en dépit du règlement et du président. Je ne parle pas bien entendu de ceux dont c'est la profession et l'unique talent, d'être interrupteurs ; mais de ceux qui interrompent sans le vouloir. Cela nous fait voir que les longues tirades du théâtre classique en général et de Rotrou en particulier ne sont guère conformes à la nature ; mais c'était l'habitude et le goût de ce temps. Le théâtre moderne a changé tout cela ; mais souvent il est tombé dans l'excès contraire ; le dialogue, aujourd'hui, est trop uniformément haché, déchiqueté. Scribe, à l'imitation de Diderot, croyant retrouver le naturel, prit l'habitude de ne plus finir les phrases et de les laisser suspendues, avec plusieurs points. C'est un excès en sens inverse.

Pour conclure, le *Saint Genest* est une pièce originale et émouvante, dans laquelle on admire la facilité des vers, le large flot des métaphores et des images, leur nouveauté hardie et juste, leur éclat, leur fraîcheur, leur abondante floraison. Il y en a de vraiment belles. En parlant des jeunes martyrs encore enfants, de quels traits, de quelle couleur le poète sait peindre ces douces victimes, fières

> De tendre une gorge assurée
> A la sanglante mort qu'ils voyaient préparée,

Et tomber sous le coup d'un trépas glorieux,
Doux fruits à peine éclos, déjà mûrs pour les cieux !

Ce vers charmant se trouvait en germe dans un mot de la tragédie latine de Louis Cellot : *Jam matura Deo* [1]. Mais quel parti le poète français a su tirer de ce simple trait si court ! — Ailleurs, parlant du martyr qui va répandre son sang pour la croix de Jésus-Christ, il trouve ces deux autres beaux vers :

Il brûle d'arroser cet arbre précieux
Où pend pour nous le fruit le plus chéri des cieux.

Ailleurs, sur la même idée, il ne se gêne pas pour répéter les mêmes rimes, mais avec une image nouvelle et hardie :

Sur un bois glorieux
Qui fut moins une croix qu'une échelle des cieux.

Il a des vers d'un jet puissant et dru, comme ces deux-ci :

Après les avoir vus, d'un visage serein,
Pousser des chants aux cieux dans des taureaux d'airain.

---

1. Et, chose curieuse, le Père Cellot, habile versificateur latin, comme plusieurs autres jésuites, a évidemment emprunté ce trait au *Jam matura viro* de Virgile, spirituellement détourné ; à peu près comme le *It nigrum campis agmen* d'Ennius, que ce poète avait dit des éléphants, et que Virgile a appliqué aux fourmis ; ou bien encore comme le *Gratum opus agricolis*, que Virgile lui-même avait dit de ses *Géorgiques*, et qu'un autre jésuite a appliqué à saint Jean se nourrissant de sauterelles dans les champs.

Ou bien, les quatre autres qui suivent, sur cette idée que les martyrs chrétiens étant habitués à regarder la mort en face, elle s'apprivoise pour eux :

La mort, pour la trop voir, ne leur est plus sauvage ;
Pour trop agir contre eux, le feu perd son usage ;
En ces horreurs enfin le cœur manque aux bourreaux.

Aux bourreaux, et non aux victimes.

En résumé, dans la partie tragique, l'intérêt de l'action, avec la beauté des sentiments et des vers ; puis, la variété curieuse de la partie familière, qui sert de cadre au tableau ; tout cela ensemble forme une œuvre qui, ce me semble, attache, émeut, captive. Ajoutez-y en pensée, — il le faut, — le jeu des acteurs, les décors, le double théâtre, le mouvement de la scène. Et j'espère que nous dirons ensemble, comme Sainte-Beuve : « *Saint Genest,* en plein dix-septième siècle, est la pièce la plus romantique qu'on puisse imaginer. »

DIXIÈME LEÇON

MOLIÈRE — DON JUAN

Corneille et Rotrou nous ont fourni des exemples de ce que nous appelons le romantisme des classiques. Molière va nous en présenter d'autres, et de deux sortes : d'abord par ses innovations, qui firent une révolution dramatique ; ensuite par une pièce, — empruntée, il est vrai, à l'Espagne et à l'Italie, — mais qui précisément par cela même continua, après Corneille, d'acclimater sur la scène française quelques libertés exotiques.

Premièrement Molière ne fit-il pas révolution lorsqu'à la comédie d'intrigue et d'aventures, aux imbroglios diffus, il substitua la comédie de mœurs, la peinture des ridicules contemporains, et qu'un vieillard du parterre lui cria, à la première représentation des *Précieuses ridicules* : « Courage ! Molière, voilà la véritable comédie ! »—pendant que, d'autre part, les précieuses qu'il avait mises sur la scène soulevaient des cabales contre lui ? De sorte qu'il fut obligé, en présence de ce mouvement de la société polie, de faire, dans la préface de sa pièce, des distinctions un peu subtiles et politiques entre les précieuses ridicules et les précieuses véritables : celles-ci parfaites, admirables et dignes de tous les respects ; les autres, « mauvais singes, qui méritent d'être bernés ». Tout cela ne vous indique-t-il pas le grand mouvement que causa ce petit acte en prose ?

Et Molière devait bien avoir conscience de son œuvre novatrice, puisque, n'ayant fait imprimer jusqu'alors aucune de ses pièces, il fit ou laissa imprimer celle-ci et y mit la préface dont nous parlons. — C'est pourquoi Fénelon a raison de dire, d'une manière générale, dans sa *Lettre sur les Occupations de l'Académie française,* que « Molière a ouvert un chemin tout nouveau ». — Vous n'ignorez pas quelles autres clameurs il excita, lorsqu'il osa jouer les faux dévots, et puis les médecins ; vous savez comment la cabale formidable des uns et les coteries des autres s'insurgèrent contre lui. Disons d'un seul mot ce que presque tout le monde reconnaît aujourd'hui : c'est que Molière dépasse véritablement son siècle.

Il ne fut pas moins révolutionnaire dans la forme que dans le fond. C'était déjà une innovation, et beaucoup plus grande qu'on ne pense, d'écrire un petit acte en prose, au lieu des cinq actes en vers qui étaient le moule consacré. Plus tard, lorsqu'il poussa l'audace jusqu'à écrire en prose les cinq actes entiers de la comédie de *l'Avare,* le public des gens de cour se cabra. « Ah ça! disait-on, Molière est-il fou, de vouloir nous faire avaler cinq actes de prose? » — Non, Molière n'était pas fou : il sentait que, lorsqu'il s'agit de serrer la réalité, la prose est un écrou qui convient mieux que le vers, celui-ci étant destiné plutôt à saisir l'idéal que le réel.

Au reste, selon qu'il se proposait tel ou tel dessein, il se servait alternativement de toutes les formes; et, outre celles qu'on connaissait déjà, il en inventait continuellement de nouvelles. Avec une variété et une fécondité infinies dans une vie si courte, il a donné des spécimens et des modèles de tous les genres dramatiques : comédie, tragi-comédie, — tragédie même (exemple, sa *Thébaïde,* s'il est vrai qu'il en fit cadeau à Racine, au moins pour le plan); opéra, opéra-comique, ballet, revue, pièce à tiroir, pastorale; drame à spectacle et à machines; intermèdes, divertissements : pas un type d'œuvre théâtrale qu'il n'ait renouvelé ou créé.

Il était de ceux qui préfèrent le mouvement à la régularité. Si la liberté absolue des genres est un des éléments du romantisme, chez quel écrivain dramatique la rencontre-t-on plus que chez Molière ? Mais son drame de *Don Juan,* à lui seul, où presque tous les genres se trouvent mêlés, où le lieu de la scène change à chaque acte, est une pièce à la Shakspeare, qui suffira à notre démonstration. Et, dans ce drame, la scène seule du Pauvre, si neuve et si hardie, y suffirait encore. — Je me contenterai, pour le moment, d'étudier cette œuvre singulière ; puis, le type même de Don Juan.

Molière, auteur, acteur et chef de troupe, — en même temps qu'il avait la survivance du titre de son père, tapissier valet-de-chambre du Roi, — travaillait tantôt pour se satisfaire lui-même, tantôt pour le divertissement de son maître, tantôt pour ses camarades et pour son public. C'est pour ceux-ci, pour son théâtre, et par concurrence avec les théâtres rivaux, qu'il donna, en 1665, *Don Juan, ou le Festin de Pierre.*

Nous expliquerons tout à l'heure ce titre ; indiquons d'abord le sujet et les sources. Le type de Don Juan est celui du libertin, dans le double sens où l'on entendait ce mot au dix-septième siècle, c'est-à-dire à la fois impie et débauché. Ce type, qui s'est répandu dans toutes les littératures modernes, avait pris naissance chez les Espagnols, par la combinaison de deux légendes. L'une racontait qu'un certain Don Juan, de l'illustre famille Tenorio, avait enlevé la fille du commandeur de Séville, puis tué le père en duel, et enfin profané son tombeau. Suivant l'autre légende, un certain Don Juan, de la maison de Maraña, descendant d'une longue suite de nobles et pieux chevaliers castillans, s'était donné au Diable, qui, ayant été vaincu trois siècles auparavant par le chef de la famille, avait pris sa revanche sur ce descendant dégénéré, en le faisant emporter par la statue du mort outragé.

Cette double légende fut d'abord répandue comme propre à édifier les âmes, soit par la conversion, soit par le châtiment du coupable. Un moine, supérieur d'un couvent, Frà (le Frère) Gabriel Tellez, qui, toutes les fois qu'il oubliait son cloître et se présentait au public comme auteur profane, prenait pour nom de guerre Tirso de Molina, et a composé sous ce nom au moins trois cents comédies, dont quatre-vingts environ ont été imprimées[1], ce moine, dis-je, paraît être le premier qui ait eu l'idée de combiner pour le théâtre ces deux légendes en une seule pièce, sous ce titre : *le Séducteur de Séville et le Convié de pierre*, EL BURLADOR DE SEVILLA Y EL CONVIVADO DE PIEDRA. Voilà comment l'œuvre dramatique germa de deux légendes populaires combinées. — A peu près de même, plus tard, une simple histoire de marionnettes

1. G. Ticknor, *Histoire de la littérature espagnole*, tome III.

donnera à Gœthe le sujet de *Faust* ; et un conte de nourrice donnera à Byron le germe de son *Manfred*.

Le héros de Tirso de Molina est donc un débauché et un impie, qui a pris le parti de s'amuser et se railler de tout, et de ne se corriger que le plus tard possible. Lorsque son valet essaye de lui faire de la morale, Don Juan répond qu'il avisera à se convertir quand il sera vieux.

CATALINON

Ah ! Monsieur, tromper les femmes de cette façon ! Vous payerez cela à l'heure de la mort !

DON JUAN

Heureusement que tu me donnes du temps.

A son père, qui lui dit que « Dieu est un juge sévère après la mort », Don Juan réplique : « Après la mort ? Nous avons le temps ! »

C'est depuis cette pièce de Gabriel Tellez que le type de Don Juan a fait fortune au théâtre et dans toute la littérature, où il n'a pas été sans subir un grand nombre de modifications. Dans la première moitié du dix-septième siècle, cette légende passa d'Espagne en Italie, puis en France. Premièrement à Paris, en 1657, une troupe italienne donna IL CONVIVATO DI PIETRA (*le Convive de pierre*), comédie librement imitée de l'espagnol. Elle se réduisait, dit-on, comme c'était l'usage dans la *commedia dell'arte,* à un canevas, sur lequel les acteurs brodaient leurs improvisations. Ensuite une troupe de comédiens espagnols vint à Paris, à l'occasion des fêtes du mariage de Louis XIV, en 1659, et joua la pièce même de Tirso de Molina. Puis, trois ou quatre imitations françaises en furent faites aussitôt, sous ce titre : *le Festin de pierre,* traduisant tout de travers le titre espagnol et italien, *le Convié de pierre,* c'est-à-dire, la Statue invitée à souper.

Une statue vivante, c'était cela qui frappait l'imagination. Et le titre inintelligible n'y gâtait rien. On est parfois saisi d'autant plus vivement de ce que l'on ne comprend point. Par exemple, le joli conte de Cendrillon avait primitivement pour sous-titre : « ou la petite pantoufle de vair ». Le vair était, au moyen âge, le nom d'une fourrure fort en usage, la même qu'on nomme aujourd'hui petit-gris. Lorsque le sens de ce mot (qui vient du latin *varius,* varié, moucheté), commença à se perdre parce qu'il était moins usité, les éditeurs nouveaux, ne le comprenant plus, substituèrent *la Petite pantoufle de verre ;* ce qui est absurde : il serait difficile d'aller au bal et de danser, comme fait Cendrillon, avec cette pantoufle-là ; mais l'absurde et le merveilleux se tiennent, et ce détail n'était pas pour gêner l'imagination des nourrices qui contaient ce conte aux enfants, ni celle des enfants auxquels on le con-

tait. — Un autre exemple de ces titres absurdes, c'est celui des *Provinciales* ; elles s'appelaient d'abord *les Petites lettres*, et étaient censées écrites par un Parisien à un provincial, pour le mettre au courant des querelles sur la Grâce ; c'étaient donc les Lettres à un provincial ou au provincial, mais des lettres parisiennes. Le titre qui a prévalu, et qui n'est qu'un abrégé mal fait, semble dire tout le contraire.
— Le titre du *Festin de pierre* n'est pas seulement un contre-sens, c'est un non-sens. On a cependant essayé d'expliquer ce titre, en supposant, sans aucun texte ni prétexte, que le commandeur tué par Don Juan se nommait Don Pèdre ou Don Pierre. « Ce titre, dit M. Aimé-Martin, indique en même temps le but moral et le sujet de la pièce. Ce sujet, c'est le festin auquel la statue de Don Pierre invite Don Juan, et non le festin donné par Don Juan lui-même. Ce qui le prouve, c'est que toute la pièce est faite pour la dernière scène du cinquième acte, qui renferme la catastrophe ou le dénouement ; or, dans cette scène, la statue de Don Pierrre vient chercher Don Juan pour le conduire au lieu du festin. Boileau ne l'a pas entendu autrement lorsqu'il a dit :

A tous ces beaux discours j'étais comme une pierre,
Ou comme la statue est au festin de Pierre. »

Cette interprétation est absolument inadmissible. J'ignore si Boileau a entendu ce mot comme

M. Aimé-Martin, ou s'il a simplement transcrit le titre, sans s'en rendre compte, et parce que cela lui fournissait une rime amusante, ne trouvant d'ailleurs aucun sens au *Festin de pierre* par un petit *p*; mais nulle part, que je sache, il n'est fait mention du nom de ce commandeur, que M. Aimé-Martin baptise Don Pierre ou Don Pèdre pour le besoin de la cause; et ce qui est positif, c'est que les pièces espagnole et italienne se nomment *le Convié de pierre* (la Statue invitée); tel est en effet le sujet véritable : car c'est en cela que consiste l'impiété de Don Juan, impiété qui amène sa punition. Ce qui est donc évident, quoique bizarre, c'est que le premier traducteur de la pièce crut calquer le titre italien, sans le comprendre; et ce titre, une fois devenu populaire, fut répété et transcrit par tout le monde, aveuglément, ou scrupuleusement : c'était ce titre-là qui attirait la foule et qui faisait recette, on se serait bien gardé d'y rien changer.

Ce fut d'abord un comédien de l'Hôtel de Bourgogne, nommé De Villiers qui donna ce titre absurde à la pièce qu'il fit jouer dans cette même année 1659, et qui était dédiée à Pierre Corneille[1]. Ensuite un

---

[1]. C'est ce même De Villiers dont Molière s'est moqué dans son *Impromptu de Versailles*. — Deux ans après la mort de Molière, le libraire Jacques Lejeune, d'Amsterdam, ayant voulu donner une édition des œuvres du grand comique, ne put se procurer le *Don Juan*: il eut l'audace de présenter, en lace, *le Festin de pierre* de De Villiers, dont il fit disparaître

certain Dorimont, en 1661, donna, à son tour, une pièce sous le même titre, qui déjà avait la vogue. Cette vogue fit enfin que Molière et sa troupe voulurent avoir aussi leur *Festin de pierre*; et, à la hâte, notre poète comédien composa et donna sa pièce, en 1665. Il y jouait le rôle de Sganarelle ; Don Juan était joué par La Grange. — J'ajoute tout de suite que, deux ans après, Thomas Corneille versifia la pièce de Molière ; en ce temps-là, je le rappelais tout-à-l'heure, on n'acceptait pas volontiers cinq actes en prose. — Et enfin, encore deux autres années après, le comédien Dumesnil, dit Rosimon, de la troupe du Marais, fit jouer *le Festin de pierre, ou l'Athée foudroyé*.

Avouons tout d'abord que la pièce de Molière, quoique très remarquable à beaucoup d'égards, surtout au point de vue du sujet qui nous occupe, est, pour dire le mot, un peu bâclée, pas très bien fondue, mêlée d'éléments disparates, — espagnols, italiens, français, parisiens et provinciaux. — Au reste, extrêmement romantique, elle amalgame la comédie et la terreur ; elle se moque de l'unité de lieu, et elle a raison :

Au premier acte, « le théâtre représente un palais ; »

la dédicace pour ne pas trahir sa fraude, et cela quoique cette dernière comédie fût en vers, tandis que le *Don Juan* était en prose.

Au deuxième, « une campagne au bord de la mer ; »

Au troisième, « une forêt ; »

Au quatrième, « l'appartement de Don Juan ; »

Au cinquième, « une campagne ».

C'est qu'en réalité le caractère même de Don Juan est incompatible avec l'unité de temps et de lieu. Un poète allemand a distribué les cinq actes de son *Don Juan* entre les cinq capitales de l'Europe. C'est, en quelque sorte, la mise en action de ce que le Don Juan de Molière dit à son valet Sganarelle : « J'ai l'ambition des conquérants, qui volent perpétuellement de victoire en victoire, et ne peuvent se résoudre à borner leurs souhaits. Il n'est rien qui puisse arrêter l'impétuosité de mes désirs ; je me sens un cœur à aimer toute la terre ; et, comme Alexandre, je souhaiterais qu'il y eût d'autres mondes, pour y pouvoir étendre mes conquêtes amoureuses ! ».

Non seulement les divers éléments de la pièce de Molière ne sont pas suffisamment fondus ; mais, ce qui est plus grave, le principal personnage lui-même, à mon avis, manque un peu d'unité, lorsqu'il se fait hypocrite et nous donne un avant-goût de Tartuffe. D'où vient cela ? Dira-t-on que Molière a voulu couronner toutes les scélératesses de Don Juan par le vice le plus hideux, l'hypocrisie ? Peut-être. Toujours est-il que cela rompt l'unité. Dans la pièce espagnole, le caractère se tient bien mieux d'un bout à l'autre, en son « originale intrépidité, formée d'une dépravation sans mélange, avide d'égoïstes plaisirs, et d'une moquerie imperturbable qui continue de railler même au milieu des terreurs d'un châtiment miraculeux [1]. » Ce type devenu européen est, au fond, essentiellement espagnol. « C'est dans un pays de foi inébranlable, et d'énergique passion, dit avec finesse et profondeur M. Demogeot, que l'homme peut arriver à se révolter contre le surnaturel sans cesser d'y croire [2] ». Eh bien ! le Don Juan de Molière, changé en hypocrite, renverse cette forte conception. D'où vient donc, encore une fois, que notre auteur a commis cette faute ? car c'en est une, et la réponse que nous avons essayée tout-à-l'heure ne fait que la pallier. — Et c'est encore une réponse plus spécieuse que solide, de dire, comme un autre critique de beaucoup d'esprit[3], que Don Juan « est seulement un hypocrite d'hypocrisie ». Cela peut être vrai jusqu'à un certain point au premier acte, lorsque, croyant avoir échappé à Done Elvire, il se voit rattrapé par elle inopinément et qu'il essaye de se tirer d'affaire comme il peut; mais cela ne peut plus être si vrai au cinquième.

L'explication est, je crois, celle-ci : Molière avait lu *les Provinciales*, qui parurent en 1656-57, et

1. Demogeot, *Histoire des Littératures étrangères*, p. 303.
2. Ibid.
3. J.-J. Weiss.

en avait fait son profit, d'abord pour composer et compléter *Tartuffe*, dont il donnait déjà quelques lectures partielles et quelques représentations privées, qui faisaient grand bruit ; de sorte que déjà aussi « les originaux, selon son expression, se remuaient pour faire supprimer la copie ». Malgré l'appui du Roi lui-même, il n'avait pu encore obtenir l'autorisation de jouer la pièce en public. C'est dans ces circonstances qu'il ne put s'empêcher de laisser échapper une bouffée de sa colère contre les hypocrites, et qu'il surchargea en ce sens le rôle de Don Juan. Ce fut comme une soupape qu'il ouvrit à son indignation trop longtemps comprimée, ou comme un premier coup de canon avant-coureur de la bataille.

Voilà, je crois, la vérité. Et c'est là, sans doute, une explication, mais non une justification au point de vue de la conception dramatique et de l'unité de caractère.

Nous retrouverons tout-à-l'heure la trace des *Provinciales* dans la pièce que nous allons parcourir.

L'action se passe en Sicile, apparemment parce que l'œuvre est imitée plutôt de la traduction italienne que de l'original espagnol de Gabriel Tellez. Mais les personnages en sont espagnols, comme l'indiquent leurs noms et leurs titres : Don Juan, Doñc Elvire, Don Carlos, Don Alonse, Don Louis, le Commandeur. — La Sicile, au surplus, dans le xviie siècle, appartenait aux Espagnols. — Molière, dans ce pays de Sicile, introduit, au deuxième acte, des paysans qui parlent picard, si je ne me trompe. Voilà bien de la bigarrure. — Je sais ce que l'on peut répondre : Puisque tous les personnages de la pièce, la scène étant en Sicile, sont censés parler sicilien alors qu'ils parlent français, il n'y a pas grande inconséquence à faire parler aux paysans qui figurent dans les épisodes un patois quelconque de la France. — Soit ! j'y consens, et n'insiste pas.

Don Juan est donc un homme de plaisir, amoureux de toutes les femmes, et, tel que le décrit Sganarelle à son camarade Gusman, « un épouseur à toutes mains : dame, demoiselle, bourgeoise, paysanne, il ne trouve rien de trop chaud ni de trop froid pour lui ; et, si je te disais les noms de toutes celles qu'il a épousées en divers lieux, ce serait un chapitre à durer jusqu'au soir ». On peut saisir ici l'origine de la liste bouffonne de Leporello dans l'opéra italien, et de son fameux chiffre, *mille e tre*, en Espagne seulement.

Don Juan vient donc, en dernier lieu, d'abandonner la malheureuse Done Elvire, après l'avoir enlevée d'un couvent, et épousée, mais seulement en secret. Elle le rejoint dans sa fuite ; et c'est alors qu'il imagine tout à coup de simuler ces scrupules religieux, un peu tardifs : « J'ai fait réflexion que, pour vous épouser, je vous ai dérobée à la clôture d'un couvent ; que vous avez rompu des vœux qui vous engageaient autre part ; et que le Ciel est fort jaloux de ces sortes de choses. Le repentir m'a pris, et j'ai craint le courroux céleste... »

Don Juan prélude ainsi à l'hypocrisie ; mais, à ce moment-là, c'est, à ce qu'il me semble, sans préméditation. Puis, ayant pris ce masque par hasard et l'ayant trouvé commode, il le reprendra au cinquième acte. Voilà ce qu'on peut dire pour essayer de redonner au caractère son unité.

Molière, afin d'égayer un sujet sérieux, y jette divers épisodes, qui d'ailleurs servent aussi à mettre en lumière le caractère de Don Juan : tels sont le naufrage, puis la scène champêtre, où il en conte aux deux jeunes paysannes en même temps ; scènes qui se trouvent, du reste, dans la pièce originale, et aussi chez Dorimont. L'une de ces deux paysannes est la promise de celui qui vient de sauver la vie à Don Juan lorsqu'il se noyait : Don Juan, non seulement suborneur, mais ingrat, ne songe qu'à séduire la petite fiancée, pour récompenser le pauvre Pierrot de son service : et, lorsque celui-ci veut l'empêcher de baiser la main de Charlotte, le gentilhomme repousse rudement ce vilain : « Qui m'amène cet impertinent ? »

Autre épisode pour égayer : Don Juan, apprenant tout à coup que douze hommes à cheval sont sur sa trace : « Comme la partie n'est pas égale, dit-il, il faut user de stratagème », et il propose à Sganarelle de changer d'habits avec lui. Le valet ne se soucie guère de s'exposer à être tué pour son maître ; mais Don Juan, sans l'écouter : « Allons vite, c'est trop d'honneur que je vous fais. » — Pour plus de sûreté, tous deux ensuite se déguisent en médecins, et l'auteur en prend occasion de faire voir que son héros est incrédule en médecine comme en tout le reste. Là commence cette guerre de railleries contre les médecins et la médecine, que l'auteur continuera jusqu'à sa mort. — « Comment, monsieur, s'écrie Sganarelle, vous êtes aussi impie en médecine? » Ainsi dans cette pièce Molière se met sur les bras, du même coup, les médecins et les bigots.

La scène où Don Juan développe brillamment son impiété donna prétexte aux adversaires de Molière pour l'accuser lui-même des sentiments de son héros. Dans tous les temps il se trouve des esprits faibles, ou des gens de mauvaise foi, et souvent les deux choses ensemble, qui attribuent volontiers à l'auteur les sentiments des personnages qu'il fait parler ; qui trouvent mauvais qu'un athée parle comme un athée, et un païen comme un païen, et qui s'en indignent, ou qui font semblant. Ce fut cette espèce de gens qui attaqua Molière avec violence. Ils avaient déjà connaissance indirectement de la comédie du *Tartuffe*, dont les trois premiers actes avaient été joués aux fêtes de Versailles en 1664, et les cinq chez le prince de Condé, puis lus chez Ninon de Lenclos.

Don Juan, avec son impiété, leur fut une occasion d'engager la bataille. Peut-être, du reste, l'élève de Gassendi et traducteur de Lucrèce trouvait-il quelque plaisir à exprimer, par la bouche de son héros, un certain nombre de pensées hardies et libres qu'il n'eût pu risquer en son propre nom, et à contenter à la fois la vérité dramatique et l'audace philosophique. Un sieur de Rochemont, avocat au Parlement, lança contre lui un libelle, où il disait : « Qui peut supporter la hardiesse d'un farceur qui fait plaisanterie de la religion, qui tient école de libertinage, et qui rend la majesté de Dieu le jouet d'un maître et d'un valet de théâtre, d'un athée qui s'en rit et d'un valet plus impie que son maître, qui en fait rire les autres [1] ? » Il concluait en demandant la punition de l'auteur, et rappelait que l'empereur Auguste avait condamné à mort un bouffon pour ses railleries contre Jupiter, et que l'empereur Théodose avait livré aux bêtes d'autres comédiens impies. Le Roi, qui heureusement avait besoin de Molière pour composer les divertissements et les comédies de ses fêtes galantes, le soutint autant qu'il put. Il savait que *le Festin de pierre* était représenté dans plusieurs pays; que l'Inquisition elle-même le laissait jouer en Espagne ; qu'on le donnait aussi en Italie ; enfin que, depuis plusieurs années, on le jouait à Paris sur le théâtre

---

1. Observations sur *le Festin de pierre*, par le sieur de Rochemont, page 88.

italien et sur d'autres scènes. Pourquoi la troupe de Molière aurait-elle été empêchée de le jouer aussi ? Et, comme on insistait auprès du Roi en lui énumérant les impiétés de Don Juan, il répondit simplement : « Cela est vrai, mais il n'est pas récompensé. » Autrement dit, il est foudroyé et englouti dans les enfers.

Toutefois la scène du Pauvre, où Don Juan essaye d'induire ce malheureux à jurer pour un louis d'or, et où celui-ci refuse, en déclarant qu'il aime mieux mourir de faim, à quoi Don Juan réplique : « Va, va, je te le donne pour l'amour de l'humanité », cette scène d'une philosophie téméraire, qui osait donner à entendre en plein théâtre, à cette époque de fanatisme, que la morale pouvait exister par elle-même et que la bienfaisance devait être désintéressée, cette scène avait été supprimée dès la seconde représentation. Et, même dix-sept ans après, en 1682, Vinot et La Grange ayant fait imprimer le manuscrit complet de la pièce, reçurent aussitôt l'ordre de faire disparaître, au moyen de cartons, ces passages et d'autres encore. Un ou deux exemplaires seulement (peut-être celui du lieutenant général de police, et celui du Roi) échappèrent à cette mutilation ; on les a retrouvés en 1813.

Pour l'équilibre dramatique, comme il ne faut pas que le héros de la pièce soit absolument odieux, l'auteur le relève par certains côtés : ainsi, à ce moment même, apercevant dans la forêt un homme attaqué par trois autres, « La partie est trop inégale, dit-il, et je ne dois pas souffrir cette lâcheté. » Il met l'épée à la main et court au lieu du combat, n'hésitant point à exposer galamment sa vie pour sauver celle d'un inconnu.

A peu près de même, dans le roman de Richardson, Lovelace, dont le caractère semble tracé sur celui de Don Juan, est fidèle à ses amis, généreux envers ses ennemis, plein de franchise et de valeur, perfide et scélérat seulement envers les femmes.

L'homme que Don Juan a secouru se trouve être le frère de cette Done Elvire qu'il a abandonnée. Seulement Don Carlos ne connaît pas Don Juan. Mais bientôt survient l'autre frère, Don Alonse, qui le connaît, et met l'épée à la main contre lui. Alors, situation théâtrale et chevaleresque, Don Carlos à son tour défend cet ennemi contre son frère, d'abord par des paroles, ensuite par des actions lorsque le frère n'écoute rien ; il rend donc à Don Juan ce qu'il a reçu de lui, et le sauve à son tour, remettant à plus tard de venger leur injure personnelle, l'outrage fait à leur sœur. « Don Juan, lui dit-il, vous voyez que j'ai soin de vous rendre le bien que j'ai reçu de vous, et vous devez par là juger du reste, croire que je m'acquitte avec la même chaleur de tout ce que je dois, et que je ne serai pas moins exact à vous payer l'injure que le bienfait. Je ne veux point vous obliger ici à expliquer vos sentiments, et je vous donne la liberté de songer à loisir aux résolutions que vous avez à prendre. Vous connaissez assez la grandeur de l'offense que vous nous avez faite, et je vous fais juge vous-même des réparations qu'elle demande. Il est des moyens doux pour nous satisfaire ; il en est de violents et de sanglants ; mais enfin, quelque choix que vous fassiez, vous m'avez donné parole de me faire faire raison par Don Juan. Songez à me la faire, je vous prie, et vous ressouvenez que, hors d'ici, je ne dois plus qu'à mon honneur. »

Discours noble, élevé, attachant ; plein de l'esprit chevaleresque entretenu par les romans héroïques et par les Cours d'Amour.

ONZIÈME LEÇON

MOLIÈRE,
DON JUAN *(suite et fin)*.
THOMAS CORNEILLE, *le Festin de pierre*

LES DIVERS *DON JUAN*
DA PONTE, MOZART, HOFFMANN, MUSSET, BYRON, etc.

Nous arrivons au moment de la pièce où Molière met en œuvre la légende populaire. Don Juan aperçoit entre les arbres le tombeau du Commandeur, de ce Commandeur qu'il a tué en duel l'an passé. — C'est le nœud du drame.

DON JUAN
Mais quel est le superbe édifice que je vois entre ces arbres ?

SGANARELLE
Vous ne le savez pas ?

DON JUAN
Non, vraiment.

SGANARELLE

Bon ! c'est le tombeau que le Commandeur faire lorsque vous le tuâtes.

DON JUAN

Ah ! tu as raison. Je ne savais pas que c'était de ce côté-ci qu'il était. Tout le monde m'a dit des merveilles de cet ouvrage, aussi bien que de la statue du Commandeur ; et j'ai envie de l'aller voir.

SGANARELLE

Monsieur ! n'allez point là !

DON JUAN

Pourquoi ?

SGANARELLE

Cela n'est pas civil, d'aller voir un homme que vous avez tué.

DON JUAN

Au contraire ! c'est une visite dont je lui veux faire civilité, et qu'il doit recevoir de bonne grâce, s'il est galant homme. Allons, entrons dedans.

(Le tombeau s'ouvre, et l'on voit la statue du Commandeur.)

Ici se présentent deux observations : l'une qui regarde le fond de la pièce, l'autre qui ne regarde que la mise en scène. La première, c'est que Molière a jugé inutile, et peut-être dangereux, d'adopter cette partie de la légende espagnole, qui se retrouve dans l'opéra italien, et d'après laquelle le Commandeur tué par Don Juan serait le père d'une de ses victimes. Peut-être a-t-il craint que cela ne rendît Don Juan trop odieux, et ne donnât à la pièce une couleur de drame un peu trop forte. La seconde observation, c'est que l'auteur a eu soin d'écarter l'idée de cimetière, soit de peur d'assombrir l'esprit du spectateur, soit que, le cimetière en ce temps-là faisant partie de l'église, l'idée de le mettre sur la scène pût paraître une profanation. — Cependant Shakspeare, dans *Hamlet*, n'a eu aucun de ces scrupules. Et c'est peut-être à son exemple que plus tard on s'est enhardi chez nous à mettre sur le théâtre soit un cimetière, soit une église, lorsque l'action le demandait. Mais encore est-ce surtout dans les opéras qu'on a osé risquer la chose, parce que, là, on pouvait la sauver par le prestige du décor et de la musique : ainsi, le cimetière dans *Lucie de Lammermoor*, l'intérieur de la cathédrale à la fin de *Robert-le-Diable* et dans *le Prophète*, le parvis de l'église dans *Faust* [1].

1. Remarquons, à ce propos, une inconséquence, que j'expliquerai ensuite. Au deuxième acte de *Faust*, nous voyons Méphistophélès trembler de tout son corps et se baisser en détournant les yeux devant la croix des épées qu'on lui présente en quelque sorte pour l'exorciser par ce symbole sacré : comment alors, à l'un des tableaux suivants, ose-t-il bien entrer dans l'église, afin de troubler Marguerite qui prie et de la désespérer? L'explication, la voici : le personnage qui s'introduit, non pas précisément dans l'église même, mais à l'entrée du parvis et en deçà du bénitier, était d'abord un être particulier, d'un aspect demi-fantastique, appelé le *Mauvais Esprit*, vêtu d'une teinte gris-jaune, monotone et uniforme. Ce Mauvais Esprit était celui de la désespérance en la miséricorde

L'opéra de *Don Juan*, comme la pièce de Molière, élude l'idée de cimetière ; le lieu est désigné par ces mots : « l'Enclos du Commandeur ».

Dans les nombreuses pièces faites sur ce sujet, la Statue est présentée de diverses manières, tantôt dans le tombeau, tantôt dehors, tantôt à pied, tantôt à cheval. Cela tient sans doute aux difficultés de la mise en scène. Si la Statue ne fait trembler, elle fait rire. Le fantastique est d'un emploi très délicat et demande une exécution parfaite. Lorsque Voltaire introduisit dans sa tragédie de *Sémiramis* l'Ombre de Ninus, — imitant sans le dire l'Ombre du père d'Hamlet, — il eut bien de la peine à éviter cet écueil : l'ombre restait dans le tombeau, comme ici la Statue du Commandeur, et n'apparaissait que dans le demi-jour du monument qui s'entr'ouvrait. Encore se plaint-il, dans une lettre à un de ses amis, de ce que l'acteur qui représente ce spectre, destiné à produire un effet tragique, a plutôt « l'air d'être le portier du mausolée ».

Molière, obéissant à l'instinct romantique, fait alterner dans sa pièce les scènes de comédie avec

---

de Dieu. Plus tard, peut-être faute de chanteur ayant un talent digne de l'air que dit ce personnage et qui est fort beau, mais grave, nullement dans le caractère ironique de Méphisto, on le rattacha cependant au rôle de celui-ci, ce qui fit deux inconséquences pour une, puisqu'ici Méphisto n'a pas peur du lieu saint, lui qui tremblait et se terrait devant la seule croix des épées, et qu'il chante un air qui n'est plus du tout dans son caractère et qu'on a dû transposer pour lui les scènes de drame. De même qu'il a placé au second acte le joli tableau des deux jeunes paysannes coquettes que Don Juan séduit et enjôle toutes deux à la fois, de même ici, après la scène de la Statue et du tombeau, vite il pique la scène plaisante de Monsieur Dimanche, le marchand tailleur. Toutefois on peut observer qu'il y a ici non-seulement de la variété, mais un peu de bigarrure : car cette scène mêle tout-à-coup des teintes françaises et bourgeoises à la couleur espagnole et fantastique. Je me rends bien compte que l'auteur a fait ce constraste à dessein ; seulement il semble un peu trop heurté. Mais Molière, avant tout, veut amuser son monde, pour lui faire avaler doucement les témérités impies. Maintenant, par une autre modulation, après ce tableau comique, il plante le sermon grave et sévère du père qui vient morigéner son fils. C'est le pendant de la scène du *Menteur* dans Corneille. Celle de Molière est également très éloquente et très belle ; mais celle de Corneille, d'après Alarcon, est plus saisissante. Dans la pièce de Molière, Don Juan répond à son père avec insolence : « Monsieur, si vous étiez assis, vous en seriez mieux pour parler. » Et, lorsque Don Louis est parti, Don Juan dit ces paroles odieuses : « Eh! mourez le plus tôt que vous pourrez! c'est le mieux que vous puissiez faire. Il faut que chacun ait son tour, et j'enrage de voir des pères qui vivent autant que leurs fils! »

Ce n'est pas sans dessein que Molière a placé là une touche aussi rude : c'est d'abord par suite d'une observation profonde de la nature, à savoir que la vie sensuelle et basse, et, pour dire le mot, le libertinage, développe une aridité de cœur effrayante, qui va même parfois jusqu'à la cruauté. On en pourrait donner des exemples frappants, et la *Gazette des Tribunaux* en fournit chaque jour. Il y a ensuite une raison dramatique : Molière a voulu que Don Juan, par ces paroles odieuses, révoltât le spectateur, qui en effet dès ce moment désire instinctivement qu'il soit puni ; et alors, pour satisfaire le sens moral du public, le drame par des coups successifs et rapides fait pressentir la catastrophe et s'y précipite. C'est d'abord Done Elvire qui vient faire à Don Juan des reproches pleins de tendresse, avec les accents les plus pathétiques. Il reste sec et sans remords. Seule, une sorte de fantaisie libertine, je ne sais quelle vague idée de revenez-y, se réveille en lui ; il essaye de retenir cette belle affligée : « Madame, il est tard, demeurez ici, on vous y logera le mieux qu'on pourra. » C'est uniquement parce qu'il trouve du piquant à ses larmes. Elle refuse et s'en va, après l'avoir averti de la justice de Dieu. Don Juan alors dit à Sganarelle : « Sais-tu bien que j'ai encore senti quelque peu d'émotion pour elle ; que j'ai trouvé de l'agrément dans cette nouveauté bizarre ; et que son habit négligé, son air languissant et ses larmes ont réveillé en moi quelques petits restes d'un feu éteint? »

SGANARELLE

C'est-à-dire que ses paroles n'ont fait aucun effet sur vous.

DON JUAN

Vite, à souper!

SGANARELLE, *en soupirant.*

Fort bien.

DON JUAN, *en se mettant à table.*

Sganarelle! il faut songer à s'amender pourtant!

SGANARELLE

Oui-dà!

DON JUAN

Oui, ma foi! il faut s'amender. Encore vingt ou trente ans de cette vie-ci, et puis nous songerons à nous.

SGANARELLE, *scandalisé, à part.*

Oh!

DON JUAN

Qu'en dis-tu?

SGANARELLE

Rien. Voilà le souper.

Molière, attentif à tenir la balance égale entre l'élément tragique et l'élément comique, suspend encore, par quelques jeux de scène tirés de la gourmandise de Sganarelle, l'approche du châtiment; et, par ce mélange prolongé de fantastique et de bouffon, reste romantique jusqu'au bout. Mais enfin voici le commencement de la justice céleste, voici la terreur et l'épouvante. — Dans l'opéra, elles croissent et se doublent des accords grandioses et des tonalités étranges trouvés par Mozart pour peindre le bruit des pas de l'homme de pierre et sa parole de chant d'église. — C'est la Statue qui vient souper, se rendant à l'invitation de Don Juan. Molière a soin de ne faire prononcer à l'homme de pierre que peu de paroles. La Statue, après s'être rendue à l'invitation du *burlador* l'invite à son tour.

Je vous invite à venir demain souper avec moi. En aurez-vous le courage ?

DON JUAN

Oui. J'irai, accompagné du seul Sganarelle.

SGANARELLE

Je vous rends grâces, il est demain jeûne pour moi.

Ainsi l'auteur maintient toujours la note comique au travers du fantastique terrible. Rien, ce me semble, n'est plus shakspearien : cela fait penser à certains intermèdes de *Macbeth* et de *Richard III*.

Le dernier acte est consacré d'abord à la peinture de l'hypocrisie de Don Juan. La haine universelle soulevée par ses crimes est prête à l'accabler;

son père le déshérite en le maudissant. Don Juan alors change de maintien et de langage, et fait l'hypocrite religieux. Sur ce point, qui à notre sens rompt l'unité du caractère de Don Juan, nous avons cru devoir faire nos réserves, tout en donnant l'explication, non la justification, de cette volte-face.

Maintenant voici, avant de finir, la trace de la lecture des *Provinciales*. Le frère d'Elvire, Don Carlos, vient demander à Don Juan quelles résolutions il a prises au sujet de sa sœur délaissée ; Don Juan répond, d'un ton de papelard, qu'il a fait dessein de renoncer au monde et à ses attachements. Don Carlos, étonné, insiste ; mais c'est en vain : Don Juan réplique qu'il veut obéir à l'ordre du Ciel. Don Carlos finit par le provoquer ; Don Juan alors, comme les casuistes de la morale moliniste, répond : « Vous ferez ce que vous voudrez. Vous savez que je ne manque point de cœur, et que je sais me servir de mon épée quand il le faut. Je m'en vais passer tout-à-l'heure dans cette petite rue écartée qui mène au grand couvent ; mais je vous déclare, pour moi, que ce n'est point moi qui me veux battre : le Ciel m'en défend la pensée. Et, si vous m'attaquez, nous verrons ce qui en arrivera. »

Or, que dit le texte des casuistes cités par Pascal ? « Un homme peut, pour conserver son honneur, se trouver au lieu assigné, non pas véritablement avec l'intention expresse de se battre en duel, mais seulement avec celle de se défendre, si celui qui l'a appelé l'y vient attaquer injustement. Et son action, d'elle-même, sera tout indifférente : car quel mal y a-t-il d'aller dans un champ, de s'y promener en attendant un homme, et de se défendre si on vous y vient attaquer? Et ainsi, il ne pèche en aucune manière, puisque ce n'est point du tout accepter un duel, ayant l'intention dirigée à d'autres circonstances. Car l'acceptation du duel consiste en l'intention expresse de se battre, laquelle celui-c n'a pas. »

Voilà la fameuse direction d'intention, qui sera recommandée aussi par Tartuffe. Que dit, en effet, celui-ci, voulant induire à mal la femme de son bienfaiteur ?

> Selon divers besoins, il est une science
> D'étendre les liens de notre conscience
> Et de rectifier le mal de l'action
> Avec la pureté de notre intention.

Cependant l'heure du châtiment de Don Juan arrive enfin. Plusieurs apparitions fantastiques viennent l'avertir successivement d'avoir à se repentir bien vite, s'il veut échapper au courroux du Ciel. L'impie n'en tient compte. C'est d'abord un Spectre de femme voilée. Puis ce Spectre change de figure et représente le Temps avec sa faulx à la main. Enfin, c'est la Statue du Commandeur, qui reparaît venant chercher Don Juan.

C'est là une petite invraisemblance, mais à laquelle le spectateur n'a pas le temps de songer : on ne voit pas de bonne raison pour que le Commandeur vienne chercher son invité, au lieu de l'attendre chez lui, c'est-à-dire dans son tombeau. Il ne l'a, d'ailleurs, invité que pour le lendemain. Il est vrai que la suite des paroles montre que nous sommes déjà à ce lendemain. Et ceci fait voir que Molière, dans ce libre drame, s'affranchit de l'unité de temps aussi bien que de l'unité de lieu.

LA STATUE

Don Juan, vous m'avez hier donné parole de venir manger avec moi.

DON JUAN

Oui. Où faut-il aller?

LA STATUE

Donnez-moi la main.

DON JUAN

La voilà.

LA STATUE, *lui tenant la main.*

Don Juan, l'endurcissement au péché traîne une mort funeste ; et les grâces du Ciel, que l'on renvoie, ouvrent un chemin à sa foudre.

DON JUAN

O Ciel ! que sens-je ? un feu invisible me brûle ! Je n'en puis plus, et tout mon corps devient un brasier ardent ! Ah !

« Le tonnerre tombe, avec un grand bruit et de

grands éclairs, sur Don Juan. La terre s'ouvre et l'abyme; et il sort de grands feux de l'endroit où il est tombé ».

Sganarelle, resté seul, termine la pièce par une dernière note comique; ce qui, après une telle catastrophe, est d'un romantisme bien persistant : « Ah ! mes gages, mes gages ! Voilà, par sa mort, un chacun satisfait : Ciel offensé, lois violées, filles séduites, familles déshonorées, parents outragés, femmes mises à mal, maris poussés à bout, tout le monde est content; il n'y a que moi seul de malheureux ! Mes gages ! mes gages ! mes gages ! »

Ce rôle de Sganarelle éclaire et égaye la pièce, qui autrement, malgré quelques autres épisodes, eût paru trop sombre. Ce caractère — sensé, mais poltron et intéressé — contraste avec celui de Don Juan, impie et scélérat, mais brillant, brave et prodigue.

Après la mort du poète et à la sollicitation de sa veuve, Thomas Corneille mit en vers *le Festin de pierre* et délaya la vigoureuse prose de notre auteur, excepté quand il y trouva de beaux vers tout faits, qu'il n'eut qu'à cueillir; celui-ci, par exemple, dans la scène du père :

La naissance n'est rien où la vertu n'est pas.

Mais, en général, il affaiblit tout : il paraphrase avec une facilité agréable et molle. En outre, il retranche, il ampute, non seulement la scène du Pauvre, que Molière lui-même avait été forcé d'ôter, mais d'autres parties, sans que l'on voye la nécessité de ces amputations.

En revanche, il fait paraître, au troisième et au cinquième actes, trois personnages féminins de son invention : 1° une jeune fille, Léonor, que Don Juan cherche à séduire, comme toutes les autres, en lui promettant mariage ; 2° la tante de cette jeune fille, qui survient à propos pour la sauver ; 3° une nourrice, nommée Pascale.

Voici les autres changements introduits par lui : au quatrième acte, il place la scène des réprimandes du père à son fils avant celle du créancier, M. Dimanche ; au même acte, il ne fait pas revenir Done Elvire et perd ainsi un trait qui, chez Molière, achève de peindre le caractère de Don Juan (ce revenez-y de libertinage) ; au cinquième acte, il ne fait pas reparaître le frère de Done Elvire, Don Carlos, qui, chez Molière, en provoquant Don Juan, donne occasion à son hypocrisie et à sa morale jésuitique ; au même acte encore, il a singulièrement affaibli et rétréci l'idée de Molière, en motivant l'hypocrisie de Don Juan par le seul désir de faire acquitter ses dettes à son père, et il a omis plusieurs des traits les plus forts de cet hypocrite, frère de Tartuffe. Il a supprimé, à la fin, l'apparition du « Spectre en femme voilée » et celle du « Temps ». La dernière n'est pas très regrettable.

On a peine à comprendre que, pendant un siècle et demi, cette paraphrase si faible soit restée en possession de la scène française, de préférence à l'œuvre de Molière, — si ce n'est qu'en ce temps-là le goût des comédiens et du public était plutôt pour les pièces en vers ; de notre temps, au contraire, où il est plutôt pour les pièces en prose, le *Don Juan* de Molière a été repris avec honneur, et la pâle versification de Thomas Corneille est délaissée.

Venons aux autres *Don Juan*.

Dans la première moitié du siècle dernier, un nommé Le Tellier donna un opéra-comique en trois actes, intitulé : *le Festin de pierre*.

Puis vint le libretto italien composé par l'abbé Da Ponte combinant l'œuvre espagnole de Gabriel Tellez et l'œuvre française de Molière. Ce livret plus que médiocre a eu la chance inestimable d'être illustré et transfiguré par la musique de Mozart. Préoccupé avant tout d'égayer ce sombre sujet, l'auteur lui a donné le titre de *dramma giocoso*. Il a extraordinairement ravalé le caractère de Don Juan : par exemple, lorsque celui-ci va jusqu'à changer non seulement d'habit, mais de femme avec son valet, et adresse à la femme de ce valet, pour la séduire, la délicieuse sérénade qui méritait un meilleur emploi, — pendant que Leporello de son côté, pour obéir à son maître, fait la cour à Done Elvire. En France, cet endroit-là fait mal au cœur ;

en Italie, la bouffonnerie couvre tout; on ne voit et on n'entend que les lazzi des deux personnages ridiculement travestis de leurs habits échangés, et imitant aussi et contrefaisant la voix et le chant l'un de l'autre. Voilà le *dramma giocoso* : c'est l'opérette bouffe, amalgamée avec l'*opera seria e tragica*. Heureusement la musique de Mozart anime, rehausse et illumine de ses splendeurs et de sa grâce ces banalités vulgaires ; heureusement aussi, le librettiste Da Ponte a repris cette partie de la légende espagnole que Molière avait cru devoir laisser de côté et d'après laquelle le Commandeur a été tué par Don Juan en essayant de venger l'outrage fait à sa fille. Cela ouvre tout d'abord une puissante source dramatique et musicale, par l'introduction du personnage de cette fille, Dona Anna. Dès le début de la pièce, on assiste pour ainsi dire au crime dont on verra à la fin le châtiment, et dès lors le caractère de Dona Anna se développe avec une énergie qui se soutient dans toute la pièce et fait de ce personnage un rôle capital. Notons ce point, car de là vont dériver plusieurs chose intéressantes.

Cela nous conduit d'abord à parler du *Don Juan* d'Hoffmann, petit conte fantastique qui se rapporte autant et plus à Dona Anna qu'à Don Juan lui-même. Hoffmann voit et admire en Don Juan la séduction dominatrice, — Musset, en s'emparant de cette idée d'Hoffmann, l'exagérera jusqu'à la fausser; — selon Hoffmann, l'amour et sa puissance mêlent et amalgament dans Don Juan le Diable avec Dieu. La tentative d'enlèvement de Dona Anna est son entreprise la plus hardie, la plus téméraire : aussi est-ce là le pivot du drame qui résumera et dénouera sa destinée.

Dona Anna, par les dons brillants de sa nature et par son énergie, fait le pendant, et aussi le contraste de Don Juan, parce que chez elle le bien l'emporte sur le mal, comme, chez lui, le mal sur le bien. « De même, dit Hoffmann, que Don Juan est primitivement un homme d'une beauté et d'une force merveilleuses, Dona Anna est une femme divine, dont l'âme pure échappe à la puissance du Diable. »

Voici, au surplus, la brève analyse de ce conte fantastique. Hoffmann assiste, seul, dans une petite loge de quelque théâtre d'Italie, à une représentation du *Don Juan* de Mozart. Pendant qu'il est sous le charme de cette puissance et de cette grâce, Dona Anna elle-même, qui sort de chanter son rôle du premier acte, vient (il le croit du moins) s'asseoir derrière lui, dans cette loge : il a entendu quelqu'un qui entrait, il reste un peu de temps sans se retourner et sans savoir quelle personne se trouve là. Enfin il se retourne... Est-ce une vision, ou une réalité?... Hoffmann excelle à maintenir le lecteur dans l'incertitude. La conversation s'engage, toute idéale et musicale, en dialecte toscan ; puis Dona Anna le quitte pour aller continuer son rôle dans la pièce.

Le spectacle fini, le voyageur rentre dans sa chambre d'hôtel ; l'hôtel est contigu au théâtre, et y communique par un couloir. Notre dilettante, encore sous le charme, reste en vibration de tant de merveilles, ne peut dormir, retourne enfin dans la loge et contemple le théâtre dans l'obscurité : il croit entendre encore, dans la salle vide, flotter des lambeaux de sonorités vagues ; lui-même en réveille les échos, en prononçant comme une évocation le nom de Dona Anna. L'horloge sonne deux heures du matin. Il sent passer sur son front un souffle, puis il croit respirer autour de lui l'odeur d'un parfum italien qui, pendant la soirée, lui avait révélé la présence de cette femme assise derrière lui. Et voilà qu'il entend encore chanter Dona Anna. Puis, tout-à-coup, ce chant, d'une beauté indicible, s'interrompt... Le lendemain, il apprend, à table d'hôte, que la cantatrice d'hier au soir est morte, cette nuit, à deux heures.

Voilà le cadre, assez adroitement construit. Quelle est la part de la réalité, la part de l'hallucination, dans cette visite pendant l'entr'acte et dans tout le reste ? Hoffmann laisse au lecteur le soin de deviner ; c'est en cela que consiste l'art de l'auteur des *Contes fantastiques*. **Toutefois**, voici les dernières lignes, qui donnent en quelque sorte le mot de l'énigme :

CONVERSATION A TABLE D'HOTE.

UN HOMME RAISONNABLE, *frappant sur couvercle de sa tabatière.*

C'est pourtant dommage que nous ne puissions plus, de sitôt, entendre un opéra bien exécuté! Cela vient de cette fatale exagération!

UN HOMME A LA FIGURE BASANÉE

Oui, oui, je le lui ai dit assez souvent! Le rôle de Dona Anna la saisissait trop vivement! Hier elle était comme possédée! Pendant tout l'entr'acte, elle est, dit-on, restée évanouie, et, à la scène du second acte, elle avait une attaque de nerfs.

UN INSIGNIFIANT

Oh! contez-moi donc...

L'HOMME BASANÉ

Eh bien! oui, une attaque de nerfs, et on n'a pas pu l'emporter hors du théâtre.

MOI

J'espère que ces attaques ne sont point dangereuses? Reverrons-nous bientôt la signora?

L'HOMME RAISONNABLE, *prenant une prise.*

Difficilement : car la signora est morte, cette nuit, a deux heures.

Tel est ce petit conte d'un effet saisissant. — inspiré par le sentiment très vif des beautés de l'œuvre de Mozart.

Et, en effet, quelle merveille que cet opéra, ou plutôt quelle succession de merveilles ! Quelle puissance et quelle variété ! L'indignation, l'amour, la grâce, la bouffonnerie, la terreur ! quelle richesse éblouissante et quel charme inépuisable ! Quelle immense étendue de clavier, — de Dona Anna et de Don Juan à Leporello et à Zerline, — depuis les gaietés champêtres jusqu'aux épouvantements d'outre-tombe, aux affres de la mort impénitente et aux terreurs du jugement divin ! *Dramma giocoso !* pièce plaisante ! Oui, comme la *Divina Commedia* du Dante, cette formidable trilogie : *l'Enfer, le Purgatoire, le Paradis !* Mais cet opéra, lui aussi, n'est-il pas une comédie ; ou plutôt un drame romantique, représentant la vie humaine tout entière, avec ses contrastes ? Mozart a su comprendre et rendre tout cela, sans parti pris et sans système, avec son génie puissant et facile. Mozart est grand comme Shakspeare [1].

Voyons maintenant la série des transformations de Don Juan.

« Sur cette légende de Don Juan, dit Sainte-Beuve, tous les poètes ont créé, varié (c'est-à-dire fait des variations), libres, selon leur fantaisie. Sur ce nom demi-fabuleux, depuis Tirso de Molina, Molière et Mozart, jusqu'à Byron, Musset et Mérimée, chacun a joué à son tour et à sa guise ; cha-

---

1. Voir l'*Appendice*, à la fin du volume.

cun a transformé le type à son image, et l'a fait, chaque fois, original et nouveau. »

Nouveau, plus ou moins : nous allons voir dans quelle mesure. C'est surtout à propos du Don Juan de Byron que le mot de Sainte-Beuve est juste. Ce Don Juan, ce n'est plus du tout celui de la légende, — aussi ne devons-nous pas nous y arrêter longtemps; — c'est Byron lui-même, avec toutes ses fantaisies. C'est un mélange de Chérubin et de Don Juan, si l'on veut : amoureux de toutes les femmes qu'il rencontre, mais ayant plus d'ardeur et de curiosité que de tendresse; et, en outre, se faisant un malin plaisir, en homme indépendant, sincère, à qui les défauts de sa nation sont insupportables, de scandaliser par ses vers et ses pensées très libres les lecteurs et surtout les lectrices de ce cher pays dont la pudibonderie lui irrite les nerfs. Oui, ce Don Juan-là, c'est lord Byron, agacé par le *cant* britannique, et s'amusant, pour se soulager, à lui faire pousser des cris de paon, des cris comme jamais de mémoire d'homme les *ladies* n'en avaient poussé: car jamais de mémoire d'homme, en Angleterre, on n'avait osé écrire et imprimer, sur l'amour, les femmes, le mariage, des choses si téméraires. Je me garderai bien d'en redire une seule ici.

Au fond, je crois que ces fusées de raillerie amusaient assez les dames qui criaient. Byron, en les révoltant, les intéressait. Elles ne s'étaient jamais trouvées à pareille fête. Chacune d'elles lui eût volontiers arraché les yeux, en public ; en particulier, je ne sais.

Quand on dit tant de mal des femmes, quelque chose leur dit que c'est qu'on en pense trop de bien, et qu'on ne fait semblant de les haïr que de peur de trop laisser voir qu'on ne peut s'empêcher de les aimer. Les femmes ont un instinct qui ne les trompe pas, et tout de suite, comme les enfants, elles sentent ceux qui les aiment, même quand ils n'en font pas semblant. Et, comme apparemment elles savent quelque chose du proverbe latin : *Qui aime bien, châtie bien,* elles ne s'épouvantent point d'être battues, sentant qu'il y a moins loin de la haine à l'amour que de l'indifférence. Et, en effet, Byron, qui les fustigeait, les adorait. Plus d'une lui aurait dit peut-être, lorsqu'il devint plus modéré, ce que disait une dame du XVIIe siècle au cardinal de Retz, son ancien ami, un peu refroidi : « Ah ! où est le temps où vous me jetiez des chandeliers à la tête ? »

Oui, il est évident que sous le nom de Don Juan, Byron se peint lui-même, et brode quelques-unes de ses propres aventures, plus ou moins arrangées. C'est, d'abord, en Angleterre, l'histoire de Julia ; puis, sur les côtes d'Afrique, l'épisode de la jeune Haydée ; c'est, ensuite, à Constantinople, au sérail, une sultane déjà mûre, Gulbeyaz, à laquelle il préfère la petite Dudu ; c'est, ensuite, la grande Catherine de Russie ; et puis, encore en Angleterre, nombre d'autres filles d'Ève. Byron est plutôt une sorte de Joconde, un voyageur amoureux de toutes celles qu'il rencontre, — il y a beaucoup de voyageurs comme cela, — qu'un véritable Don Juan. Rien de la légende : ni châtiment, ni statue. Le poème, d'ailleurs, est inachevé, quoique ayant déjà seize chants. « Plein de feu, d'esprit et de grâce, mais (on l'a dit avec justesse) sans règle et sans frein, comme son héros, le poète promenait par toute l'Europe ses fantaisies licencieuses [1]. »

En même temps, comme le Don Juan véritable, peu commode à qui gêne ses entreprises amoureuses, il bat et étouffe le premier mari qu'il trompe, et ce n'est pas de sa faute s'il ne tue pas le père de la première jeune fille qu'il séduit. Faisant volontiers la guerre comme l'amour, il occit un assez grand nombre d'hommes. Pas méchant, du reste : aimant les chats et les oiseaux, et sauvant une petite fille parmi le tas de gens qu'il a massacrés. Notons aussi le libertinage religieux, qui éclate partout en fusées dans ce poème, comme dans la première édition de *Childe Harold*, légèrement modifiée et atténuée depuis.

Ces quelques traits du Don Juan-Byron suffisent. J'en ajoute un dernier, qui en rachètera plusieurs. Un jour, à Venise, la Guiccioli lui disait : « Comment te prouver que je t'aime? » Byron répondit : « En ne m'accordant jamais ce que ma fureur te demande

[1]. Villemain, *XVIIIe siècle.*

sans cesse, afin que notre amour reste éternellement beau et au-dessus de l'humanité. » — Mais là-dessus quelque sceptique dira peut-être : « S'il la servait de beaux sentiments platoniques, c'est sans doute qu'il ne l'aimait plus. »

Le véritable Don Juan anglais, venu avant celui de Byron, c'est Lovelace, dans le roman de Richardson, un vrai chef-d'œuvre, quoique un peu long. Les romans anglais, aujourd'hui encore, sont plus prolixes que les nôtres : cela s'explique par ce fait que, chez nos voisins, la vie de famille, la vie intime, a bien plus de loisir, plus de développement, plus d'étendue que chez nous : le *home*, en un mot, soit dans les châteaux, soit dans les *cottages*, tient une grande place, et par suite exerce une grande influence sur les mœurs et sur la vie de l'esprit. De là les quotidiennes lectures, de la Bible d'abord, puis des romans moraux, remplis d'abondantes descriptions de paysages et de longues analyses de sentiments ; tout cela mêlé à la théière toujours prête, d'où découlent, pour la famille et les enfants, toutes sortes d'habitudes régulières et plantureuses, et un certain nombre de douces vertus ; les sandwichs, les tartines beurrées, avec lesquelles alternent les tartines morales des livres et des *magazines*, les plumpuddings lourds et nourrissants, les petits traités religieux, et les romans en douze volumes : tout cela se tient. Ce roman de *Clarisse*

Harlowe n'en est pas moins, malgré ses longueurs, un monument admirable, mais dont l'analyse ici ne serait pas sans péril. Cependant, après tout, comme l'a dit un maître, « quel que soit le coloris trop véhément et trop hardi de plusieurs de ces peintures, nul écrivain n'a fait aimer davantage la vertu, ne l'a sentie plus au fond de son cœur [1]. »

Lovelace, comme Don Juan, est une âme perverse et mobile, avec des qualités brillantes qui font passer les vices du personnage ; comme lui, en un mot, il a du prestige. Honnête homme, à la manière dont on l'entendait en ce temps-là, excepté envers les femmes. Vous savez que l'original du personnage était le duc de Wharton, type de l'esprit corrompu et du vice élégant, un Don Juan au naturel.

Chez nous et de nos jours, Alfred de Musset a paraphrasé en beaux vers l'idée assez vague d'Hoffmann qui tend à idéaliser Don Juan : mais je vais montrer comment il l'a faussée en l'exagérant. Poétisant ses propres passions, il semble se mirer dans ce type. Au reste, conception confuse et pleine de contradictions. Ce qui surnage, c'est que Musset a pour Don Juan une sorte d'adoration, d'idolâtrie, ou, si vous me permettez le mot, d'autolâtrie. Voici, autant qu'on peut les saisir, le sens multiple, la donnée vacillante, de cet épisode du poème qui a pour titre : *Namouna*.

[1]. Villemain, *XVIII*^e *siècle*.

Il y a, selon l'auteur, deux ou plutôt trois sortes de Don Juan : deux d'abord, dont il ne fait aucun cas : l'un n'aimant que lui-même, sans cœur et sans âme, mais fort et puissant,

Et qui serait César s'il n'était Lovelace.

C'est par ce vers que se termine la première esquisse. — L'autre, c'est le Don Juan français et italien, celui de Molière et de l'abbé Da Ponte ; un épicurien banal et vulgaire. Musset en fait moins de cas encore :

C'est l'ombre d'un roué qui ne vaut pas Valmont.

La distinction que le poète essaye de marquer entre ces deux Don Juan-là me semble assez difficile à saisir. Il continue, esquissant un troisième Don Juan, qui n'est autre que lui-même, combiné avec celui d'Hoffmann, et idéalisé à plaisir :

Il en est un plus grand, plus beau, plus poétique,
Que personne n'a fait, que Mozart a rêvé,
Qu'Hoffmann a vu passer, au son de la musique,
Sous un éclair divin de sa nuit fantastique,
Admirable portrait qu'il n'a point achevé,
Et que, de notre temps, Shakspeare aurait trouvé.

Vous l'entendez? Shakspeare, mais de notre temps seulement. Cela veut dire en bon français : Et moi, je m'en vais vous le faire. — Remarquons, de plus, qu'en nommant Shakspeare, et dans une condition purement hypothétique, Shakspeare de notre temps, Musset ne mentionne pas du tout Byron, à qui cependant il doit tant de choses et qui, dans un tel sujet, se pressentait tout naturellement. Cela posé, il reprend pour son propre compte l'esquisse de Don Juan, et la pousse. Ce n'est d'abord qu'une sorte de portrait du Chérubin de Figaro, amoureux de toutes les femmes ; un peu plus âgé seulement et ayant vingt ans,

Portant sur la nature un cœur plein d'espérance ;
Aimant, aimé de tous, ouvert comme une fleur ;
Si candide et si frais que l'ange d'innocence
Baiserait sur son front la beauté de son cœur.

Puis, soudainement, l'habile artiste, par un caprice heurté et une modulation saisissante, oppose à cette suave figure celle du même homme, tel que la passion et la débauche l'auront fait et défait :

Eh bien ! cet homme-là vivra dans les tavernes
Entre deux charbonniers, autour d'un poêle assis ;
La poudre noircira sa barbe et ses sourcils ;
Vous le verrez un jour, tremblant et les yeux ternes,
Venir, dans son manteau, dormir sous les lanternes,
La face ensanglantée et les coudes noircis.

J'avoue que je ne saisis pas bien en quoi ce Don Juan-ci diffère du deuxième, le débauché banal à qui tout est bon, celui de Molière et du librettiste Da Ponte. Le poète, en effet, continue ainsi :

Vous le verrez, laquais, pour une chambrière,
Cachant sous ses habits son valet grelottant.

Ceci, c'est le libretto lui-même. Et Musset aurait pu ajouter que la chambrière est la femme de ce valet.—En quoi ce Don Juan-là est-il « plus grand, plus beau, plus poétique » que celui de Molière ?

Ensuite Musset, si l'on me permet de le dire malgré ses beaux vers, tombe dans une véritable divagation, qui peut toutefois se ramener à ceci : que Don Juan, à travers ses mille et mille conquêtes, est à la poursuite de l'amour, et par conséquent de l'idéal ! Et telle est, apparemment, sa grandeur et sa beauté.

Voilà une manière commode d'entendre l'idéal et de le poursuivre ! Si c'est cela qui est l'idéal, qu'est-ce donc que vous appellerez le réel ? Je sais bien que, selon Horace, « les poètes et les peintres ont le droit de tout oser » ; mais il ne faut cependant pas abuser de la permission. De poète en musicien, et de musicien en poète ou en peintre, le Don Juan, à peu près comme la Marguerite de *Faust*, s'est singulièrement transformé. La Marguerite, la Gretchen de Gœthe, je dis celle de Gœthe lui-même, est tout ce qu'il y a de plus banal, de plus vide et de moins intéressant. Plus coquette que passionnée, c'est une petite alouette qui se prend au miroir. Or voyez ce qu'elle est devenue, grâce à l'imagination des peintres et des musiciens : Ary Scheffer d'abord, Gounod ensuite, l'ont singulièrement poétisée. Musset, ici, fait la même chose pour Don Juan, ce Faust de l'amour.

Ne va-t-il pas jusqu'à l'appeler « grande ombre » ? Et plusieurs, se laissant éblouir à la pourpre de sa poésie, et peut-être se mirant aussi dans cette flatteuse image du poursuivant de l'idéal, acceptent volontiers cette conception. — Ni Molière, ni Tirso de Molina n'avaient perdu terre à ce point : tout en prêtant à Don Juan l'élégance souveraine nécessaire à son rôle de séducteur, et la valeur brillante, mesurée toutefois, ils ne l'ont pas grandi à outrance. Sans le rabaisser et le vulgariser autant que le librettiste italien, qui, vraiment, à force de bouffonnerie, lui ôte tout sens moral et le rend ignoble, ils l'ont laissé à son plan et à sa taille, un libertin, c'est-à-dire comme on l'entendait en ce temps-là, à la fois un impie et un débauché, rien de plus, rien de moins. Et même, Sganarelle, qui n'y va pas par quatre chemins, dit que son maître « passe la vie en véritable bête brute », et est « un pourceau d'Épicure ». Voilà la vérité, voilà le fond, qu'on peut recouvrir ensuite de toutes les élégances et de tous les brillants que l'on voudra, mais qui n'en subsiste pas moins. Eh bien ! dans un tel personnage, où voyez-vous de la grandeur ?

Où est-ce donc qu'Alfred de Musset a cherché cela ? Où est-ce qu'il a trouvé la première idée, le germe de ce sophisme ou de ce paralogisme étrange ? Le voici, je crois. Rappelez-vous le paradoxe d'Hoffmann, dans le conte fantastique que je viens d'analyser : selon lui, « l'amour et sa puissance mêlent et amalgament dans Don Juan le Diable avec Dieu », ou, si l'on veut, les perversités du démon avec un ascendant surhumain et céleste. Don Juan est, primitivement, d'une beauté et d'une force merveilleuses : Hoffmann admire en lui la séduction dominatrice ; il le considère comme un ange de lumière et de ténèbres en même temps. Il est donc sur la limite d'une idée fausse ; mais il reste sur cette limite : il y marche, mais il ne la franchit pas. Musset la franchit au galop. On pouvait admettre le paradoxe d'Hoffmann, à condition de tenir la balance à peu près égale entre le mal et le bien ; mais Musset détruit l'équilibre : et alors cette nouvelle image de Don Juan devient une fantaisie pure, qui d'abord séduit ; mais, quand on se reprend et qu'on cherche l'idée, on trouve que c'est une idée fausse, — et une idée dangereuse, puisqu'elle tend à représenter la passion sans frein, c'est-à-dire la débauche et le vice, sous l'aspect de la beauté et de la grandeur. Un jeune et regretté philosophe, M. Alfred Tonnellé, a très bien dit : « Le Don Juan moderne est un de ces menteurs qui se drapent dans la recherche de l'infini et qui n'ont adoré que le fini et qu'eux-mêmes. »

Mais Musset semble caresser, comme une illusion qui lui est chère, cette idée fausse ; il y revient dans une autre pièce. Lorsqu'il trace l'image de Jacques Rolla, autre Don Juan, Don Juan parisien, où il s'est encore peint lui-même, il dit de nouveau :

Jacque était grand, loyal, intrépide et superbe.

Et un peu plus loin :

C'était un noble cœur...

Et vous rappelez-vous par quoi il était grand et noble ? C'est parce que, comme Don Juan et comme Hassan, le héros de *Namouna*, il se passait toutes ses fantaisies et s'abandonnait à tous ses caprices. Voilà une manière d'être grand et noble à bon marché. Je demande seulement ce que font ceux qui ne sont ni nobles ni grands. Rolla, ayant épuisé tout, sa fortune et sa vie, se réfugie dans le suicide et s'empoisonne, — et cela, en mettant sa misérable vie et sa misérable mort sur le compte de Voltaire, qui n'en peut mais. Singulière noblesse, singulière grandeur, et singulière loyauté !

Ne craignons donc pas de dire, en admirant autant que personne au monde la brillante poésie d'Alfred de Musset, que sa conception de la prétendue grandeur de Don Juan, d'Hassan, de Rolla, est tout ce qu'il y a de plus faux. La vérité, la voici ; et c'est Musset lui-même qui répond à Musset, dans ces beaux vers de *la Coupe et les Lèvres* :

Ah ! malheur à celui qui laisse la débauche
Planter le premier clou sous sa mamelle gauche !

> Le cœur de l'homme vierge est un vase profond :
> Lorsque la première eau qu'on y verse est impure,
> La mer y passerait sans laver la souillure,
> Car l'abîme est immense et la tache est au fond.

Voilà la vérité, — et la confession, indirecte cette fois, de l'*Enfant du siècle*.

Dans la pièce même de *Namouna*, le poète, sans s'apercevoir qu'il se contredit, et après avoir exalté Don Juan par ces hyperboles étranges, après s'être écrié :

> Pas un d'eux ne t'aimait, Don Juan, et moi je t'aime,
> Comme le vieux Blondel aimait son pauvre roi

arrive enfin à dire :

> Maintenant, c'est à toi, lecteur, de reconnaître
> Dans quel gouffre sans fond peut descendre, ici-bas,
> Le rêveur insensé qui voudrait d'un tel maître !

Ainsi donc, pour conclure sans faiblesse, tout cela ne tient pas ensemble, et ne résiste pas à l'examen de la raison. Mais l'imagination est éblouie par des lambeaux de poésie admirable, et l'oreille est enchantée par la mélodie des vers.

Jusqu'à présent, dans les diverses transformations du type et de la légende, Don Juan, comme disait Louis XIV, « n'est pas récompensé »; c'est-à-dire qu'il est puni en ce monde et dans l'autre, saisi par la terrible étreinte de la Statue, comme dans le fatal engrenage de ses crimes ; enfin, foudroyé, et englouti dans les enfers. — Hoffmann, sans s'élever contre ce jugement, a commencé, discrètement et à la faveur de la musique de Mozart, la réhabilitation du personnage, et fait ressortir ses qualités, sa force prestigieuse, sa puissance et sa grâce, pardessus ses défauts et ses vices. Musset, à son tour, l'a relevé jusqu'aux nues, puis l'a cependant laissé retomber dans sa fange et dans son abîme.

Mais à présent, par des transformations nouvelles, nous allons voir successivement le *burlador* impie, athée, converti d'abord, ensuite sauvé,—et par qui ? par ses victimes elles-mêmes. Pareillement à Faust qui, à la fin, se trouve sauvé par Marguerite qu'il a perdue, Don Juan sera sauvé par Doña Anna. — Nous assisterons, dans la prochaine leçon, à cette curieuse évolution du mythe de Don Juan.

DOUZIÈME LEÇON

SUITE DES TRANSFORMATIONS DE DON JUAN
THÉOPHILE GAUTIER — MÉRIMÉE ;
I. BLAZE DE BURY — ALEXANDRE DUMAS PÈRE ;
POUCHKINE — M. ZORILLA ; ETC.

Hoffmann est le premier, avons-nous dit, qui ait essayé la réhabilitation de Don Juan, avec discrétion cependant et avec mesure, faisant ressortir ses qualités brillantes par dessus ses défauts et ses vices. Suivant lui, autant qu'on peut saisir son idée assez vague, Don Juan, à travers ses innombrables amours, poursuit l'idéal du bonheur. Puis est survenu Alfred de Musset, qui, oubliant et supprimant le dernier mot, prétend que don Juan est à la recherche de l'idéal, — de l'idéal pur.

D'autre part, Hoffmann avait innové encore, en faisant de Dona Anna l'antithèse de Don Juan. Là commence à poindre l'idée de les mettre en balance, l'un et l'autre, devant la justice divine, et de le racheter, lui, par elle.

Deux autres poètes allemands, Grabbe et Niemlsch de Sthrelenau, dit Lenau [1], avec une pensée plus juste et plus ferme, ont fait voir Don Juan se jugeant lui-même enfin, et désespéré [2]. De cette conception nous allons passer à Don Juan converti, ensuite à Don Juan sauvé par ses victimes elles-mêmes.

Voici d'abord Don Juan pénitent. C'est Mérimée, ce parfait sceptique, qui nous le présente. Qu'est-ce que cela lui fait, après tout? Cela ou autre chose, il est indifférent à tout, excepté à l'art littéraire. Mais, pour concevoir Don Juan pénitent, Don Juan qui ne comptait se convertir que le plus tard possible et quand il ne saurait plus faire autrement, il faut se figurer Don Juan dans la vieillesse. Alors est-ce encore Don Juan? On

---

. Né en Hongrie, à Czadat, en 1802, mort en 1850. C'est l'auteur de la belle poésie qui a pour titre : *le Postillon*. Voir le volume de M. Alfred Marchand, *les Poètes autrichiens contemporains*.

2. Un autre Allemand, Kahlert, avait dit: « Chaque homme porte en soi Faust et Don Juan. » Partant sans doute de cette idée, Grabbe et Lenau ont successivement mis en drame *Don Juan et Faust*.

ne se figure Don Juan que jeune, avec sa fougue et son prestige, sa force séductrice indomptable. Don Juan vieilli, ce n'est plus Don Juan; c'est, si vous voulez, La Rochefoucauld, ou bien Chateaubriand. René, l'homme fatal, le fascinateur irrésistible, vers qui se précipitent éperdues les femmes qu'il ravit, sera en effet une transformation nouvelle de ce type : René est un Don Juan mélancolique; c'est Don Juan et Narcisse combinés : adoré de toutes, il s'adore lui-même, et meurt d'ennui pendant quatre-vingts ans. « Je bâille ma vie », disait-il. Voilà la morale de cette existence.

Théophile Gautier, dans sa *Comédie de la Mort*, a eu la vision de Don Juan vieilli :

Comme je m'en allais ruminant ma pensée,
Triste, sans dire mot, sous la voûte glacée,
  Par le sentier étroit ;
S'arrêtant tout-à-coup ma compagne blafarde (*la Mort*)
Me dit, en étendant sa main frêle : « Regarde
  Du côté de mon doigt. »

C'était un cavalier avec un grand panache,
De long cheveux bouclés, une noire moustache,
  Et des éperons d'or ;
Il avait le manteau, la rapière et la fraise,
Ainsi qu'un raffiné du temps de Louis treize ;
  Et semblait jeune encor.

Mais, en regardant bien, je vis que sa perruque
Sous ses faux cheveux bruns laissait près de sa nuque

Passer des cheveux blancs ;
Son front, pareil au front de la mer soucieuse,
Se ridait à longs plis ; sa joue était si creuse
Que l'on comptait ses dents.

Malgré le fard épais dont elle était plâtrée,
Comme un marbre couvert d'une gaze pourprée
Sa pâleur transperçait ;
A travers le carmin qui colorait sa lèvre,
Sous son rire d'emprunt on voyait que la fièvre
Chaque nuit le baisait.

Ses yeux sans mouvement semblaient des yeux de verre :
Ils n'avaient rien des yeux d'un enfant de la terre,
Ni larmes, ni regard ;
Diamant enchâssé dans sa morne prunelle,
Brillait d'un éclat fixe une froide étincelle :
C'était bien un vieillard !

Comme l'arche d'un pont, son dos faisait la voûte ;
Ses pieds endoloris, tout gonflés par la goutte,
Chancelaient sous son poids ;
Ses mains pâles tremblaient (ainsi tremblent les vagues
Sous les baisers du Nord) et laissaient fuir leurs bagues
Trop larges pour ses doigts.

Tout ce luxe, ce fard sur cette face creuse,
Formait une alliance étrange et monstrueuse :
C'était plus triste à voir
Et plus laid, qu'un cercueil chez des filles de joie,
Qu'un squelette paré d'une robe de soie,
Qu'une vieille au miroir.

Confiant à la nuit son amoureuse plainte,
Il attendait devant une fenêtre éteinte,

> Sous un balcon désert ;
> Nul front blanc ne venait s'appuyer au vitrage,
> Nul soleil de beauté ne montrait son visage
> Au fond du ciel ouvert.
>
> Dis, que fais-tu donc là, vieillard, dans les ténèbres,
> Par une de ces nuits où les essaims funèbres
> S'envolent des tombeaux ?
> Que vas-tu donc chercher si loin, si tard, a l'heure
> Où l'ange de minuit au beffroi chante et pleure, —
> Sans page et sans flambeaux ?
>
> Tu n'as plus l'âge où tout vous rit et vous accueille,
> Où la vierge répand à vos pieds, feuille à feuille,
> La fleur de sa beauté,
> Et ce n'est plus pour toi que s'ouvrent les fenêtres :
> Tu n'es bon qu'à dormir auprès de tes ancêtres,
> Sous un marbre sculpté.
>
> Entends-tu le hibou qui jette ses cris aigres ?
> Entends-tu dans les bois hurler les grands loups maigres ?
> O vieillard sans raison !
> Rentre, c'est le moment où la lune réveille
> Le vampire blafard sur sa couche vermeille :
> Rentre dans ta maison.
>
> Le vent moqueur a pris ta chanson sur son aile,
> Personne ne t'écoute, et ta cape ruisselle
> Des pleurs de l'ouragan...
> Il ne me répond rien. — Dites, quel est cet homme,
> O Mort, et savez-vous le nom dont on le nomme ? —
> Cet homme, c'est Don Juan.

Ces vers semblent une réplique à ceux de Musset. *Namouna* avait paru en 1832, *la Comé-*

die de la Mort parut en 1838; Gautier répond, sans le dire, au paradoxe de Musset sur cette prétendue poursuite de l'idéal, qui n'est que celle de la beauté et du plaisir, et qui aboutit, comme il le fait voir, dans cette peinture digne d'Holbein, à la décrépitude précoce, à la momie vivante, à la vieillesse ridicule et sans honneur [1]. Ce tableau ne met-il pas bien en lumière ce que nous disons, que Don Juan vieilli n'est plus Don Juan, et que par conséquent la conception de Mérimée, Don Juan pénitent et converti, n'est guère vraisemblable au premier abord.

Quoi qu'il en soit, si l'on suppose ou si l'on admet que Don Juan n'est pas foudroyé dans la fleur de ses crimes et de sa jeunesse, alors la conception de Mérimée peut se défendre. L'écrivain d'ailleurs prétend s'appuyer sur une tradition espagnole. Et, en effet, si la chose est possible quelque part, si l'on conçoit Don Juan converti, ce ne peut être qu'en Espagne. — J'ai dit qu'il y avait dans la légende espagnole deux Don Juan, de familles différentes, Don Juan Tenorio et Don Juan de Maraña; et, de même qu'il y a eu plusieurs Hercule, dont on a mêlé les exploits en un seul personnage mythologique, de même on a parfois mêlé les exploits de ces deux Don Juan

1. Après le Don Juan de Gautier, il y a aussi un *Don Juan barbon*, de M. Gustave Le Vavasseur, en 1849. Et *la Vieillesse de Don Juan*, par M. Jules Viard, en 1857.

en un seul personnage légendaire. Au reste la vie de l'un et de l'autre est à peu près la même, ils ne diffèrent que par la mort. Celui que nous avons vu figurer dans les pièces de Tirso de Molina et de Molière, de l'abbé Da Ponte et de Mozart, c'est Don Juan Tenorio ; celui-là meurt dans l'impénitence et est emporté par la Statue. Le Don Juan qui est mis en scène par Mérimée, et ensuite par Alexandre Dumas père, c'est Don Juan de Maraña. Celui-ci fait une fin pieuse, après avoir été d'ailleurs, comme l'autre, amoureux de toutes les femmes, et en avoir séduit tant qu'il a pu. La petite nouvelle de Mérimée où il figure, intitulée *les Ames du Purgatoire*, publiée en 1834, est une sorte de pastiche espagnol, une étude curieuse de couleur locale, très adroitement et très joliment faite. L'auteur joue et jongle avec son sujet de la manière la plus charmante.

Par une complication et une aggravation nouvelle, après que Don Juan, ce grand pécheur sans conscience, a aimé, puis abandonné, entre autres, une femme nommée Teresa, et qu'il a tué le père de cette femme, elle se retire dans un couvent ; Don Juan l'y retrouve un jour, et alors, déployant tous ses artifices et tous ses prestiges, parvient à la séduire de nouveau, pour commettre un péché de plus en la rendant infidèle au Ciel même. Ce raffinement de vice et de crime est bien conforme à l'idée qu'on se fait du caractère de Don Juan ; mais, à la fin, ce qui l'est moins, quoique cela puisse être assez espagnol, Don Juan, effrayé par une hallucination funèbre, fait appeler un confesseur, se convertit, se retire dans un cloître, et « meurt vénéré comme un saint par ceux qui avaient connu ses premiers déportements. »

Dans ce cadre, Mérimée a fait avec beaucoup d'art, un de ces petits tableaux auxquels il se plaît ; ou, pour parler plus exactement, une série de petits tableaux et de scènes variées, avec rendez-vous nocturnes, sérénades, danses, duels, aventures militaires ; et, à travers tout cela, les raffinements de péché et de crime où s'amuse l'auteur encore plus que le héros. Et puis, cette édifiante conversion couronne l'œuvre ; on sent que Mérimée en rit dans sa barbe. Oui, cela peut être espagnol, mais cela déroute l'idée que l'esprit français se fait de Don Juan, qui, pour notre logique, toujours un peu rectiligne, j'en conviens, mais en tout cas pour la logique dramatique, doit rester conséquent avec lui-même depuis le commencement jusqu'à la fin, pécheur obstiné et railleur impénitent, bravant encore le Ciel qui le foudroie, et mourant debout [1].

Après l'œuvre de Mérimée, la même année, on

---

1. . . . . *Servetur ad imum*
Qualis ab incœpto processerit, et sibi constet.
　　　　　　　HORAT. Epist. ad Pisones.

en rencontre une autre, d'un homme de beaucoup d'imagination et d'esprit, complexion française et germanique M. Henri Blaze de Bury, qui, sous le pseudonyme de Hans Werner, publia dans la *Revue des Deux Mondes*, en 1834, une suite des aventures de Don Juan lors qu'il a été englouti dans la terre et que la foudre, à ce qu'il paraît, ne l'a pas atteint. C'est une œuvre fantastique, mêlée de prose et de vers. Elle a pour titre : *le Souper chez le Commandeur*. Vous vous rappelez qu'en effet le Commandeur a invité Don Juan.

Dans cette œuvre, où l'esprit du moyen âge fait place à un sentiment tout moderne, la Statue cesse de représenter la vengeance céleste impitoyable : une justice plus clémente permet au coupable de se racheter par le repentir, au lieu d'être damné à jamais. A l'idée étroite et sauvage des peines éternelles se substitue celle d'un châtiment proportionné, qui, s'appliquant à un être fini, ne saurait être infini. Ici, comme on l'a dit avec esprit, « l'homme de marbre s'humanise ». Bien plus ! Don Juan, converti, est non seulement racheté, mais rédempteur. Que cela soit vraisemblable et analogue à l'esprit de la double légende originelle, assurément non ; mais cela est pour ce moins curieux.

Deux ans après, en 1837, sur le théâtre de la Porte-Saint-Martin, Alexandre Dumas père donnait

Don Juan de Maraña, ou la Chute d'un Ange, mystère en cinq actes et neuf tableaux, autre idée, mais née peut-être de la précédente, et aussi d'une pensée d'Alfred de Vigny, dans son poème d'*Éloa, ou la Sœur des Anges*.

Éloa est un ange-femme, née d'une larme du Christ pleurant la mort de Lazare. Éloa, dont le cœur est plein de pitié, s'émeut du sort de l'Ange rebelle tombé des cieux, et, se dévouant à lui, comme le Christ au salut des hommes, rêve de sauver Lucifer, mais se perd avec lui. Telle est, en deux mots, l'idée de ce poème d'Alfred de Vigny.

Dans le *Don Juan* d'Alexandre Dumas, à peu près de même, un ange-femme, Marthe, descend du ciel, dans l'intention de sauver Don Juan; mais, au lieu de le sauver se perd avec lui; vous voyez que c'est la même donnée. Heureusement l'infinie miséricorde leur pardonne à tous deux. Telle est l'idée complémentaire ajoutée par Alexandre Dumas, qui, du reste, a fait librement divers emprunts non seulement à Alfred de Vigny, mais à Shakspeare, à Pouchkine, à Mérimée.

Cette imagination de la chute d'un ange était en quelque sorte dans l'air à ce moment-là. Après Alfred de Vigny et Alexandre Dumas, il y eut Lamartine qui donna aussi son poème de *la Chute d'un Ange*, dans lequel se trouvent des vers et des pages de la plus grande beauté, mais qui cependant ne fut pas un succès. Les anges, en France, ne réussirent pas longtemps. « L'esprit d'analyse et de science souffla, dit M. Paul Albert, et emporta ces êtres légers dans la région des chimères d'où ils étaient descendus. La poésie redevint ce qu'elle doit être désormais, c'est-à-dire purement humaine. »

Dans la légende antique, c'est la femme qui a perdu l'homme ; dans la légende moderne, c'est la femme qui le sauvera quand même.

Pour compléter à peu près cette étude de littérature comparée, il nous reste à parler de trois Don Juan :

1° le Don Juan russe ;

2° un nouveau Don Juan espagnol ;

3° un dernier Don Juan français.

Le Don Juan russe, qui a pour auteur Pouchkine, est intitulé, correctement : *le Convive de pierre*. Il parut vers 1830. C'est une esquisse dramatique assez courte, et il semble que l'auteur n'y a pas mis la dernière main. Aussi en parlerai-je brièvement. Elle ne laisse pas d'être intéressante.

Ici Dona Anna est, non la fille, mais la femme du Commandeur tué par Don Juan ; et c'est, non de l'épouse, mais de la veuve, que Don Juan devient amoureux. Par ce point la pièce de Pouchkine diffère des autres *Don Juan*.

Au milieu de ses nombreuses aventures galantes, Don Juan rencontre chez une comédienne nommée Laure, Don Carlos, frère d'une certaine Iñès qu'il a autrefois séduite et abandonnée. Don Juan et Don Carlos mettent l'épée à la main dans la chambre même de la comédienne, et Don Juan tue Carlos. Ensuite, tranquillement, s'étant débarrassé du frère comme de la sœur, il essaye de séduire la veuve du Commandeur sa précédente victime ; et cela, près du tombeau même de celui-ci. Shakspeare a dit : « Fragilité, ton nom est femme. » Dona Anna, qui à la vérité ne connait pas Don Juan, car il a eu soin de changer de nom, finit par prêter l'oreille à la voix séduisante de ce tentateur et par lui accorder un rendez-vous chez elle pour le lendemain. C'est à peu près l'histoire d'une célèbre légende ancienne, *la Matrone d'Ephèse*, légèrement adoucie.

Lorsque Dona Anna est partie, Don Juan fait confidence de sa bonne fortune à Leporello ; sur quoi celui-ci répond : « Et le Commandeur, qu'en dira-t-il ?

DON JUAN

Crois-tu qu'il en sera jaloux ?

LEPORELLO

Regardez (*Il montre la statue*).

DON JUAN

Quoi donc?

LEPORELLO

Il a l'air fâché en jetant les yeux sur vous.

DON JUAN

Eh bien! Leporello, prie-le de venir demain, non pas chez moi, mais chez Dona Anna.

LEPORELLO

Quelle envie de plaisanter ! Et avec qui encore !

DON JUAN

Va donc.

LEPORELLO

Mais...

DON JUAN

Va. »

Voilà une idée satanique que Mérimée dut envier à Pouchkine : donner rendez-vous à la Statue chez Dona Anna elle-même !

Leporello obéit enfin, et invite le Commandeur, de la part de son maître, à venir demain chez Dona Anna. La Statue fait signe qu'elle accepte. La suite est comme dans Molière et dans Mozart, — excepté ceci :

Don Juan, venu au rendez-vous chez Dona Anna, se fait arracher par elle ou fait semblant de se

faire arracher le secret de son nom véritable.
Nouveau raffinement de scélératesse : cela est bien
observé ; la débauche en effet, nous l'avons vu,
développe la cruauté. Il lui avoue donc qu'il est
Don Juan, le meurtrier de son mari. Voici le
dialogue :

DON JUAN

Connaissez-vous Don Juan?

DONA ANNA

Non, je ne l'ai jamais vu.

DON JUAN

Au fond de votre âme, vous le haïssez ?

DONA ANNA

L'honneur me le commande.

DON JUAN

Qu'auriez-vous fait, si vous aviez rencontré Don Juan?

DONA ANNA

J'aurais enfoncé mon poignard dans le cœur du scélérat.

DON JUAN

Dona Anna, où est ton poignard ? Voici ma poitrine... Je suis Don Juan, et je t'aime.

Cette scène semble une réminiscence de celle du
Richard III de Shakspeare avec une autre Anna,

lady Anna, qui commence par lui exprimer sa juste haine, et finit par céder aux flatteries félines du monstre. Ici de même, après quelque résistance, Dona Anna cède au tentateur. Et les remords de la pauvre femme, mêlés à sa chute, redoublent le plaisir de Don Juan et sont pour cet épicurien un assaisonnement de plus.

C'est alors que paraît la Statue, et jamais ce ne fut plus à propos pour personnifier la céleste justice. Dona Anna, en la voyant, tombe morte. La Statue alors dit à Don Juan : « Donne-moi ta main. » Etc. La fin comme dans Molière et dans Mozart, excepté que Don Juan, au moment où il disparaît dans l'abîme, laisse échapper pour dernier cri le nom d'Anna, ce qui semble l'indication, très peu marquée il est vrai, d'une idée analogue à celle que nous avons rencontrée dans les précédentes œuvres, et que nous retrouverons encore tout-à-l'heure : l'amante invoquée comme future libératrice et rédemptrice de celui qui l'a perdue.

Telle est l'œuvre de Pouchkine, saisissante dans sa brièveté, mais qui ressemble plutôt à une belle ébauche qu'à une œuvre achevée [1].

---

1. Alexandre Pouchkine, né à Pskof en 1799, mort à Pétersbourg, en 1837, des suites d'un duel avec son beau-frère, Georges d'Anthès, devenu depuis sénateur français sous le nom de baron Heeckeren. Il est le plus remarquable représentant du romantisme russe du commencement de ce siècle. — Voir G. Vapereau, *Dictionnaire universel des Littératures*.

J'ai à parler maintenant d'un nouveau Don Juan espagnol, celui de M. Zorilla. Comme l'œuvre de M. Blaze de Bury, il respire, en son dénoûment, non la justice rigoureuse de la damnation éternelle mais la miséricorde et le pardon. C'est un drame en vers, intitulé *Don Juan Tenorio*.

Jusqu'à présent, soit dans Mérimée, soit dans Alexandre Dumas, c'était l'autre Don Juan, Don Juan de Maraña, qui se convertissait; maintenant voici Don Juan Tenorio qui va se convertir aussi. La vie de l'un et de l'autre étant la même, ils ne différaient entre eux que par la mort, impénitente chez Tenorio, pénitente chez Maraña; à présent ils ne différeront plus l'un de l'autre, les deux se confondront de plus en plus.

Avant de faire de Don Juan un drame, M. Zorilla y Moral[1], avait déjà, sur ce sujet, composé un poème, intitulé : *Un Testigo de bronce*, « Un Témoin de bronze », titre dont le sens s'explique par le dénoûment, que voici en deux mots : Don Juan, par vendetta de famille et d'amour, a tué en duel Don German de Ozorio, la nuit, dans une rue déserte, sous une lanterne, au pied d'un crucifix de bronze. Il est soupçonné par un parent d'Ozorio, qui lui défère le serment. Sans hésiter, par-devant l'évêque, la main sur l'Évangile, il jure hardiment et

---

1. Né en 1817 à Valladolid.

prend le Ciel à témoin de son innocence. Tout à coup une statue de bronze paraît, saisit la main droite du parjure, et dit : « Je suis l'unique témoin du mort ; le meurtrier, c'est toi, Don Juan. On ne prend pas Dieu à témoin en vain. Je suis le crucifix de la Antiqua. » Don Juan pousse un cri et tombe mort, aux pieds du Christ de bronze, qui seul, du haut de sa croix, avait assisté au duel. — Tel est le poème.

Quant au drame, qui est en sept actes, en vers, il rentre dans les données que nous connaissons. Don Juan a enlevé d'un couvent dona Iñès d'Ulloa; mais la victime ramène à Dieu son séducteur : elle reparaît au dénouement pour cette œuvre de miséricorde, qui s'accomplit au pied même de son tombeau.

Cette fin ressemble beaucoup à celle de l'opéra de *Robert-le-Diable,* où Alice tient la main de Robert, que Bertram veut entraîner dans l'abîme, et où Bertram seul est englouti. Or le drame de M. Zorilla est de 1844, et le livret d'opéra de Scribe est de 1831. Mais, d'autre part, il est juste de remarquer aussi que Scribe avait trouvé l'idée de son livret et de son dénoûment dans plusieurs œuvres du moyen âge sur le même sujet: d'abord dans un des Mystères dramatiques de la série intitulée *les Mystères de Notre-Dame,* parce qu'on voit figurer la Vierge dans chacun d'eux; ensuite dans *les Chroniques de Normandie,* œuvre du XIIIe siècle, et dans un roman qui en fut tiré. La chronique de Robert-le-Diable, grâce à des traductions, passa de Normandie en Angleterre, en Allemagne et en Espagne.

Le drame de M. Zorilla a des parties remarquables ; et, si l'idée de la conversion et du repentir de Don Juan est admissible quelque part, nous avons eu occasion de le dire à propos du Don Juan de Mérimée, c'est assurément en Espagne plutôt que partout ailleurs.

Cependant un Français, M. Laverdant, a fait aussi, avant de connaître la pièce de M. Zorilla, un drame en sept actes, intitulé *Don Juan converti*, et l'a accompagné d'une étude très riche de ce type. L'auteur paraît s'être inspiré de Mozart, d'Hoffmann et de plusieurs autres, sans compter Molière à qui il a emprunté le personnage épisodique du Pauvre ; et, dans sa conception, animée d'un esprit nullement clérical, mais religieux et chrétien, il a donné à ce rôle un développement allégorique : ce Pauvre, c'est comme l'entend l'Église, un des membres de Jésus-Christ. Je ne peux que noter ce point en passant. Si le temps le permettait, je rappellerais l'épisode de Lazare, dans *le Cid* espagnol, qui n'est pas sans analogie avec celui-ci, étant donnés d'une part le génie castillan et religieux de Guillem de Castro, d'autre part le génie français et philosophe de Molière, auquel M. Laverdant a emprunté ce personnage.

L'idée maîtresse de son œuvre est celle de la réhabilitation et du salut toujours possibles. Le dernier mot des pièces anciennes de *Don Juan*, conçues dans l'esprit du moyen âge d'après le moine Gabriel Tellez, était : « Il est trop tard ! telle est la justice de Dieu ! » au lieu que le dernier mot des *Don Juan* modernes, d'Hoffmann, de M. Blaze de Bury, d'Alexandre Dumas, de M. Zorilla et de M. Laverdant est celui-ci : « Sois sauvé, telle est la miséricorde de Dieu ! et telle est la puissance de l'amour ! »

Une idée qui appartient en propre à M. Laverdant, c'est celle de la mère sauvant et ressuscitant son fils, couvant de sa tendresse et de son amour ce cœur glacé par la débauche, le réchauffant, le ranimant et le rappelant à la vie. Idée plus touchante que juste peut-être : Don Juan a-t-il un cœur capable d'être ainsi ranimé ?

Dans les abondants commentaires, en deux volumes, que l'auteur ajoute à sa pièce, il donne l'explication suivante, qui est comme un développement des idées d'Hoffmann. Jusqu'alors la légende et le drame avaient mis en lumière le Don Juan *burlador*, moqueur, trompeur, séducteur, libertin, fils coupable, sorte de révolté social, impie, athée. Entrant dans une voie nouvelle, ne peut-on essayer de retrouver en lui l'homme créature de Dieu, avant que le vice ne l'ait déformé ?

« Il ne faut pas, dit M. Laverdant poussant son

curieux paradoxe qui rejoint celui de Musset, confondre l'énergie naturelle, qui est un don de Dieu, avec l'abus que l'homme en a fait. » Il développe alors brillamment le thème, déjà connu par les Dialogues de Platon, qui le met dans la bouche d'un des sophistes éloquemment réfutés par Socrate : la beauté de la force. « La curiosité insatiable de Don Juan, sa vague soif de l'infini, n'est pas, comme on l'a dit, une imagination des poètes panthéistes de nos jours. Le vieux Don Juan marionnette, en Allemagne, courait au festin des Enfers dans l'espoir d'y goûter quelque jouissance d'un caractère nouveau. — Le premier Don Juan français, dès 1659, acceptait le rendez-vous de la Statue par lassitude des choses terrestres et aspiration maladive aux choses inouïes et surnaturelles ; il disait :

L'homme est lâche qui vit dans la stupidité ;
On doit porter partout sa curiosité...
J'aime ce qu'on peut voir, Briguelle, sur la terre,
Les esprits forts, les grands, les savants, et la guerre;
Il ne me reste plus dans mes pensers divers
Qu'à voir, si je pouvais, les Cieux et les Enfers.

» Toute cette vibration de l'âme dans l'infinité du mouvement, du nombre et de l'étendue, et au-delà, est, pour qui voit bien, dans le *Don Juan* de Molière, non seulement en puissance, mais en acte même : tout désirer, courir à tout, pour tout embrasser, et, afin que rien n'arrête cet élancement indéfini, tout déjouer et renverser : tel est, dans son fond et dans son sommet, Don Juan.

> Le Ciel me résistant, je lui ferais la guerre !
> Ou, du moins, je mourrais dans cette volonté.

C'est bien le mot de Prométhée. »

Eh bien, non ! j'en demande pardon à l'auteur de ce très brillant paradoxe; non, mille fois non ! Prométhée représente l'esprit, la lutte de la pensée libre contre les tyrannies d'en haut et d'en bas, le triomphe de la volonté. Don Juan, au contraire, est serf de la passion; non, Don Juan n'est pas Prométhée ! non, malgré vos éblouissants sophismes, ce n'est pas poursuivre l'infini que de se vautrer dans les sensations, qui sont ce qu'il y a au monde de plus borné et de plus court, ce dont on trouve le plus vite le fond et la lie. Non, ce n'est pas faire preuve de force que de s'abandonner à toutes ses fantaisies, à tous ses caprices. C'est, au contraire, faire preuve de honteuse impuissance. La vraie force est celle qui se possède elle-même, et qui s'applique au bien, non au plaisir ; celle qui se met au service de la raison, de la justice et du devoir, non à la chaîne et à la corde de la passion, soit sensuelle, soit fantaisiste, l'une par où nous ne différons guère des bêtes, l'autre par où nous dissipons notre intelligence, en poussière qui s'envole à tous les vents. Rappelons-nous la belle parole de Platon : « Chaque plaisir a un clou avec lequel il attache l'âme au corps, la rend semblable, et lui fait croire que rien n'est vrai que ce que le corps lui dit ». Oui, chaque plaisir des sens, chaque passion vile, a un clou qui nous attache à la matière et à la terre ; au contraire, chaque plaisir de l'esprit et chaque devoir a une force et une vertu qui nous porte en haut et qui donne à l'âme des ailes. Prométhée dérobe le feu du ciel à Jupiter pour servir les hommes ; Don Juan ne pense qu'à lui-même, et éteint dans la fange ce feu sacré qu'il a reçu.

Voyez, je vous prie, comme les idées marchent, assez bizarrement parfois. Au point de départ, l'histoire de Don Juan était présentée, premièrement par le prêtre ou moine espagnol, Gabriel Tellez, secondement par l'abbé italien Da Ponte, comme une histoire édifiante, par le châtiment de l'impie. Mais, peu à peu, « nous avons changé tout cela » : le coupable s'est transformé, au gré des poètes et des mœurs nouvelles; transformé, c'est peu, il faudrait dire transfiguré. Ces passions, qui jadis faisaient sa honte et causaient sa perte, semblent faire aujourd'hui sa gloire et son salut. Peu s'en faut que je ne voie venir le moment où Don Juan sera béatifié et canonisé, par la grâce de cette maxime, assez élastique, qui a déjà servi à en sauver d'autres et à les mettre dans le ciel : « Il lui sera beaucoup pardonné, pour avoir beaucoup aimé. »

Mon Dieu ! je ne demande pas mieux que de sauver les gens ; mais il faut convenir que le salut, à ce compte-là, est à bon marché. On n'a plus qu'à se divertir aux dépens de tous et de toutes ; qu'à faire le plus de dupes et de victimes possible ; on en sera quitte, après cela, pour monter au ciel, porté, soutenu, enlevé par ces victimes elles-mêmes. L'assomption de Don Juan !

Est-ce tout ? Non. Après Don Juan racheté, on a vu même Don Juan rédempteur. Sans discuter cette invention suprême, je veux bien que Don Juan soit pardonné ; mais glorifié et divinisé ?... Oh ! en vérité, puisqu'on veut sauver tout le monde, tâchons de sauver le sens commun.

Pour conclure, le caractère de Don Juan peut se résumer en trois mots : curiosité, passion, mais point de tendresse. Par là-dessus, une raillerie effrénée, indomptable, qui ne s'arrête ni se courbe devant rien : *el burlador de Sevilla*, le railleur de Séville, l'incrédule, le sceptique, le libertin, l'athée. Voilà le vrai Don Juan, le Don Juan originel. Si, malgré ses vices et ses crimes, il séduit non seulement les femmes, mais les poètes, les artistes, les spectateurs, c'est qu'il y a un Don Juan au fond de tout homme, et que ce Don Juan-là se mire dans l'autre, dans celui du théâtre et de la poésie, et, en voyant ses brillantes prouesses, se sourit à lui-même secrètement. Quant aux femmes, la plupart d'entre elles ont, au fond, si j'ose le dire, un faible pour les scélérats de cette espèce et de cette forme. Tout en étant bien décidées, je veux le croire, à se défendre mieux que Done Elvire et que toutes les autres victimes de ce séducteur, peut-être qu'elles ne seraient pas fâchées, tant est grande la curiosité naturelle aux filles d'Ève, de recevoir, elles aussi, quelque hommage de cet audacieux, de ce connaisseur, ne fût-ce que pour avoir la gloire de repousser victorieusement ses témérités outrageantes, et pour pouvoir se dire, du moins à elles-mêmes, comme la Pauline de Corneille.

> Ce n'est qu'en ces assauts qu'éclate la vertu,
> Et l'on doute d'un cœur qui n'a pas combattu.

Voilà comment Don Juan, ce conquérant insatiable et infatigable, continue de séduire encore et séduira toujours, soit au théâtre, soit dans la vie, tant qu'il y aura des hommes et des femmes, tant que l'humanité sera l'humanité.

Mais il faut que vous demeuriez d'accord avec moi que c'est une vaine entreprise de vouloir présenter de pareils sentiments comme la poursuite de l'idéal. L'amour de l'idéal naît de la raison;

qui cherche le bien et le beau, sculpte la conscience morale, et crée la justice; mais non, certes, de la passion, qui ne cherche que le plaisir. Or, comme le dit admirablement Bossuet, dans l'oraison funèbre de mademoiselle de La Vallière, « l'âme devenue captive du plaisir, devient ennemie de la raison [1] ».

---

1. Je n'ai pas épuisé la série des métamorphoses de Don Juan. Je n'ai parlé ni du Don Juan de Baudelaire, simple fantaisie plastique en cinq stances, ni du livre de Félicien Mallefille, les *Mémoires de Don Juan*, deux volumes, publiés en 1859 : c'est, d'abord, que cet ouvrage semble inachevé; c'est, ensuite, que le titre, à vrai dire, promet plus qu'il ne tient. Après une biographie fantaisiste et arbitraire de l'enfance et de l'adolescence de Don Juan, ce sont des dissertations un peu décousues, mêlées de beaucoup d'erreurs et d'inexactitudes, sur toute espèce de sujets, *Don Juan, Faust, Hamlet, Manfred, Don Quichotte*, etc.; toutes sortes de fusées tirées dans tous les sens; un feu d'artifice d'imagination, plutôt qu'une œuvre de critique.

Je n'ai rien dit non plus du Don Juan suédois, *le Don Juan pénitent* de Almquist. — Il y a aussi une sorte de Don Juan marié, *le duc Pompée*, par le comte d'Alton-Shée; et le brillant *M. de Camors*, d'Octave Feuillet. Etc.

TREIZIÈME LEÇON

DES STATUES ET DU FANTASTIQUE AU THÉATRE

Après avoir suivi les transformations que le type et la légende de Don Juan ont subies de pays en pays et de siècle en siècle à travers l'imagination des poètes et des musiciens, peut-être sera-t-il intéressant de suivre parallèlement ce que l'on pourrait nommer les descendants et les ascendants de l'homme de pierre, et en même temps de traiter la question de l'emploi des statues au théâtre, autrement dit du fantastique, et des conditions de cet emploi.

Le fantastique tout seul, par lui-même, ne présente pas beaucoup d'intérêt ; cela regarde les féeries. Mais, lorsque l'auteur dramatique greffe habilement le fantastique ou le merveilleux sur un fond de réalité, et surtout de réalité morale, alors le spectateur est saisi à la fois, d'un côté par les sens et l'imagination, de l'autre par la conscience et le sentiment de la justice ; vous le tenez, il ne saurait vous échapper. C'est l'effet que produit la Statue du Commandeur dans les divers *Don Juan* que nous venons de parcourir, espagnol, italien, français, allemand, russe. C'est celui que produit également *le Témoin de bronze,* de M. Zorilla, ce Christ descendant de sa croix, du haut de laquelle il a assisté au duel de Don Juan avec Don Ozorio, et venant porter témoignage contre le meurtrier pour le punir de son faux serment sacrilège. Nous allons parcourir quelques autres exemples de ce même effet.

Zampa, ou la Fiancée de marbre, présente une donnée analogue. Zampa est une sorte de Don Juan corsaire italien, qui se marie partout où il en trouve l'occasion ; mais jamais pour longtemps. Il a séduit, puis abandonné la jeune Alice Manfredi. Elle s'est réfugiée en Sicile, à Malazzo, où elle a achevé sa vie dans le repentir et les bonnes œuvres ; elle est devenue, après sa mort, la patronne et la sainte du pays. Sa statue est sur la place publique, avec son nom écrit au bas.

Zampa, dans ses courses errantes, arrive par hasard dans ce pays, aperçoit la statue, lit le nom, qui réveille vaguement ses souvenirs, non ses remords : car, rencontrant, bientôt après, une jeune fille qui est sur le point de se marier, il entreprend de la séduire, elle aussi, moitié par douceur et par flatterie, moitié par violence morale, en lui faisant accroire que, si elle ne consent pas à son désir de l'épouser, la vie de son père en dépend. Elle y consent donc par contrainte. On en est là, lorsque Zampa voit la statue d'Alice Manfredi, sa victime, jeter sur lui des regards courroucés, comme la Statue du Commandeur sur Don Juan. Sous prétexte de l'apaiser, mais au fond par froide raillerie, il passe sa bague au doigt de la Statue, comme pour se fiancer à elle. Le moment venu d'épouser l'autre, et de lui donner réellement l'anneau nuptial, il essaye de le reprendre au doigt de la Statue ; la main de la fiancée de marbre se retire et s'élève brusquement. Zampa, interdit d'abord, se met à boire pour s'étourdir ; puis, il veut reprendre de force la bague ; la main de la Statue lui résiste, et fait un geste menaçant.

La nuit, lorsqu'il va devenir maître de sa fiancée nouvelle, tout à coup la lampe s'éteint : et dans l'obscurité, à la place de la jeune fille, il ne trouve plus que la fiancée de marbre, qui lui saisit le bras et l'entraine avec elle dans l'abîme, à la lueur des éclairs et du tonnerre. C'est e dénoûment du *Don Juan* de Molière, excepté qu'ici la Statue vengeresse est une femme, au lieu d'un homme.

Cette Sainte impitoyable ne ressemble guère à Dona Anna sauvant Don Juan par qui elle a été perdue. Elle plaît donc moins à la sensibilité généreuse. Mais elle satisfait la justice absolue. Cette Statue-là est bien la fille de la Statue du Commandeur.

Cependant l'idée première pourrait être antérieure à celle du Convive de pierre. En effet elle semble tirée d'un Mystère du moyen âge, intitulé : *De Celuy qui mit l'anneau nuptial au doigt de Notre-Dame,* — pour se fiancer à Elle en quelque sorte, autrement dit pour se vouer à la Vierge. — Or, le fiancé devient infidèle et est puni : la Statue de Notre-Dame s'empare de lui. C'est donc bien la même donnée ; seulement ici, dans un opéra comique, on a cru devoir remplacer Notre-Dame par une Sainte quelconque, une Sainte de Sicile, plus ou moins inconnue, une Sainte de fantaisie, Alice Manfredi.

Le Mystère dont je viens de parler se trouve dans la série intitulée *les Mystères de Notre-Dame,* parce que la Vierge y joue ordinairement le principal rôle. La plupart sont du quatorzième siècle, antérieurs à 1350. Ce qui caractérise cette série très chevaleresque et très pieuse, c'est que presque toutes les pièces dont elle se compose se rapportent à la gloire de la femme en général et de la Vierge en particulier, dont le culte, à dater du quatorzième siècle, commence à prendre des développements religieux, moraux et poétiques, on pourrait dire aussi politiques et sociaux, qui depuis sont allés toujours croissant. C'est, en effet, vers cette époque, que les Chevaliers de la Vierge commencent à la nommer leur Dame et Maîtresse; « Notre Dame », et à se former en confréries religieuses et dramatiques, afin de la mieux honorer. - De là cette série de Mystères spécialement consacrés à Notre-Dame. Presque toutes ces pièces commencent ou finissent par un sermon en l'honneur de Marie. Je viens de nommer celle qui paraît avoir fourni la première idée de *Zampa*. Nous avons vu aussi qu'une autre peut bien avoir, autant que *la Chronique de Normandie*, donné à Scribe l'idée du libretto de *Robert-le-Diable*, où l'on voit, au dénoûment, la femme rédemptrice l'emporter sur les maléfices du Démon. Une autre a pour héroïne *Théodore*, d'après la légende de la Vie des Saints, que Corneille a osé mettre en tragédie, mais sans succès : *Théodore, vierge et martyre*. Une autre, intitulée *le Baptême de Clovis*, célèbre le triomphe et la gloire de Clotilde, l'épouse chrétienne. Une autre enfin, assez curieuse, mérite que nous nous y arrêtions quelques instants. Elle a pour sujet : la Nonne séduite ; mais elle est on ne peut plus morale. C'est, du reste, quelque chose d'analogue à la pièce des *Visitandines*. L'action se passe dans un monastère de femmes. Le neveu de la Supérieure, sous prétexte de voir sa tante, vient au couvent avec son écuyer, et y aperçoit une jeune religieuse, tandis qu'elle est agenouillée devant l'image de la Vierge. Cette espèce de Don Juan, qui ne respecte rien, ose lui murmurer à l'oreille une parole téméraire :

> Or me soit votre amour donnée,
> Très douce amie !

La nonne, vertueuse mais simple, lui répond ; elle ne devrait pas répondre : quand on répond, on est perdue ; hormis ce point, elle répond sagement :

> Sire, d'aimer n'ai nulle envie,
> Fors que Dieu et sa douce Mère.

Et elle s'en va. Le cavalier désespère de la revoir ; son écuyer, moins jeune et moins naïf, — ce personnage semble un premier type des Frontins, — l'engage à ne pas se décourager. En effet, la jeune fille, informée ensuite du noble rang de celui qu'elle a rebuté, se ravise, et lui dit enfin que, s'il consent à l'épouser, elle le suivra. Il promet. Rendez-vous est pris pour la nuit suivante. A l'heure dite, le chevalier s'y trouve avec son écuyer. On attend l'arrivée de la nonne, lorsque la Vierge, qui la protège, exprime aux anges son inquiétude de voir sa chère fille succomber, si Dieu ne la secourt. Pendant que les anges chantent un rondel pour implorer l'aide du Ciel, la religieuse arrive. Avant de franchir le seuil, elle s'agenouille devant la statue de la Vierge. Quand elle a fini sa prière, elle se lève et se dispose à passer la porte ; mais la Statue lui barre le chemin,

> Si droit au travers de cet huis (porte),
> Que nullement passer ne puis, (dit la nonne).

Frappée de ce miracle, elle s'en retourne à son dortoir. Le chevalier, las d'attendre, dit avec dépit à son écuyer :

> Voirement, qui en femme met
> Son cœur, bien le doit-on blasmer,
> Car on y trouve moult (beaucoup) d'amer.

Cependant la jeune fille, poussée à la fois par l'ambition et par l'amour, se dit, à peu près comme Don Juan revenu du cimetière, que peut-être elle a été dupe d'une illusion. Vous vous rappelez cette réplique de Don Juan à Sganarelle, une fois qu'ils sont rentrés tous deux au logis, après la scène de la Statue : « Quoi qu'il en soit, laissons cela ; c'est une bagatelle ; et nous pouvons avoir été trompés par un faux jour, ou surpris de quelque vapeur qui nous ait troublé la vue. » La jeune nonne, à peu près de même, se dit qu'elle a été sans doute dupe d'une vision vaine, d'une vapeur, ou d'un fantôme : « J'ai peut-être, dit-elle, été enfantômée. » Elle se décide donc à tenir sa promesse : elle essayera une seconde fois de franchir le seuil, séduite surtout par l'idée d'épouser un chevalier et de devenir, comme elle dit, chevaleresse :

> Cette chapelle où ore entrai,
> Par Dieu ! encore me mettrai
> En essai si pourrai passer :
> Peiner me dois bien et lasser
> Afin d'accomplir ma promesse,
> Car je serai chevaleresse !

Pourtant, avant de passer la porte, voulant combiner tout, s'il est possible, — ceci est bien observé et fin, car les femmes ont besoin d'amour et de vertu, et, quand la passion les prend, cherchent un biais pour apaiser ou ajuster leur conscience en même temps que pour satisfaire leur cœur ou leur imagination, — la nonne s'agenouille encore devant la Statue de la Vierge, espérant peut-être l'amadouer, (comme Louis XI, devant la petite Sainte-Vierge en plomb de son bonnet, avant de mettre à mort tel ou tel de ses ennemis). Mais la Statue, cette fois comme l'autre, barre le passage à la jeune fille, qui, plus dépitée encore qu'effrayée, s'en retourne, sauvée de nouveau, et arrachée, malgré elle, à sa passion.

Le chevalier et son écuyer ont encore attendu en vain. Voyant poindre le jour, ils songent à se retirer : car déjà on entend chanter l'alouette, comme dans *Roméo* ; et l'écuyer dit à son maître :

> Mon seigneur, j'ai ouï la voix

> De l'alouette, il est grand jour !
> Allons-m'en d'ici, sans séjour ;
> Qu'on ne nous truisse (treuve, trouve).

Ils se retirent. Cependant le chevalier obstiné ne se tient pas pour battu. Il trouve moyen de demander et d'obtenir un nouveau rendez-vous. Mais la nonne doit toujours passer devant la Vierge. Que faire? Ceci est assez curieux : elle se propose, pour en finir, de passer devant la Vierge sans la saluer ; et la raison naïve ou spécieuse dont elle essaye de se payer, c'est qu'elle n'a pas lieu d'être contente d'Elle, qui a contrarié ainsi ses projets. Elle se résout donc

> De passer parmi la chapelle
> Sans dire *Ave* ni *Kyriele* (Kyrie, eleison)
> Devant l'image de Marie :
> Trop m'a fait être au cœur marrie !
> Dont plus saluer ne la vueil (veux),
> Ni tourner devers li (elle) mon œil.

Malgré cette résolution audacieuse,—et voici encore une peinture très naturelle, — la religieuse n'est pas sans inquiétude en passant devant la Vierge ; elle lui dit, de côté, à mi-voix, sans la regarder :

> Dame, dame, tenez-vous là.

C'est-à-dire, ne bougez pas. Mais, au moment même où elle franchit rapidement la porte, il semble que cette voix si humble, cette voix de prière, se change tout-à-coup en un cri de triomphe, et presque de bravade, sitôt qu'elle aperçoit son chevalier. En effet, elle s'écrie :

> Puisque passée suis de çà (de ce côté-ci),
> Je ne retournerai meshui (aujourd'hui)
> Ni desmais (désormais) ; car je vois celui
> Que j'aime de cœur et je quiers (cherche)!

Elle se jette dans les bras du chevalier, qui l'enlève et l'épouse : plus heureuse que sage. — Quelque temps après, elle vient à lui raconter (ce qu'elle n'avait pas d'abord osé faire), le miracle de la Statue. Le chevalier, soit réellement effrayé de sa séduction sacrilège, soit feignant de l'être, comme Don Juan avec Elvire, lui parle de retourner au couvent et lui exprime ses scrupules de conscience. Ces scrupules-là n'arrivent ordinairement que quand la passion est satisfaite et que la satiété a commencé; on restitue à Dieu ce dont on ne veut plus. Bref, quoique leur mariage soit heureux et qu'ils aient deux enfants, le chevalier persuade à sa femme de retourner au couvent; et du reste, — ce qui écarte jusqu'à un certain point l'idée de feinte et d'hypocrisie, — lui-même entre dans un monastère, comme Don Juan de Maraña.

Quelques-uns demanderont peut-être ce que vont devenir les deux enfants. Les pieux auteurs des *Mystères de Notre-Dame* ne se préoccupent point de cela : la doctrine du moyen âge est celle du *salut* avant tout, du salut personnel, égoïste : doctrine étroite, qui répugne à la générosité, et qui méconnait parfois, comme ici, le devoir même de la nature. Mais rappelez-vous ce que dit Pascal : « Nous sommes plaisants de nous reposer dans (sur) la société de nos semblables. Misérables comme nous, impuissants comme nous, ils ne nous aideront pas : on mourra seul. Il faut donc faire comme si on était seul[1] ».

Vous avez pu voir dans ce petit Mystère qu'ici, comme dans *le Convive de Pierre* et dans *la Fiancée de marbre*, le fantastique sert d'enveloppe à l'idée morale : c'est ce qui en fait l'intérêt. La Statue de la Vierge, qui par deux fois barre le passage à la faute, représente clairement l'avertissement du sens moral, de la conscience, la voix du devoir, ce que Kant, en langage philosophique, appelle « l'impératif catégorique ». Au moyen âge, cela s'appelle plus simplement, plus naïvement, Dieu ou la Vierge, ou encore en langage conforme aux mœurs du temps, féodal et chevaleresque, Notre Seigneur ou Notre Dame.

Nous allons maintenant, sur une plus grande échelle, observer un emploi analogue du fantastique, dans deux drames de Shakspeare, *Macbeth* et *Richard III*. Ici il ne s'agit plus de statues, il s'agit d'apparitions ; c'est à peu près la même chose,

1 *Pensées*, Art. XIV, 1, tome 1, p. 197, édition Havet.

l'intention et l'effet sont pareils : le fantastique, ici encore, sert d'enveloppe à l'idée morale, la rend palpable à la foule ; c'est ce qui en fait la puissance dramatique.

Macbeth est, entre toutes les pièces de Shakspeare, celle que Gœthe admirait le plus. « C'est là, disait-il, qu'il déploie la plus haute intelligence de la scène. » Jamais, en effet, on ne fit mieux voir ni mieux sentir l'engrenage du mal, ce que Racine a exprimé dans les beaux vers de Burrhus à Néron :

> Il vous faudra, Seigneur, courir de crime en crime,
> Soutenir vos rigueurs par d'autres cruautés,
> Et laver dans le sang vos bras ensanglantés.

Après que les hideuses sorcières, dans lesquelles il ne tient qu'à nous de voir personnifiées les suggestions fatales de l'ambition criminelle, ont prédit le trône à Macbeth, il croit d'abord n'avoir à frapper que le roi Duncan pour s'en emparer : poussé par sa femme, il le tue. Mais, après Duncan, il faut tuer ses fils ; après ses fils, il faut tuer Banquo ; après Banquo, il faut tuer Macduff. Le crime engendre le crime : c'est là la vérité profonde de cette conception dramatique et morale ; Macbeth roule de forfait en forfait avec une telle rapidité qu'elle nous donne le vertige.

Je me contente de rappeler la scène du banquet,

la seule qui ait trait directement à notre sujet. Macbeth, devenu roi par le crime, a invité à souper, en signe d'amitié, Banquo, son ancien compagnon d'armes. Cependant il médite de le faire périr. C'est que les trois sorcières ont prédit que Macbeth serait roi, mais sans héritier, et qu'au contraire, Banquo, sans être roi lui-même, serait le père d'une race de rois ; cela inquiète Macbeth : et alors, avant l'heure du souper, pendant une promenade à cheval que Banquo fait avec son fils, Macbeth les fait attaquer par deux assassins : le père est tué, le fils s'échappe. — L'heure du souper venue, les convives se mettent à table, et laissent un siège vide au milieu pour Macbeth. Au moment où Macbeth va s'y placer, il voit Banquo (assassiné, saignant) assis à sa place et dardant sur lui des regards terribles. Le spectre n'est visible que pour Macbeth : c'est donc, ici encore, une sorte d'hallucination de la conscience bourrelée par son crime ; mais, comme dans les diverses pièces que nous venons d'étudier, le poète la rend visible aussi au spectateur ; de telle sorte que, par le premier effet, cette invention est très dramatique, et, par le second, elle est en même temps très théâtrale : elle frappe à la fois les sens, l'imagination et la conscience ; c'est du fantastique, il est vrai ; mais, c'est du fantastique qui exprime la réalité, en faisant éclater aux yeux l'effroi de la conscience criminelle.

LENOX

Plaît-il à Votre Majesté de s'asseoir ?

(Au moment où Macbeth va prendre place, le Spectre de Banquo surgit, assis à la place de Macbeth).

MACBETH, *à Lenox, avec effroi.*

La table est au complet.

LENOX

Sire, voici votre place.

MACBETH

Où ?

LENOX

Ici. — Qu'est-ce donc qui trouble Votre Majesté ?

MACBETH.

Ah ! qui de vous a fait cela ?

LENOX.

Quoi donc, Sire ?

MACBETH, *parlant au Spectre.*

Tu ne peux pas dire que ce soit moi qui l'aie fait !... Ne secoue pas sur moi tes cheveux ensanglantés.

LENOX

Messieurs, le Roi est indisposé, retirons-nous...

Mais lady Macbeth invite les convives à rester à table, disant que cette indisposition sera passagère. Puis, prenant son mari à part, elle l'apostrophe tout bas : « Ah çà ! êtes-vous un homme ? » Etc.

Le Spectre disparait. Alors Macbeth, comme remis de son indisposition, va pour s'asseoir ; — le Spectre surgit de nouveau, et l'étonne de ses regards...

Il faut convenir que ce spectre livide, en chair et en os, ce cadavre vivant, si l'on peut s'exprimer ainsi, aux plaies saignantes, encore tièdes, aux cheveux souillés, est d'un autre effet que la malheureuse Ombre de Ninus, entr'ouvrant la porte du tombeau, dans la *Sémiramis* de Voltaire, et affublée d'un grand drap blanc comme un revenant de comédie.

L'emploi du fantastique dans l'autre drame de Shakspeare n'est pas moins frappant. Richard III réunit en lui trois types de crime et de vice, Octave, Tartuffe et Don Juan. Rappelez-vous sa scène prodigieuse avec lady Anna. Comme Octave et comme Macbeth, Glocester, monstre de laideur physique et morale, a supprimé tout ce qui lui faisait obstacle sur le chemin du trône : il y est enfin parvenu, il règne, il est Richard III. Mais il lui reste à combattre et à abattre les complices de ses crimes ; et voilà comment, de ses crimes mêmes, vont sortir ses châtiments et ses tortures. En effet, ceux qui l'ont aidé à voler le trône, se trouvant mal payés de leur complicité, se révoltent contre lui, l'un après l'autre. Puis sa mère, et les mères de ses victimes, et plus tard les spectres de ses victimes elles-mêmes, lui barrent le passage, lui reprochent ses forfaits et lui prédisent sa défaite et sa chute.

Sa mère, la duchesse d'York, paraît d'abord, accompagnée de la reine Élisabeth, femme d'Édouard IV. Cette scène est le nœud du drame : la malédiction maternelle est la prophétie qui, en s'accomplissant, fera le dénoûment et sa moralité. Et voici ce dénoûment, dernier et magnifique exemple du fantastique exprimant la conscience et la justice.

La révolte se lève de toutes parts contre le tyran, et grandit d'heure en heure : un prétendant rival, le comte de Richmond, est à la tête des mécontents ; les deux partis sont en présence, et la bataille doit se livrer le lendemain. Richard, sous sa tente, est en proie à de sinistres pressentiments ; il fait apporter une lampe et du vin. On vient lui apprendre que six ou sept mille de ses hommes ont passé à l'ennemi. Resté seul, pendant sa veillée nocturne, il est assiégé du souvenir de ses crimes. Enfin, succombant à la fatigue, il voit se réaliser la sombre prophétie : toutes ses victimes se dressent dans son rêve, lui prédisant la défaite, et à son concurrent la victoire.

C'est d'abord le Spectre du prince Édouard, fils de Henri VI, qui apparaît entre les deux tentes.

LE SPECTRE DU PRINCE ÉDOUARD, *à Richard*

Demain je pèserai sur ton âme ! Souviens-toi que tu

m'as poignardé, dans le printemps de ma jeunesse, à Tewksbury! Désespère et meurs !

Se tournant vers la tente de Richmond.

Sois confiant, Richmond! Les âmes outragées des princes massacrés combattent pour toi : l'enfant du roi Henri te prédit la victoire !

Le Spectre de Henri VI se dresse.

LE SPECTRE DE HENRI VI, *à Richard*

Quand j'étais mortel, mon corps, oint du Seigneur, a été par toi percé de trous meurtriers : pense à la Tour et à moi! Désespère et meurs!...

Se tournant vers Richmond.

Toi, vertueux et saint, sois le vainqueur! Henri, qui te prédit le trône, t'envoie ce bon augure dans ton sommeil ! Vis et fleuris !

Le Spectre de Clarence se dresse.

LE SPECTRE DE CLARENCE, *à Richard*

Demain je pèserai sur ton âme ! Moi que tu as noyé dans un vin doucereux, moi, malheureux Clarence, que ta trahison a livré à la mort! Demain, dans la bataille, pense à moi, et que ton épée tombe émoussée! Désespère et meurs !

A Richmond.

Toi, rejeton de la maison de Lancastre, les héritiers d'York outragés font des vœux pour toi : que les bons anges gardent ta bataille ! Vis et fleuris !

Les Spectres de Rivers, de Grey et de Vaughan apparaissent à leur tour, et, comme les précédents, adressent à l'un leur malédiction, puis leur bénédiction à l'autre. Ensuite c'est le Spectre de Hastings, puis les Spectres des deux jeunes enfants d'Édouard.

LES DEUX SPECTRES, *à Richard*

Songe à tes neveux étouffés dans la Tour! Puissions-nous être un plomb dans ton sein, Richard, pour t'entraîner à l'abîme, à la honte, à la mort! Désespère et meurs!

A Richmond.

Dors, Richmond, dors en paix, pour te réveiller en joie! Que les bons anges te gardent des atteintes du sanglier! Engendre une heureuse race de rois. Les malheureux enfants d'Édouard te disent : Vis et fleuris!

Le Spectre de la reine Anna se dresse.

LE SPECTRE DE LA REINE ANNA, *à Richard*

Richard, ta femme, cette misérable Anna, ta femme qui n'a jamais dormi une heure tranquille, vient à son tour troubler ton sommeil. Demain, dans la bataille, pense à moi, et que ton épée tombe sans force! Désespère et meurs!

A Richmond.

Toi, âme paisible, dors d'un sommeil tranquille : ne rêve que de succès et d'heureuse victoire! La femme de ton ennemi prie pour toi.

Le Spectre de Buckingham se dresse.

LE SPECTRE DE BUCKINGHAM, *à Richard*

J'ai été le premier à te pousser vers la couronne; le dernier j'ai subi ta tyrannie. Oh! dans la bataille, pense à Buckingham et meurs écrasé sous la terreur de ton crime. Rêve, en attendant, rêve d'actions sanglantes et de meurtre! Puisses-tu succomber dans l'angoisse et rendre l'âme dans le désespoir!

A Richmond.

Je suis mort pour avoir désiré en vain te secourir. Mais prends courage et ne te laisse pas épouvanter. Dieu et les bons anges combattent pour Richmond, et Richard va tomber de toute la hauteur de son orgueil!

Les Spectres disparaissent. Richard s'éveille en sursaut.

RICHARD

Un autre cheval! Qu'on bande mes blessures! Aie pitié, Jésus... Bon! ce n'était qu'un rêve. O lâche conscience, comme tu me tourmentes!... Ces lumières brûlent bleu... C'est maintenant l'heure morte de minuit : des gouttes de sueur froide se figent sur ma chair tremblante. Se peut-il que j'aie peur de moi-même? Il n'y a que moi ici.

Cette scène est immense. L'idée est la même que celle du Spectre de Banquo; mais ici elle est répétée, sans trêve, avec une abondance inépuisable et comme avec un insatiable acharnement de la justice, qui satisfait la conscience publique et qui venge l'humanité. Employé de cette façon souveraine, le fantastique se confond avec la réalité et la dépasse, représentant au dehors ce qui s'agite au fond de l'âme du criminel. C'est pourquoi il est d'un effet irrésistible.

Le Shakspeare athénien, Eschyle, avait déjà trouvé ce grand effet et cet usage du fantastique terrible, dans son drame des *Euménides*. C'était, comme le dit M. Havet, « le châtiment du remords traduit en spectacle [1] ».

Lorsque le poète dramatique trouve moyen d'intéresser en même temps les deux plus grandes puissances de l'âme humaine, l'imagination et la conscience, il s'empare de l'homme tout entier : car il rend visible à la foule, aux enfants eux-mêmes, l'idée de la justice, par laquelle invinciblement nous concevons la nécessité d'un châtiment pour le mal volontaire, et invinciblement aussi la nécessité d'une récompense pour le bien courageusement et obstinément accompli. Ah! si, comme le prétend une certaine philosophie, ce n'est là qu'une illusion, si la justice n'existe pas réellement en dehors de cette conception de notre esprit, si la justice éternelle n'est qu'un rêve, l'homme lui-même, en faisant un tel rêve, ne semble-t-il pas un être presque divin ? Il y a quelque chose qui nous échappe, et qui ne peut faire autrement que de nous échapper, puisque l'homme, étant un être fini, ne saurait comprendre l'infini ; cependant, lors même que la justice n'existerait pas, l'homme qui la conçoit la crée. En aspirant à sortir de lui-même, il s'élève du moins aussi haut que le comporte la nature d'un être borné dans l'espace et dans le temps, qui, ayant commencé, doit finir. Cet effort, cet élan de notre pensée, ce coup d'aile vers l'infini, est ce qu'on nomme l'idéal : un

1. *Le Christianisme et ses Origines*, tome 1, . 86.

être fini s'imagine qu'il peut concevoir l'infini, y atteindre, y participer : si c'est une illusion, elle est belle. En tout cas, il arrive que cette illusion produit de généreuses réalités: nos actions les meilleures, les ferions-nous si cette illusion ne nous soulevait à des hauteurs nouvelles? Cette justice que nous concevons à la fois par notre raison et par notre cœur, cette justice dont nous avons faim et soif, nous sentons, quoi qu'on puisse dire, qu'elle doit exister en tous temps, en tous lieux, dans toute l'étendue de l'espace et de la durée. Quand les philosophes allemands nous disent, par une métaphore audacieuse et séduisante, digne de Don Juan : « Dieu n'est que l'ombre de l'homme projetée sur le ciel », je ne demande à ajouter qu'un mot à cette formule titanique, et à dire : « Dieu n'est *pour l'homme* que son ombre projetée sur le ciel ». Oui, il est vrai que, sous ce nom *Dieu,* l'homme ne met et ne peut mettre que ses propres facultés idéalisées, grandies ou grossies indéfiniment ; oui, Dieu n'est et ne peut être que cela pour l'homme, et Montesquieu a dit, avec sa raison piquante, que, « si les triangles ont un Dieu, ce ne peut être qu'un Dieu triangle »; mais de là à conclure et à affirmer que Dieu, en dehors de l'homme, n'est rien, il y a, à mon sens, une différence prodigieuse, un abîme incommensurable. Nous ne pouvons concevoir autre chose, cela est vrai; mais les conceptions de l'homme, sur sa petite planète, sont-elles donc la mesure de tout ce qui existe? Bien téméraire qui oserait le soutenir, en présence de ces autres mondes innombrables qui roulent comme le nôtre dans l'espace infini et qui, selon toutes les vraisemblances, ne doivent être ni vides, ni déserts. Mais, fussent-ils déserts et vides, comment admettre que la justice, conçue par notre conscience, puisse ne point exister éternellement en dehors de nous? Tous ces mondes, que nous voyons avec nos yeux, sont bien moins évidents et moins réels que cette justice infinie dont j'ai le sentiment dans mon cœur.

QUATORZIÈME LEÇON

RACINE — BOILEAU
VICTOR HUGO SUR BOILEAU ET VILLON
PASCAL — BOSSUET — SAINT-SIMON
LA FONTAINE — FÉNÉLON, ETC.

Nous allons suspendre ce Cours. Permettez-moi de vous rappeler notre point de départ et de remettre sous vos yeux la thèse que j'ai posée en commençant, moins comme une théorie proprement dite, que comme un cadre dans lequel j'essayerais de vous présenter les principaux écrivains du xviie et du xviiie siècle sous un jour un peu nouveau.

La plupart de ceux qu'on nomme aujourd'hui classiques, ai-je dit, ont commencé par être des romantiques, même avant que ce nom fût inventé. J'entends par là que ceux que nous admirons le plus aujourd'hui, et qui sont en possession d'une gloire désormais incontestée, furent d'abord, chacun en son genre, des révolutionnaires littéraires.

Voilà ce que j'ai dit au début de ce Cours. J'aurais pu ajouter que ce qui scandalise et révolte les uns, — la nouveauté trop accusée,— est justement ce qui charme et ravit les autres.

Le Cid de Corneille nous a fourni la démonstration simultanée de ce double effet. Nous l'avons continuée par d'autres pièces du grand poète. Après Corneille, j'ai pris Rotrou, avec son *Saint Genest*; ensuite Molière, avec *Don Juan*, dont les ascendants et descendants nous ont fourni des points de comparaison variés.

Nous aborderons prochainement Pascal, puis Racine. Quelques-uns peut-être s'étonneront si je mets aussi dans mon programme ce poète qu'on n'est pas habitué à considérer comme un romantique. Écoutons pourtant ce que dit Stendhal dans ses *Études sur le Romantisme:* « Le romantisme est l'art de présenter aux différents peuples les œuvres littéraires qui, dans l'état actuel de leurs habitudes et de leurs croyances, sont susceptibles de leur donner le plus de plaisir possible. Le classicisme leur présente la littérature qui donnait le plus de plaisir à leurs arrière-grands-pères. Sophocle et Euripide furent éminemment romantiques : ils donnèrent aux Grecs rassemblés dans le théâtre d'Athènes les tragédies qui, d'après les habitudes morales de ce peuple, sa religion, ses préjugés sur ce qui fait la dignité de l'homme, devaient lui procurer le plus grand plaisir possible. » Stendhal ajoute un peu plus loin dans la même page : « Je n'hésite pas à avancer que Racine a été romantique. » Voilà, messieurs, une opinion qui peut-être donnera à réfléchir.

Elle était partagée par un grand peintre, Eugène Delacroix, qui se connaissait, je pense, en romantisme, car personne mieux que lui n'a interprété Shakspeare ; il disait que Racine était « le romantique de notre xviie siècle ».

Nous ne serons nullement en peine de justifier cette appellation lorsque nous étudierons ce poète après Corneille, Rotrou et Molière. Nous observerons alors comment il a su combiner, par une complexion très étrange et très habile, son romantisme à lui, qui consistait, selon la définition de Stendhal, dans la peinture la plus moderne, la plus actuelle, des passions, avec le romantisme des auteurs anciens auxquels il empruntait ordinairement les sujets de ses pièces. Ne croyez pas qu'il y ait ici contradiction; nullement : il y a, au contraire, double confirmation. Les tragédies de Racine sont des œuvres mixtes, d'ordre composite, comme sont en architecture les édifices de la Renaissance, mi-partis du génie ancien et du génie moderne, et n'en ayant que plus de charme pour les esprits ouverts qui ne s'attachent point exclusivement à une forme ou à un genre, mais qui sont épris tour à tour ou en même temps de toutes les modulations de la beauté. C'est à ce point de vue que je vous proposerai d'étudier cinq des pièces de Racine, *Britannicus, les Plaideurs, Iphigénie, Phèdre* et *Athalie*, dont chacune présente un type particulier de ce romantisme mixte et composite. Nous y pourrons observer, d'une part, que rien n'était mieux fait que de telles pièces pour charmer le public contemporain, la société polie du xviie siècle, en lui présentant son image comme dans un miroir qui aurait le don d'embellir. Et nous y étudierons en même temps cette autre sorte de romantisme, empruntée par Racine à Euripide, à Tacite, à Aristophane, à Sénèque, à Virgile et à la Bible.

Aux personnes qui s'étonneraient que ce romantisme de source étrangère eût de quoi nous intéresser autant que l'autre, je répondrais : Est-ce que le romantisme de Corneille et le romantisme de Molière, et le romantisme des poètes de notre temps, ne sont pas aussi, en grande partie, d'origine étrangère — espagnole, anglaise, allemande?

« Rien ne naît de rien », disaient les anciens. Or, s'il en est ainsi dans le monde matériel, il en est de même dans le monde de l'esprit : les œuvres qui nous paraissent le plus originales ont souvent leurs sources cachées dans d'autres œuvres soit nationales, soit étrangères. Cela n'en diminue ni le prix ni l'effet. Elles ne laissent point d'être personnelles par certains côtés. Racine, lui aussi, a sa part très grande d'invention toute française, que nous montrerons.

Permettez-moi d'éclairer ce point en faisant appel à vos souvenirs d'un autre ordre. Quoique, dans la première manière de Raphaël, on retrouve tout entier celui dont il avait reçu les leçons, Perugin, avec sa naïveté un peu gauche, mais si charmante, et sa sobriété excessive de détails, est-ce que cela diminue Raphaël, qui ensuite a tant augmenté l'héritage reçu de son maître ? De même peut-on contester que Beethoven, si original, si puissant, si varié, si fécond en idées, doive cependant beaucoup à Mozart ? Et Mozart lui-même, quelles que soient sa fécondité personnelle, sa flamme et sa grâce, cette simplicité passionnée, si pénétrante, ne doit-il pas beaucoup à Haydn, chez lequel ces mêmes qualités sont déjà si remarquables ? Et Haydn, très probablement, devait aussi quelque chose de ses premiers essais à tel ou tel autre maître, Bach ou le Porpora. Eh bien ! à peu près de même le romantisme que nous étudions dans Corneille n'en existe pas moins, quoiqu'il ait sa source dans Guillem de Castro et dans le *Romancero*. Et celui que nous montrerons dans Racine n'en existe pas moins, quoiqu'il ait ses sources dans l'antiquité soit grecque, soit latine, soit hébraïque.
— Et, de notre temps, quoique Victor Hugo, dans *Hernani*, doive quelque chose au *Romancero*, lui aussi, et à Shakspeare, quoique George Sand

doive beaucoup à Jean-Jacques Rousseau, cependant ni Victor Hugo ni George Sand n'en sont diminués. C'est le devoir de la critique d'analyser les belles œuvres et d'en rechercher les éléments, sans cesser pour cela d'en reconnaître, d'en admirer la physionomie personnelle et la puissance géniale. De ce que l'on a voulu découvrir les sources du Nil, lointaines et obscures, et les affluents nombreux qui lui apportent le tribut de leurs eaux, admire-t-on moins le vaste fleuve en sa beauté majestueuse, en sa nourricière fécondité? cesse-t-on de reconnaître en lui l'inépuisable grenier d'Égypte, le bienfaisant dieu Osiris? On en pourrait dire tout autant et de Shakspeare et de Molière. Leurs sources et leurs affluents sont connus de tous ceux qui veulent les connaître : est-ce que cela diminue leur mérite? est-ce que cela ôte quelque chose à la juste et pieuse gratitude des générations successives qui désaltèrent leur esprit et leur âme à ces deux fleuves intarissables ?

Voilà ce qui regarde Corneille, Rotrou, Molière et Racine. J'aurais pu parler de Mathurin Régnier, — un vrai romantique aussi, celui-là, et dont ceux de notre temps se sont quelquefois réclamés, aussi bien que de Ronsard. — Mais qui sait si Boileau lui-même, quoique justement réputé le classique entre les classiques, n'offrirait pas à des yeux attentifs quelques traces de certaines nou-

veautés hardies, du moins en fait d'expressions
et de style, qu'on pourrait également nommer
romantiques, — outre que lui aussi, par ses
Satires, a fait révolution, ou, si vous aimez mieux,
contre-révolution, en mettant fin à la Fronde littéraire, comme Louis XIV à la Fronde politique, et
en courbant tout sous le joug d'une autorité absolue ? — Pour ne parler que de ses hardiesses, dont
quelques-unes sont telles que je ne saurais les citer
ici, Boileau, dans son âge mûr, a cru bien faire
en émoussant quelques-uns de ces traits trop
vifs, échappés à la verve de sa jeunesse et
dignes de Mathurin Régnier ; Boileau toutefois,
même assagi avec excès, n'a pas effacé, Dieu
merci, toutes ses hardiesses premières ; il en
a gardé quelques-unes. Quand j'avais l'honneur, en 1852, à Bruxelles, de rompre chaque jour
le pain de l'exil avec notre grand poète Victor
Hugo et ses deux fils, dans les conversations littéraires
qui étaient l'assaisonnement de ce pain quotidien,
il arriva mainte fois au chef de l'école romantique
de citer avec éloge ces vers de Boileau sur la femme coquette, qui le matin fait son visage et le défait
le soir,

> Et, dans quatre mouchoirs de sa beauté salis,
> Envoie au blanchisseur ses roses et ses lys.

Victor Hugo aimait à citer ce double trait, qui
en effet est comme un double éclair de style. —

De même (permettez-moi cette parenthèse) il redisait avec admiration ces vers de François Villon, le gamin de Paris du xve siècle, qui croyant se voir pendu au gibet de Montfaucon, lui et les bons truands ses camarades, brosse cette esquisse patibulaire mais éclatante :

> Pluye nous a débués et lavés,
> Et le soleil, desséchés et noircis ;
> Pies, corbeaux nous ont les yeux cavés,
> Et arraché la barbe et les sourcils ;
> Jamais, nul temps, nous ne fusmes rassis :
> Puis çà, puis là, comme le vent varie,
> A son plaisir sans cesser nous charrie,
> Plus becquetés d'oiseaux que dés à coudre...

Ce dernier vers surtout, dans sa concision pittoresque, ravissait notre grand poète. Assurément l'ellipse est des plus fortes ; mais ce raccourci de métaphore n'en est que plus frappant. — Eh bien, dans les deux vers de Boileau, ce trait : « de sa beauté salis », est un raccourci analogue : le choc de deux idées extrêmes, soudainement rapprochées et heurtées, produit l'étincelle. Et, dans le vers qui suit immédiatement :

> Envoie au blanchisseur ses roses et ses lys,

l'antithèse, redoublée avec ironie, éclate et se prolonge en cette image éblouissante d'esprit et de grâce, et achève l'effet de la rudesse méprisante du premier. Est-ce que cela n'est pas romantique ? ou, si vous voulez, très neuf et très original ? Or, Boileau, dans d'autres pièces, a cru devoir effacer des traits qui étaient, pour le moins, aussi remarquables et encore plus osés que ces deux-là, — sans compter, dans un autre genre, sa parodie des *Héros de romans,* où, après avoir protesté ailleurs contre le burlesque, il se laisse entraîner lui-même par le torrent et y mouille un peu sa perruque.

Boileau fut donc novateur, lui aussi ; mais surtout il fut toujours prompt à soutenir, à encourager, à défendre, à glorifier les novateurs d'un plus haut vol. Il salue par de jolies stances la première des grandes comédies de Molière, sa première grande bataille contre les bigots *l'École des Femmes* ; il vient encore à la rescousse dans la longue guerre de *Tartuffe,* qui dure au moins cinq ans : il défend Racine contre ses ennemis ; il applaudit au triomphe du *Cid,* en homme qui, né justement sous cet astre, l'année même, 1636, semble avoir, au moins dans ces vers charmants où il célèbre Rodrigue et Chimène, reçu le double rayon de l'un et de l'autre. Il est donc du parti des révolutionnaires littéraires, et donne souvent ce que Sainte-Beuve appellera « le premier coup de cloche », le signal qui proclame un nom nouveau. Il voit clair dans la mêlée; il a à la fois le sang-froid et l'ardeur ; il se porte partout où l'on fait pointe, et soutient ceux qui poussent en avant. C'est donc avec justice qu'on peut l'inscrire à côté des grands chefs dans les mémorables journées : il en est le clairon.

Jusqu'à présent je n'ai pris mes exemples que parmi les poètes : Corneille, Rotrou, Molière, Racine ; et Boileau par-dessus le marché. Mais, si nous regardions parmi les prosateurs, croyez-vous que la démonstration du romantisme de plusieurs grands écrivains de notre XVIIe siècle fût plus difficile ? Croyez-vous qu'il fût mal aisé de prendre pour exemples Pascal, Bossuet, Saint-Simon ? Les deux derniers sont romantiques par le style, l'imagination et la couleur ; mais le premier, si l'on me permet de le dire, est romantique tout à la fois et dans la forme et dans le fond. Rappelez-vous cette page sombre et éclatante :

« Je ne sais qui m'a mis au monde, ni ce que c'est que le monde, ni que moi-même. Je suis dans une ignorance terrible de toutes choses. Je ne sais ce que c'est que mon corps, que mes sens, que mon âme et cette partie même de moi qui pense ce que je dis, qui fait réflexion sur tout et sur elle-même, et ne se connaît non plus que le reste. Je vois ces effroyables espaces de l'univers, qui m'enferment, et je me trouve attaché à un coin de cette vaste étendue sans que je sache pourquoi je suis plutôt placé en ce lieu qu'en un autre, ni pourquoi ce peu de temps qui m'est donné à vivre m'est assigné en ce point plutôt qu'en un autre de toute l'éternité qui m'a précédé et de toute celle qui me suit. Je ne vois que des infinités de toutes parts, qui m'enferment comme un atome et comme une ombre qui ne dure qu'un instant, sans retour. Tout ce que je connais est que je dois bientôt mourir ; mais ce que j'ignore le plus est cette mort même, que je ne saurais éviter.

» Comme je ne sais d'où je viens, aussi je ne sais où je vas ; et je sais seulement qu'en sortant de ce monde je tombe pour jamais ou dans le néant ou dans les mains d'un Dieu irrité, sans savoir à laquelle de ces deux conditions je dois être éternellement en partage. Voilà mon état, plein de misère, de faiblesse, d'obscurité... »

En présence de ces mystères, et de ce que son imagination y ajoute, — par exemple, le Dieu irrité ; pourquoi irrité ? — Pascal ne voit de refuge que dans la foi religieuse, la foi aveugle : il se précipite dans cet autre abîme et ne veut plus en sortir. C'est dans le fond même de cet abîme qu'il s'établit, le plus solidement qu'il peut, espérant y trouver la fin de ses inquiétudes et de ses angoisses, et se flattant de persuader aux autres qu'il y a réussi ; ce qui n'empêche pas qu'il ne laisse échapper par moments des paroles comme celles-ci : « S'il ne fallait rien faire que pour le certain, on ne devrait rien faire pour la religion, car elle n'est pas certaine. » Voilà un terrible aveu de la part d'un homme qui

sacrifié, pour plus de sûreté, la raison à la foi !
Et quel étrange fondement il prétend donner à cette
foi même, son seul asile ! « On n'entend rien aux
ouvrages de Dieu, dit-il, si on ne prend pour principe
qu'il a voulu aveugler les uns et éclairer les autres. »
C'est en effet sur cette doctrine prodigieuse que se
fonde tout son édifice, tout le système du jansé-
nisme. Quel Dieu, que celui-là ! Que d'éloquence et
de subtilité il faut, pour soutenir et développer une
conception si étrange ! Ainsi non seulement la
raison, suivant Pascal, est incapable de certitude, et
c'est sur le néant de la raison qu'il prétend établir
tout son raisonnement, — comme si ce n'était pas la
reconnaître tout en la niant, que de la faire juge
de ce qu'on dit contre elle ! car enfin, si vous
posez cet axiome que « tout ce qui est l'objet de la
foi ne saurait l'être de la raison », à quoi bon
faire un livre de raisonnement pour assujettir l'esprit à la foi ? — mais encore il prétend fonder
la foi en Dieu sur la négation de la justice, sur
la Grâce toute pure, c'est-à-dire sur le *bon plaisir* de Dieu. De toute éternité et avant qu'ils
fussent nés, Dieu a voulu, uniquement parce que
cela lui a plu, sauver les uns, en très petit nombre, et damner les autres. Telle est la doctrine
janséniste, qui est conforme, quoi qu'on ait voulu
dire, à celle de saint Augustin : c'est la doctrine
de la Grâce et de la Prédestination.

Dès lors cette imagination surexcitée, concentrant

toutes ses puissances sur cette idée unique, la tourne et la retourne en cent manières : car sa foi, on l'a très bien dit « n'est pas une foi d'habitude; c'est une foi qu'il doit disputer sans cesse à quelque objection nouvelle, une foi arrachée et convulsive... Ses angoisses, ses doutes l'épuisent sans le vaincre... Il faut croire ou mourir [1]. »

Pascal est une sorte d'Hamlet, qui, lui aussi, dit son *To be, or not to be,* en présence du problème de la destinée. Mais la mélancolie de cet Hamlet janséniste est bien plus profonde que celle du héros de Shakspeare. La mélancolie d'Hamlet lui vient surtout de l'horreur des crimes dont il se sent entouré ; celle de Pascal lui vient tout entière de l'énigme terrible de notre destinée et du fond même de notre nature, si contradictoire et si ambiguë. « Quelle Chimère est-ce donc que l'homme ? s'écrie-t-il, quelle nouveauté, quel monstre, quel chaos, quel sujet de contradictions, quel prodige! Juge de toutes choses, imbécile ver de terre ; dépositaire du vrai, cloaque d'incertitude et d'erreur! gloire et rebut de l'univers!... »

Et nous, ne pourrions-nous pas ajouter, en regardant Pascal lui-même : Quel prodige dans le prodige, que cette nature si forte et si frêle! que cette organisation si puissante et si maladive! Quelle violence dans sa sensibilité! quelle

1. Désiré Nisard, *Histoire de la Littérature française,* liv. III, chap. IV.

épouvante dans son imagination ! quel emportement dans sa logique, courant d'un pôle à l'autre, avec tout l'absolu de la géométrie ! — « Géométrie et passion, dit M. Havet, voilà tout l'esprit de Pascal, voilà toute son éloquence... Où vous n'apercevez que le spectacle confus de la nature, il voit distinctement l'enfer et le ciel, l'un tout béant à ses pieds, l'autre qui s'entr'ouvre sur sa tête. Un souffle de mort et un souffle de vie passent tour à tour sur lui... »

Mais c'est le souffle de mort et d'épouvante qui revient le plus souvent. A chaque instant, dans les *Pensées*, on rencontre des traits courts et saisissants, comme celui-ci, qui peint d'un mot la stupeur de son âme en présence du ciel nocturne : « Le silence éternel de ces espaces infinis m'effraye ; » — ou bien comme cet autre : « Le dernier acte est sanglant, quelque belle que soit la comédie en tout le reste. On jette enfin de la terre sur la tête, et en voilà pour jamais. » Il faut citer ici l'admirable commentaire de M. Havet, qui semble s'excuser, comme je m'excuse moi-même, de considérer la forme quand le fond est si sérieux ; mais l'une n'est pas moins digne d'attention que l'autre. « Peut-on se détacher un moment d'une telle pensée, dit-il, pour s'arrêter à la forme ? Elle est d'un genre de beauté bien rare. Elle joint à la dignité de l'éloquence française non seulement une familiarité forte, comme dans Bossuet, mais je ne sais quel sombre accent et quelle poésie sourde et pénétrante. Cela est classique et shakspearien tout ensemble ; rien n'est plus discret et rien n'est plus fort. Pascal sans doute a rapporté cette pensée d'un cimetière : le bruit des pelletées tombant sur la bière lui était resté au cœur. »

Vous trouvez assurément comme moi qu'ici le commentateur est digne de l'écrivain lui-même et qu'il le complète. Ce que M. Havet appelle shakspearien, ne pouvons-nous indifféremment le nommer romantique? Pascal est donc bien en effet classique et romantique en même temps. Si son système théologique est des plus étroits, son étendue de clavier littéraire est immense. Il prélude, dans les *Provinciales*, par la comédie, et l'on croit lire des dialogues de Platon mettant aux prises l'ironie socratique et les sophistes; mais bientôt cette comédie hausse le ton jusqu'à l'accent tragique. « C'est dans Pascal, dit M. Doudan, que vous trouverez pour la première fois en France la raillerie sinistre et tragique, aiguisée et affilée comme un poignard : c'est la comédie et la tragédie tout ensemble. » Et, dans *les Pensées*, c'est le drame, quoiqu'il n'y ait qu'un seul acteur, une âme qui se débat dans l'épouvante, et par exception seulement, quelque interlocuteur inattendu, soit humain, soit divin. Ce drame, c'est celui de la destinée humaine, compliqué des terreurs de la foi janséniste. Voltaire résume tout cela d'une métaphore un peu vive, mais juste : « Le fanatisme janséniste, dit-il, avait ensorcelé son imagination. » — C'est précisément pour cela que Pascal est un écrivain si contagieux et si émouvant !

Quant à Bossuet, il est très romantique aussi, non certes par les sentiments et les idées, mais par l'expression et le mouvement. S'il choque parfois la raison presque autant que Pascal, en revanche combien il enchante l'imagination par le style et par la couleur ! Assurément l'esprit de Bossuet n'a pas autant d'étendue que de force, ni d'ouverture que d'ascendant et de puissance dominatrice; son érudition laisse beaucoup trop à désirer ; il n'a rien fait pour élargir son horizon, déjà si rétréci par l'éducation ecclésiastique et par la profession d'évêque; dans le *Discours sur l'Histoire universelle*, il ne daigne point faire mention de l'Orient; il l'ignore, et veut l'ignorer : s'il le connaissait, cela gênerait son dessein; son esprit se meut, tantôt avec majesté, tantôt avec impétuosité, dans des bornes resserrées; oui, tout cela est vrai; mais c'est peut-être justement parce que sa pensée est à l'étroit, qu'elle éclate en merveilles de style. Dans ses lettres de direction, dans ses sermons, dans ses *Elévations* sur les Évangiles et sur les Mystères, quelles continuelles créations de langage ! Plus les idées sont parfois difficiles à exprimer, à dégager, puisque ce sont des mystères, plus ses expressions familières et fortes, prises de la langue commune et populaire, mais assemblées avec génie, d'un flot large et facile et sans recherche, vous font saisir l'insaisissable. Une image n'attend pas l'autre. Sa langue, toujours fidèle à l'étymologie, est si juste et si naturelle, qu'elle donne parfois quelque vraisemblance aux idées les plus contestables.

« Bossuet, dit un fin critique, emploie tous nos idiomes, comme Homère employait tous les dialectes. Le langage des rois, des politiques et des guerriers, celui du peuple et du savant, du village et de l'école, du sanctuaire et du barreau, le vieux et le nouveau, le trivial et le pompeux, le sourd et le sonore, tout lui sert : et, de tout cela, il fait un style simple, grave, majestueux[1]. »

M. Edmond Scherer rapporte une conversation des plus curieuses, où, à propos de Bossuet, l'on plaide le pour et le contre avec une extrême vivacité. Personne n'oserait s'exprimer avec autant de hardiesse, si ce n'était en petit comité et dans un dîner littéraire. Vous m'excuserez de détacher un court passage de cette discussion entre des interlocuteurs de premier ordre [2]. Un des convives, après avoir fait l'éloge de plusieurs écrivains du XVIIe siècle, se dispose à louer Bossuet; il est interrompu brus-

1. Joubert.
2. *Études sur la Littérature,* 4e série, p. 37-40.

quement. — « Bossuet ! » s'écria Raymond (c'est-à-dire, je crois, M. Renan) Bossuet ! mais vous n'y pensez pas ! Un homme qui n'avait rien lu, qui ne savait rien ! Un homme qui n'a pas eu une seule idée dans sa vie ! Est-il rien de plus stérile que *la Connaissance de Dieu et de soi-même,* de plus absurde que le *Discours sur l'Histoire universelle,* de plus grotesque que la *Politique tirée de l'Écriture sainte !* On vante l'*Histoire des Variations ;* mais Bossuet a-t-il rien compris à cette grande et originale figure de Luther ? A-t-il entrevu la portée du protestantisme ? Et Richard Simon, le fondateur de la critique biblique, un précurseur, lui, un homme que les Allemands nous envient, avec quelle hauteur ne l'a point traité cet évêque qui ne savait pas un mot d'hébreu et n'entendait absolument rien à ces questions ! »

» A cette sortie, il y eut un mouvement à gauche de la table. Montaigu, l'un de nos convives les plus assidus, (c'est, je pense, M. Scherer lui-même), crut devoir protester en faveur de Bossuet : « Ce n'était pas un penseur, sans doute, ni un savant ; mais quel écrivain ! Bossuet est d'autant plus grand qu'il est naïf, s'élevant sans effort dans les hautes régions et y élevant tout avec lui. Il a écrit quelques-unes des plus mémorables pages qu'il y ait en français ou en aucune autre langue ». Etc.

En effet, soit qu'il parle de la mort, ou de la rapidité de la vie, ou qu'il traite d'autres thèmes de c.tte sorte, Bossuet excelle à renouveler les lieux-communs éternels. C'est en cela précisément que consiste le génie oratoire, surtout le génie du prédicateur. Et par quoi les renouvelle-t-il? Par l'intensité du sentiment. C'est elle, en effet, qui produit le style. Le sentiment peut, remarquez-le bien, être puissant et original, sans que l'idée le soit. Rappelez-vous le célèbre morceau : *Marche! Marche!* C'est une admirable sonate ; elle est développée en une page grandiose avec un art merveilleux. Ailleurs, ce sont des images simples et familières qui semblent négligemment jetées. Ainsi, parlant du petit nombre des jours heureux dans notre vie si rapide et si courte : « Mais, dit-il, combien ce temps est-il clairsemé dans ma vie! C'est comme des clous attachés à une longue muraille dans quelque distance : vous diriez que cela occupe de la place ; amassez-les, il n'y en a pas pour emplir la main. »

Et quel merveilleux passage que celui-ci, dans lequel seulement le prédicateur oublie un peu le dogme de la résurrection de la chair : « Tout nous appelle à la mort. La Nature, comme si elle était presque envieuse du don qu'elle nous a fait, nous déclare souvent et nous fait signifier qu'elle ne peut nous laisser longtemps ce peu de matière qu'elle nous prête, qui ne doit pas demeurer dans les mêmes mains, et qui doit être éternellement dans le commerce : elle en a besoin pour d'autres formes ; elle le edemande pour d'autres ouvrages. Cette recrue continuelle du genre humain, je veux dire les enfants qui naissent, à mesure qu'ils croissent et qu'ils s'avancent, semblent nous pousser de l'épaule et nous dire : « Retirez-vous, c'est maintenant notre tour. »

Avec ces familiarités qui vous saisissent, Bossuet cependant reste toujours un écrivain de grande allure et un orateur de haut vol. Comment résister à la beauté des Oraisons funèbres, au mouvement qui les enlève, à la flamme qui les anime, à la couleur et à la poésie, à la majesté ou à la grâce que l'orateur y répand tour à tour ?

Lorsqu'il envoya à l'abbé de Rancé, devenu après la mort de madame de Montbazon le réformateur de la Trappe, l'oraison funèbre d'Henriette de France, reine d'Angleterre, veuve de Charles Ier, et celle de Madame Henriette, sa fille, duchesse d'Orléans, morte à vingt-six ans, Bossuet lui dit, dans une lettre du mois d'octobre 1682 : « J'ai laissé ordre de vous faire passer deux oraisons funèbres qui, parce qu'elles font voir le néant du monde, peuvent avoir place parmi les livres d'un solitaire, et qu'en tout cas il peut regarder comme deux têtes de morts assez touchantes. » Ne voilà-t-il pas une comparaison assez romantique, sans parler des deux œuvres elles-mêmes auxquelles l'auteur l'applique si justement ? Je n'en détacherai aucune page, je m'en fie à vos souvenirs ; rappelez seulement dans votre pensée le passage de l'oraison

funèbre de Madame, qui commence par ces mots :
« La voilà, malgré ce grand cœur, cette princesse
si admirée et si chérie ! la voilà, telle que la mort
nous l'a faite !... » Et toute la page qui suit, qu'on
pourrait aussi nommer shakspearienne, comme la
pensée de Pascal de tout-à-l'heure.

Si donc on entend par romantisme la création
dans le style, le don d'illuminer les choses connues
de couleurs nouvelles, l'audace de l'expression avec
le naturel, la familiarité unie à la grandeur,
comment ne pas être frappé du romantisme de
Bossuet ? Si le fond des idées n'est pas très riche,
en revanche la forme est d'une nouveauté qui
surprend à chaque minute. On a dit de lui avec
esprit, dans une lettre du temps de Louis-Philippe : « Je me figure que peu de gens entendent Bossuet. On s'attache au fond de ses idées, et
elles importent peu en comparaison de cette imagination qui laisse derrière elle tous les poètes
pour la gravité et l'éclat... Il est le seul ministre en
ce monde qui eût pu faire le *discours du trône* de
Dieu, si Dieu souffrait un gouvernement représentatif. Milton et Pindare n'eussent été que de beaux
esprits, dans cette occasion, en regard de Bossuet.
C'est la plus grande voix que vous ayez entendue
depuis qu'il y a des hommes, une voix qui s'entendait au fond de toutes les forêts, et qui faisait
rêver aux choses éternelles. On dit que le lion fait
un effet de ce genre quand, en se promenant len-

tement, il rugit dans la nuit ; et que les Arabes en tremblent sous leurs tentes à dix lieues à la ronde[1]. »

Le duc de Saint-Simon, pour avoir moins de majesté que Bossuet, n'a pas moins de puissance. C'est un homme d'une complexion toute différente : tempérament nerveux et bilieux. Le Régent, duc d'Orléans, son ami, pour le peindre en deux traits, avec son teint jaune et ses yeux noirs flamboyants, disait de lui : « Saint-Simon ? deux charbons sur une omelette ! » Niera-t-on que celui-là soit un romantique, lui que M. Villemain, dans la Préface du Dictionnaire de l'Académie française, appelle avec raison « l'incorrect, mais unique rival de Tacite et de Bossuet » ? Il aurait pu ajouter : et de Pascal. — Nous étudierons ce style de génie, d'un jet si impétueux et si juste, cette manière de peindre et de faire voir les gens à la fois par le dedans et par le dehors ; ces portraits brossés à la diable, mais éblouissants de vie ; ces torrents d'expressions si pittoresques ; ces continuelles trouvailles de style, avec une langue ramassée de partout, toute fourmillante d'idiotismes et de locutions populaires ; cette abondance d'images parlantes, ce fouillis d'admirables métaphores ; ces phrases parfois inex-

---

[1]. X. Doudan, lettre à M. de Sahune. — A propos de ce « discours du trône », rappelons que Sainte-Beuve (*Nouveaux lundis*, t. IX), résumant l'idée du *Discours sur l'Histoire universelle*, dit : « C'est celle, ni plus, ni moins, d'un vicaire de Dieu dans l'histoire. »

tricables, à plusieurs têtes, à plusieurs queues, enchevêtrées, mais roulant toujours, poussées, entraînées par le flot de la passion inépuisable et de la colère rentrée, et de la bile dont l'écrivain regorge.

Il suffit de vous rappeler, pour le moment, ces deux grandes fresques de toute beauté : la peinture de la Cour à l'agonie du Dauphin, fils de Louis XIV; puis la séance du Parlement cassant le testament du Roi à peine mort; ou bien les deux merveilleux portraits de Fénelon, le premier un peu satirique, mais déjà si fin ; le second, grand, définitif, historique, digne de Van Dyck; et tant d'autres, moins finis, mais non moins enlevés, celui du président de Harlay, celui de la princesse d'Harcourt; et tant d'esquisses furieuses : de madame de Luxembourg, de madame de Rupelmonde, du duc de Noailles, de Pontchartrain fils ; ou bien de Dubois, laquais, puis abbé, soudainement « bombardé » précepteur du duc de Chartres, puis évêque, puis cardinal, par les jésuites, malgré le pape ; enfin tous les portraits de Louis XIV lui-même en mille aspects divers ; et toute « la mécanique » de ce grand règne, et toutes les coulisses de ce grand théâtre de la monarchie absolue ; et puis madame de Maintenon, menant ce Roi qui mène tout ! De quels traits alors l'indignation de notre duc et pair les accable tous deux — en secret, dans ses Mémoires fermés à triple serrure ! — « Comment supporter, dit-il, l'abandon du Roi à ses bâtards, et à leur gouvernante, devenue la sienne et celle de l'État ! » Sentez-vous cette gradation et ce crescendo formidable, ce flot sur flot de colère et d'esprit ? On est secoué, ébloui, émerveillé.

Vient-il à parler de d'Antin, dont il méprise la bassesse adulatrice, mais dont il reconnaît l'esprit ? « Je sentais, dit-il, tout son fumier ; mais je n'en pouvais ignorer les perles qui y étaient semées. »

Du maréchal de Villeroy tombé en disgrâce : « Son humiliation était marquée dans toute sa contenance ; ce n'était plus qu'un vieux ballon ridé, dont tout l'air qui l'enflait était parti. »

D'un pauvre diable, aumônier du Roi depuis longtemps, sans avancement et sans espérance : « Le fils de Sourches, qui pourrissait aumônier du Roi en grand mépris... »

D'un autre dans une situation analogue il dit, par une métaphore plus fine, pensant au chanvre dans l'eau des marécages : « Il rouït longtemps dans ce petit état. »

Ailleurs il jette cette jolie image : « Le comte de Mailly était un homme de beaucoup d'ambition qui se présentait à tout et qui avait le nez tourné à la fortune. » — Voyez-vous ce chien de chasse flairant la piste ?

Pour la manière de mettre en scène et de faire voir ce qu'il raconte, Saint-Simon est l'égal, et c'est tout dire, du cardinal de Retz et de madame de Sévigné. Voyez ce petit tableau : madame Pelot jouant au brelan avec M. de la Vauguyon, elle vint à lui proposer un coup assez fort, qu'il n'osa point tenir. « Elle l'en plaisanta et lui dit qu'elle était bien aise de voir qu'il était un poltron. La Vauguyon ne répondit pas, mais, le jeu fini, il laissa sortir la compagnie, et, quand il se vit seul avec madame Pelot, il ferma la porte au verrou, enfonça son chapeau dans sa tête, l'accula contre sa cheminée, et, lui mettant la tête entre ses deux poings, lui dit qu'il ne savait ce qui le tenait qu'il ne la lui mît en compote, pour lui apprendre à l'appeler poltron! — Voilà une femme bien effrayée, qui, entre ses deux poings, lui faisait des révérences perpendiculaires et des compliments tant qu'elle pouvait; et l'autre toujours en furie et en menaces. A la fin, il la laissa plus morte que vive, et s'en alla. »

Lorsque les Mémoires de Saint-Simon, après sa mort, commencèrent à être révélés, non en totalité, mais en partie, et à quelques privilégiés seulement, ils firent scandale, littérairement encore plus que politiquement. Politiquement, la monarchie absolue et le monarque étaient percés à jour, montrés à ciel ouvert pour la première fois; c'était la caverne de Cacus; littérairement, tant de laisser-aller, de négligence, d'incorrection, de trivialité, faisait froncer le nez aux délicats. Cet homme de cour, ce duc et pair, traitait la langue en grand. seigneur, se permettait tout. Madame du Deffand, dans ses lettres à Horace Walpole, commence par crier que ces

Mémoires sont abominables, ces portraits mal faits. Cependant, peu à peu, elle se ravise, elle y revient, elle y prend goût, et bientôt elle en juge mieux : à la fin elle y trouve — ce sont ses expressions — « des plaisirs indicibles » !

Mettez ensemble ces deux jugements-là, et notre démonstration est faite. Saint-Simon est non seulement un romantique, mais c'est déjà un réaliste. Nul n'est un coloriste plus puissant, ni un plus grand génie de style, en dehors de toutes les règles.

Un autre des éléments du romantisme comme on l'entend généralement, c'est le vif sentiment et la peinture vraie de la nature extérieure. Or c'est, dit-on, le Genevois Jean-Jacques Rousseau qui a découvert la nature et qui nous l'a révélée. — Personne ne peut nier que Rousseau, en effet, de ce côté-là, ait développé dans la littérature des puissances nouvelles et apporté de Suisse et de Savoie des aspects inédits. Cependant permettez-moi de faire remarquer que La Fontaine, quant au sens vif de la nature, avait été son précurseur ; madame de Sévigné aussi ; sans compter un autre précurseur encore plus illustre et bien plus lointain, qui s'appelle Homère, et dont Fénelon à son tour s'est inspiré parfois très heureusement, aussi bien que de Virgile et de Lucrèce.

Puisque j'ai nommé Fénelon, ajouterai-je que, sans parler des paysages, on rencontre chez lui dans la peinture des passions quelques touches d'une simplicité bien hardie? Par exemple, lorsque Calypso, dédaignée de Télémaque qui aime la nymphe Eucharis, laisse éclater sa jalousie et se répand en imprécations, l'auteur ajoute : « En parlant ainsi, Calypso avait les yeux rouges et enflammés ; ses joues tremblantes étaient couvertes de taches noires et livides. Elle changeait à chaque instant de couleur. Souvent une pâleur mortelle se répandait sur tout son visage. Ses larmes ne coulaient plus, comme autrefois, avec abondance : la rage et le désespoir semblaient en avoir tari la source, et à peine en coulait-il quelqu'une sur ses joues. Sa voix était rauque, tremblante et entrecoupée... »

J'imagine et vous conviendrez peut-être avec moi que cette déesse qui « avait les yeux rouges » et « la voix rauque, les joues couvertes de taches noires et livides », et qui allait pleurer dans les coins, enragée de jalousie et de désespoir, devait quelque peu étonner le goût timide des dames de la Cour de Versailles ou de l'hôtel de Rambouillet. Il fallait donc à Fénelon un certain courage littéraire, puisé en partie dans son commerce assidu avec les anciens, pour oser risquer devant le public de son temps, habitué, au moins dans la littérature, à un ton de noblesse soutenue, des touches aussi vives, aussi rudes et aussi crues de réalité.

D'autre part, sa *Lettre à l'Académie* contient les germes d'une rénovation analogue à celle que suscita l'école romantique du xixe siècle en se réclamant d'abord du xvie et en inaugurant notre révolution littéraire par la restauration de Ronsard et même de Pierre Mathieu. Fénelon regrette « le vieux langage » de Marot, d'Amyot, du cardinal d'Ossat, trouvant qu'il « avait je ne sais quoi de court, de naïf, de hardi, de vif et de passionné », et souhaitant qu'on remonte parfois à ces sources rajeunissantes.

Je pourrais bien nommer aussi Saint-Évremond, très hardi d'esprit et très novateur, qui est, dans notre littérature, le vrai précurseur de l'esprit du xviiie siècle, et qui, par un sens historique des plus fins, des plus pénétrants, semble être l'aïeul de Mérimée ou de Mommsen.

Je pourrais mentionner encore Perrault, l'auteur du *Parallèle des Anciens et des Modernes*, qui souleva une si longue guerre, prélude lointain de la querelle des classiques et des romantiques.

Mais il est temps de nous arrêter. Je n'ai pu que vous faire passer rapidement au travers de cette galerie des romantiques du xviie siècle. Ces quelques exemples suffiront, j'espère, pour donner une idée générale de ce que j'ai voulu indiquer.

Nous continuerons donc de chercher dans chaque

écrivain en quoi il a été original, en quoi il a innové, par où et par quoi il a étonné, révolté une partie de ses contemporains, par où et par quoi aussi il a charmé, ravi, conquis les autres, et, après eux, les générations successives qu'on appelle la postérité.

Voilà, ce me semble, un programme qui, développé avec soin, ne manquera ni de variété ni d'intérêt. Que de belles œuvres, dont nous prendrons la fleur et le fruit, en faisant voir, selon notre dessein, combien elles étaient neuves — elles le sont encore, — combien elles étaient surprenantes et littérairement révolutionnaires au moment de leur apparition ; combien elles semblaient téméraires et folles aux esprits prudents, timorés ; combien elles bravaient le *qu'en dira-t-on?* comment elles renversaient les règles ou les genres qui avaient régné jusque-là ; comment et par quelles qualités, par quelle force, par quelle secousse donnée aux âmes, elles méritaient de vaincre, de conquérir et de conserver leur conquête ! Nous poursuivrons ainsi cette démonstration à travers les chefs-d'œuvre du xviie siècle et, après cela, du xviiie, pour arriver un jour au nôtre.

Ne sont-ce pas là de nobles et intéressantes études, dignes de vous attacher? Ne vous paraît-il pas que les classiques, envisagés sous cet aspect, ne sont ni trop ennuyeux ni trop moisis? Ceux qui se raillent des grands classiques n'y entendent rien : il leur souvient avec ennui des leçons qu'on leur faisait apprendre par cœur au collège : voilà ce que c'est pour eux que les classiques ! Mais les personnes qui lisent sans parti pris, et qui savent lire, y voient autre chose. Seulement, pour savoir lire, il faut commencer par se replacer dans le point de vue et dans le milieu où se trouvaient les contemporains de chaque auteur, et cet auteur lui-même. Il faut évoquer par la mémoire et par l'imagination toutes les circonstances de temps et de lieu, de mœurs et de croyances, de coutumes et de costumes.

Aux théories arbitraires qui découpaient et rangeaient autrefois la littérature par genres abstraits, bizarrement définis selon je ne sais quelle rhétorique, délimités et séparés par provinces aux barrières infranchissables, maintenant on préfère avec raison la méthode historique, concrète, le pêle-mêle de la vie. Le temps des dogmatismes est passé, aussi bien en littérature qu'en tout le reste.

Il faut aujourd'hui étudier les choses en elles-mêmes, sans système préconçu, non à l'état fixe, mais dans leur incessante transformation et, comme dit la philosophie allemande, dans leur perpétuel devenir. L'histoire proprement dite n'échappe point à cette loi et se modifie sans cesse. Il n'y a que cela d'intéressant, de vrai, de solide. Dans la littérature ainsi entendue, tout historique aussi et expérimentale, on a, permettez-moi le mot, on a sous la dent la substance même, la pulpe de l'humanité.

En résumé, il s'agit de deux choses : d'une part, être assez vivant pour pouvoir insuffler la vie qui est en nous dans les choses du passé qui paraissaient mortes, de manière à les faire revivre ; d'autre part, retrouver en elles, à force d'étude, de science et de soin, l'étincelle de vie qui couve sous la cendre, la force enfouie qui, depuis des siècles, dort, mais ne demande qu'à se réveiller, pour peu qu'une autre âme vivante, en soufflant dessus, la ranime. On dit que, dans certains tombeaux égyptiens, vieux peut-être de quatre ou cinq mille ans, on retrouve parfois quelques grains de blé qui ont été mis là avec le mort et y sont restés depuis tant de siècles sans lumière et sans air ; et que, si on les sème après un si long temps, ces grains de blé lèvent et fructifient aussi bien que le blé nouveau : la vie était là qui dormait, et qui se réveille. Eh bien ! il en est à peu près de même des germes historiques que notre esprit réveille dans la littérature du passé : nous y faisons rentrer et la lumière et l'air ; nous ranimons la vie de ce passé en lui insufflant la nôtre. L'histoire de la littérature et la philologie, telles que je les comprends, ont pour objet de reproduire ce phénomène : la vie disparue qui reparaît, la vie enfouie qui ressuscite. Il s'agit, pour cela, de mettre dans cette étude non seulement notre esprit, mais notre cœur, enfin notre être tout entier. C'est à ce prix que nous reconstituons les autres êtres. Sans cette condition — qui coûte très cher, car c'est notre substance même que nous dépensons, — en vain nous remuerions la cendre des civilisations éteintes ; nous ne ferions que mettre de la poussière sur de la poussière. Nous ne ressaisissons vraiment quelque chose des existences disparues qu'en leur prêtant un peu et beaucoup de la nôtre. A cette condition seulement, l'érudition est féconde : il y faut les intuitions d'un esprit vivant, l'imagination qui évoque du fond du passé les choses et les personnes ensevelies ; il faut que, comme dans le miracle biblique, notre âme sympathique se pose sur leurs lèvres, pour les ranimer et les faire sortir du tombeau.

FIN

APPENDICE

(Voir page 326).

Au moment où j'achève de corriger les épreuves de ces pages, je viens d'entendre Gounod dire magistralement ce que j'essayais ici d'exprimer, moi profane, au sujet de ce merveilleux *Don Juan* de Mozart :

« O divin Mozart ! s'écrie-t-il, le ciel prodigue t'avait tout donné, la grâce et la force, l'abondance et la sobriété, la spontanéité lumineuse et la tendresse ardente, dans cet équilibre parfait qui constitue l'irrésistible puissance du charme et qui a fait de toi le musicien par excellence, plus que le premier, le seul !... Mozart !

Eh ! qui donc a parcouru comme toi cette échelle immense des passions humaines ? Qui donc en a touché les limites extrêmes avec cette sûreté infaillible, également armée contre les mièvreries de la fausse élégance et les brutalités de la force mensongère ? Qui donc a su comme toi faire passer l'angoisse et l'épouvante à travers les formes les plus pures et les plus inaltérées ?

Don Juan ! Tout un monde humain ! — la noble femme outragée et vengeresse — la fille palpitante sur le cadavre de son vieux père assassiné — le grand seigneur, libertin jusqu'au cynisme et audacieux jusqu'à l'injure devant la justice divine — l'épouse rebutée et bafouée — la paysanne fascinée par la galanterie — la servilité d'un valet poltron et superstitieux — enfin cette figure tragique de la Statue du Commandeur dont les accents terribles vous glacent jusqu'aux moelles — tout ! Mozart a excellé dans tout, et le sublime semble lui être aussi familier que le comique.

. . . .

« Et d'abord, l'ouverture. Quelle entrée en matière que ce grave et majestueux début, emprunté au lugubre tête-à-tête du coupable et de *l'Homme de pierre !* Comme le rythme solennel qui soutient ces harmonies funèbres exprime éloquemment et tranquillement le poids de cette justice divine « parfois tardive » dont parle Plutarque, et dont Tertullien disait qu'elle est « patiente parce qu'elle a l'éternité pour elle ! »

Quelle philosophie profonde dans cette intuition

immédiate du pur génie, intuition consciente ou non, peu importe, mais, selon la grande parole de Bossuet, « illumination soudaine de la raison », plus sûre mille fois que les pénibles et fatigantes élucubrations d'un emphatique et prétentieux *transcendantalisme !* Qu'il est écrasant, qu'il est effrayant, cet homme de pierre qui s'avance d'un pas monotone et implacable comme la fatalité ! Il ressemble au grondement sourd d'un océan qui monte et qui va tout submerger ; à lui seul, cet homme est un déluge !

Mais les avertissements du ciel ne sont point écoutés. Et voici que, soudain, des rythmes d'une jeunesse impétueuse, affolés de plaisir, haletants de débauche, impatients du joug et du frein, nous lancent en plein vertige dans un *allegro*, qui déborde d'entraînement et de verve fougueuse.

Quelle énergie svelte et imprudente à la fois ! quelle élégance dans ce dévergondage d'impie et de corrompu ! Que d'insouciance hautaine dans ce voluptueux spadassin qui rira et boira et chantera jusque devant la mort ! Quelle sonorité mutine et pétillante, après toutes ces terreurs ! Le drame est déjà tout entier dans cette prodigieuse ouverture qui fut écrite dans une nuit : nuit féconde dont on aurait pu dire, comme l'écrivain sacré prophétisant celle de la naissance de l'Enfant-Dieu : *Nox sicut dies illuminabitur !* Cette nuit sera lumineuse comme le jour !

Le rideau se lève. Il fait nuit. Seul sur la place publique, Leporello, le valet peureux aux ordres de tous les caprices du seigneur volage, attend son maître qui vient de pénétrer dans le palais du Commandeur, pour ravir la noble fille, dona Anna. Don Juan accourt, suivi de sa victime qui s'attache à ses pas et dont les cris ont éveillé son père. Le Commandeur provoque l'audacieux félon : on dégaine de part et d'autre, et ici s'engage un *trio*, saisissant de vérité sombre et de suprême agonie, auquel Leporello, transi de peur, prend, dans le coin de la scène, une part tragi-comique. Le Commandeur mort, son meurtrier s'esquive à la faveur de la nuit dont l'obscurité sert son incognito. Rentre Dona Anna, pâle, effarée ; sur la place déserte, elle cherche, — elle aperçoit un homme étendu, — elle approche tremblante... C'est son père !

Quels sanglots! quels gémissements! quels cris ! quelle révolte de tout l'être ! Et tout cela dans quelle sereine et indicible beauté de forme! Quel ordre consommé dans l'expression palpitante de ce désordre ! Quelle clarté dans ce chaos de tous les sentiments ! Comme l'angoisse de l'*âme,* dans son paroxysme le plus poignant, n'y trouble pas, un seul instant, cette perfection du langage qui s'appelle *le style* et qui est le ravissement de *l'esprit!* Comme la musique y pleure toutes les larmes, y exhale toutes les douleurs, sans jamais vociférer !

Je le demande à quiconque a lu Eschyle, Sophocle, Euripide ; ces grandes voix de l'humanité tragique ont-elles jamais eu d'accent plus profond et plus vrai que l'auteur de cette scène musicale immortelle ? Cela *reste beau* en étant *terrible* ; c'est là le propre du *sublime*.

Don Ottavio, le fiancé de la noble orpheline, est accouru avec elle sur le lieu du combat. Après le premier abattement de la douleur, Dona Anna se relève et, dans un *duo* d'un élan superbe, elle adjure son fiancé de chercher le meurtrier et de le punir. Ils partent.

Arrive Dona Elvire, l'épouse abandonnée, poursuivant partout son infidèle. Quel type de fureur jalouse que cet *air* dans lequel elle s'écrie : « Ah ! qui me dira où est ce cruel que j'aimai pour mon malheur et qui a trahi sa foi ? Si je retrouve le traître, je veux lui arracher le cœur ! »

Comme le sang lui monte au visage ! Avec quelle intensité l'orchestre met en relief le dépit amer et tenace de la femme outragée ! Comme elle sauterait à la gorge du coupable, s'il était là devant elle !

Le voici, suivi de Leporello, son souffre-douleur ; mais il le laisse avec Elvire et s'esquive dès qu'il la reconnaît.

Ici se place *l'air* célèbre dans lequel Leporello déroule sans vergogne, devant les yeux de la malheureuse Elvire, le catalogue des « mille et trois » fredaines de son maître. Cet air, unique dans son allure, est un modèle achevé de verve comique ; Molière musicien ne l'eût pas écrit autrement ; c'est de la gloriole de valetaille soulignant à plaisir, sous un malicieux semblant de persiflage, les traits les plus grossiers de cette nomenclature scandaleuse.

Et cependant, là comme partout, le tact suprême du génie qui saisit l'essence même des choses dont il rejette les scories.

Mais voici reparaître Dona Anna et Don Ottavio cherchant toujours à découvrir les traces de l'assassin, lorsque Don Juan se présente. Le noble maintien de la grande dame l'attire et le séduit ; cette douleur grave, ces vêtements de deuil, tout ce qui est fait pour provoquer une pitié respectueuse devient un aliment pour sa passion toujours aiguillonnée, jamais satisfaite. Il aborde la sévère inconnue dont la nuit lui dérobe les traits. Il s'informe du motif de cette douleur, de ce deuil ; on l'en instruit ; il offre, à l'instant, de joindre ses recherches à celles des deux amants.

Sur ces entrefaites, paraît Dona Elvire courroucée. « Ne vous fiez pas à ce traître, » — dit Elvire en montrant son époux ; — « il m'a trahie et vous trahira de même. » — « Mes amis ! » — reprend Don Juan, — « la pauvre fille est folle ! laissez-moi seul un instant avec elle ; peut-être parviendrai-je à la calmer. »

Quel merveilleux dialogue que ce *quatuor!* Comme chaque personnage y est à son plan, et comme tous s'y meuvent avec une apparente indépendance et une incroyable souplesse de liberté dans le plus parfait ensemble musical !

Don Juan et Dona Elvire s'éloignent. Dona Anna, restée seule avec Don Ottavio, suit du regard l'homme qui vient de la quitter, et dont la voix a réveillé des souvenirs qui la bouleversent. « Don Ottavio » — s'écrie-t-elle, — « je meurs ! cet homme, c'est l'assassin de mon père ! N'en doutez plus ; je l'ai reconnu à sa voix, — c'est lui ! » Et, après un récit frémissant de cette nuit funèbre, elle se dresse de toute la hauteur d'une Némésis, et, dans une imprécation d'une solennité magistrale, elle dit à Don Ottavio : « Maintenant que tu sais qui m'a ravi mon père et m'a voulu ravir l'honneur je te demande vengeance et ton cœur même l'exige. » Ce morceau est un chef-d'œuvre de fière et majestueuse indignation.

Je passe sur le délicieux petit *duo (la ci darem la mano)* entre Don Juan et Zerline, la jeune paysanne, nouveau caprice de ce coureur sans repos et de ce séducteur sans merci. Je laisse de côté vingt autres perles de cet inépuisable écrin, l'air pimpant et alerte de Don Juan ordonnant les préparatifs d'une fête, l'air de Zerline *(Batti, batti, o bel Mazetto)*, d'une douceur si câline et si coquette, et j'arrive à la grande scène du bal qui termine le premier acte.

Et d'abord, l'entrée de Don Ottavio, Dona Anna et Dona Elvire masqués. Quel prodige d'inspiration que ce fameux « *trio des Masques!* » La beauté musicale ne va pas plus loin : c'est un enchantement pour l'oreille et pour l'intelligence ; c'est un diamant de la plus belle eau! Et combien il y en a de cette valeur dans les œuvres de Mozart! dans *la Flûte enchantée*, dans *les Noces de Figaro*, dans *Cosi fan tutte*, dans les symphonies, dans les concertos, dans la musique de chambre (quintettes, quatuors, trios, sonates!) — C'est à ne les plus compter. Et quelle plénitude d'harmonie, quelle ampleur dans l'effet produit, avec quelle économie de procédés! Comme on voit bien là, dans une pleine évidence, que la véritable marque du génie est précisément cette sobriété des moyens qui est en raison même de la richesse de l'idée! C'est le sentiment de cette vérité qui dicta, un jour, à Mozart une fière et superbe réponse. On venait de représenter *Don Juan* à Vienne. L'empereur fait appeler Mozart dans sa loge, et lui dit : « Monsieur Mozart, vous venez de nous donner un fort bel ouvrage ; mais dites-moi, est-ce qu'il n'y a pas bien des notes là-dedans ? » — « Sire, répliqua Mozart, pas une de plus qu'il ne faut! » Il n'y a que la conscience de la vraie force qui inspire de telles reparues.

Et cette fête qui succède au « Trio des Masques »! quel entrain ! quelle animation ! Et le finale robuste et tumultueux qui termine l'acte ! que de lumière dans cette mêlée ! que d'éclat dans cette bagarre ! Et tout cela, sans violence d'instrumentation, parce que la sonorité est dans la force et que la force est dans l'idée.

Me voici à moitié seulement de ma course, déjà longue, bien que hâtive, à travers cette œuvre faite de chefs-d'œuvre. Il me faut restreindre, jusqu'à la mutiler, l'analyse du second acte.

Je ne puis cependant passer sous silence quelques-uns des plus beaux morceaux qu'il y ait au monde.

Le *Trio* sous le balcon d'Elvire, si complètement exquis, d'un art si consommé qu'il suffirait à rendre immortel le musicien capable de l'écrire ! Quelle hypocrisie féline dans les soupirs amoureux que, sous les fenêtres mêmes de sa femme, Don Juan adresse à la jeune camériste ! Quels replis, quelles insinuations perfides dans cet orchestre qui fait *patte de velours*, et dont les caresses ne sont que piège et mensonge !

La crédule Elvire descend à la voix du séducteur qu'elle croit repentant. Soudain, dans un de ces éclairs familiers à l'astuce, Don Juan troque son chapeau et sa cape contre ceux de son valet, le chargeant de donner le change à Dona Elvire et de faire la place libre à son nouvel exploit.

Quelle trouvaille que cette petite sérénade friponne, souple et railleuse ! quel sursaut de gaillardise dans ce sceptique qui n'écoute et n'entend plus que ses sens !

Hélas ! il me faut passer, sans m'arrêter devant l'air adorable de Zerline, *Vedrai, carino*; devant le magnifique Septuor dans la forêt ; devant l'air *Ah ! non mi dir*, de Dona Anna résistant avec une dignité si noble et si touchante aux tendres instances de son fiancé ; devant la scène du cimetière, chef-d'œuvre d'impression tragique sur le fond de comédie de cet étonnant *Duo* qui nous montre Leporello terrifié devant cette statue du Commandeur hochant la tête, sur une tenue d'orchestre d'une simplicité lugubre, autour de laquelle se dessine un tremblement nerveux qui nous fait lire jusque dans les entrailles du valet blême d'épouvante.

Vient enfin la scène capitale du Festin.

Don Juan va souper. Il a déjà oublié son invitation insolente acceptée par « l'Homme de pierre ». On frappe à la porte. Leporello va ouvrir et, à l'aspect du terrible convive, recule, mort de frayeur.

Alors commence cette scène formidable, d'un accent tragique sans égal. Rien ne peut rendre l'impression sinistre qui circule à travers cet orchestre d'une teinte sépulcrale. La justice s'avance avec une sûreté, avec une autorité, avec une puissance souveraine à laquelle on sent que le condamné ne peut plus échapper.

C'est en vain qu'il se tord et se débat sous cette étreinte inflexible : aux dernières instances, aux dernières menaces de la voix qui le sollicite encore, « Repens-toi ! »; il répond : « Non !... vieux fou !... »; il ne résiste pas seulement ; il blasphème et il insulte ! il tombe enfin dans le gouffre éternel de sa damnation.

Cette page est une œuvre de géant ; et, si jamais elle est égalée, elle ne saurait être surpassée ; elle marque le sommet de la tragédie lyrique.

Ainsi se termine, du moins au théâtre, cette œuvre sublime, la plus belle étoile peut-être qui ait jamais resplendi au firmament de l'art musical.

L'art, messieurs, dans son acception la plus complète, c'est le sentiment du beau devenu science du beau ; c'est l'*Instinct* devenu *Raison*. » . . . .

— Lu par GOUNOD à la SÉANCE DE L'INSTITUT du mercredi *25 octobre 1882*.

TABLE

PRÉFACE. . . . .
LEÇON D'OUVERTURE. . . . .
DEUXIÈME LEÇON. — Les anciens et les modernes. — Les prédécesseurs de Corneille. — Les commencements de Corneille. 27
TROISIÈME LEÇON. — *Le Cid.* — L'Espagne et la France 59
QUATRIÈME LEÇON. — *Le Cid (suite et fin.)* 99
CINQUIÈME LEÇON. — Les débats sur *Le Cid*. . . . 128
SIXIÈME LEÇON. — Corneille est rejeté vers les sujets antiques. — *Horace*, etc. 166
SEPTIÈME LEÇON. — *Le Menteur*. — Alarcon, Corneille. 197
HUITIÈME LEÇON. — Retour de Corneille aux voies modernes. — *Don Sanche d'Aragon*, etc. 223
NEUVIÈME LEÇON. — Rotrou. — *Saint Genest* . . . 261

DIXIÈME LEÇON. — Molière. — *Don Juan*. 288

ONZIÈME LEÇON. — Molière. — *Don Juan (suite et fin.)* — Thomas Corneille, *le Festin de Pierre*. — Les divers *Don Juan*. — Da Ponte, Mozart, Hoffmann, Musset, Byron, etc. 308

DOUZIÈME LEÇON. — Suite des transformations de *Don Juan*. — Théophile Gautier, Mérimée, M. Blaze de Bury, Alexandre Dumas père, Pouchkine, M. Zorilla, etc 340

TREIZIÈME LEÇON. — Des statues et du fantastique au théâtre. 365

QUATORZIÈME LEÇON. — Racine, Boileau, Victor Hugo sur Boileau et Villon, Pascal, Bossuet, Saint-Simon, La Fontaine, Fénelon, etc. 387

APPENDICE 419

BOURLOTON. — Imprimeries réunies, B.

www.ingramcontent.com/pod-product-compliance
Lightning Source LLC
Chambersburg PA
CBHW071115230426
43666CB00009B/1977